es 1204

edition suhrkamp
Neue Folge Band 204

Meine Absicht ist es, daß dieses Buch einen Schlüssel (d. h. eine Quelle der Erkenntnis und der Einsicht) liefert für ein Verständnis der japanischen Gesellschaft und der spezifisch japanischen Züge, die diese Gesellschaft von anderen komplexen Gesellschaften unterscheiden. Ich habe umfangreiches, aussagekräftiges Material zur Veranschaulichung der problematischen Aspekte des japanischen Lebens herangezogen, damit man zu einem Verständnis des strukturellen Kerns der japanischen Gesellschaft gelangen kann, und bin dabei ungefähr so verfahren, wie ein Künstler seine Farben gebraucht. Beim Auftragen dieser Farben hatte ich einen entscheidenden Vorteil, denn es sind die Farben, die ich von Geburt an kenne und mit denen ich aufgewachsen bin; ich kenne ihre feinen Abstufungen und Wirkungen. Beim Auftragen dieser Farben habe ich mich nicht an eine bestimmte soziologische Methode oder Theorie gehalten. Ich habe mich statt dessen alles Verfügbaren bedient, das brauchbar erschien bei dem Versuch, den Kern des Ganzen herauszuarbeiten. Es ist dies ein Verfahren, das der Sozialanthropologie nähersteht als der herkömmlichen Soziologie.

Chie Nakane ist Professorin für Sozialanthropologie am Institut für Östliche Kultur an der Tokyo-Universität.

Chie Nakane
Die Struktur der japanischen Gesellschaft

Aus dem Englischen von
Jobst-Mathias Spannagel und
Heide Günther-Spannagel

Suhrkamp

Titel der Originalausgabe: *Japanese Society*

edition suhrkamp 1204
Neue Folge Band 204
Erste Auflage 1985
© Chie Nakane 1970
© der deutschen Übersetzung Suhrkamp Verlag
Frankfurt am Main 1985
Alle Rechte vorbehalten, insbesondere das des öffentlichen Vortrags
sowie der Übertragung durch Rundfunk und Fernsehen,
auch einzelner Teile.
Satz: IBV Satz- und Datentechnik, Berlin
Druck: Nomos Verlagsgesellschaft, Baden-Baden
Umschlagentwurf: Willy Fleckhaus
Printed in Germany

5 6 7 8 9 – 03

Inhalt

Vorwort 7

Erstes Kapitel
Kriterien für die Gruppenbildung

1. Attribut und Rahmen 12

2. Emotionale Beteiligung und Eins-zu-eins-Beziehungen 22

Zweites Kapitel
Die interne Struktur der Gruppe

1. Die Entstehung der Rangordnung 43

2. Die Grundstruktur vertikaler Organisation 62

3. Qualifikationen des Führers und zwischenmenschliche Beziehungen in der Gruppe 92

4. Die undifferenzierte Rolle des einzelnen Gruppenmitglieds 113

Drittes Kapitel
Die Gesamtstruktur der Gesellschaft

Viertes Kapitel
Eigentümlichkeiten und Wertorientierung der Japaner

1. Von der Schule zum Beruf 143

2. Das Netz der Kameradschaft 163

3. »Emotional-wirkliche« und »lokal« gebundene zwischenmenschliche Beziehungen 176

Schlußbemerkung 190
Anmerkungen 204

Vorwort

In diesem Buch sollen die wesentlichen Elemente zusammengestellt werden, die das gegenwärtige soziale Leben in Japan bestimmen. Damit wird der Versuch unternommen, ein neues Licht auf die japanische Gesellschaft zu werfen. Ich beschäftige mich als Sozialanthropologin mit der Gesellschaft, der ich selbst angehöre, und gebrauche dabei Methoden, die ich auch bei der Untersuchung anderer Gesellschaften anzuwenden gewöhnt bin. Die Arbeit hat jedoch nicht die Form einer wissenschaftlichen Abhandlung (wie sich aus dem Fehlen einer Bibliographie ersehen läßt; auch habe ich darauf verzichtet, statistisches Material oder genaue Daten aus Feldstudien zu zitieren).

Es wird versucht, durch die Zusammenfügung der wesentlichen charakteristischen Merkmale des japanischen Lebens ein Strukturmodell der japanischen Gesellschaft zu entwerfen. Mein Material habe ich fast wahllos aus einer Reihe von unterschiedlichen Typen von Gemeinschaften herausgegriffen, die sich heutzutage in Japan finden – Industrieunternehmen, staatliche Organisationen, Bildungsinstitutionen, intellektuelle Gruppierungen, religiöse Gemeinschaften, politische Parteien, Dorfgemeinschaften, Einzelhaushalte und dergleichen mehr. In meiner Untersuchung von Gruppen so verschiedener Bereiche habe ich mich auf das Verhalten des einzelnen und die zwischenmenschlichen Beziehungen konzentriert, da sie die Grundlage für die Gruppenorganisation und die strukturellen Tendenzen abgeben, die für die Gruppenbildung bestimmend sind.

Manche mögen den Eindruck gewinnen, als seien meine Äußerungen in diesem Buch in verschiedener Hinsicht übertrieben oder als werde zu Unrecht verallgemeinert; diese Kritiker könnten ihre Einwände mit Beobachtungen begründen, die sie vielleicht selbst gemacht haben. Andere könnten mir vorwerfen, daß meine Beispiele nicht mit präzisen oder detaillierten Angaben belegt werden. Gewiß, dieses Buch behandelt nicht die gesamte Spannweite sozialer Phänomene des Lebens in Japan, und es erhebt auch nicht den Anspruch, exakte Angaben zu einzelnen Gemeinschaften zu liefern. Es ist keine Beschreibung der japanischen Gesellschaft oder Zivilisation oder der Japaner überhaupt, und genausowenig soll auch eine Erklärung begrenzter Phänomene wie etwa der Verstädterung oder der Modernisierung Japans versucht werden. Meine Absicht ist es vielmehr, daß dieses Buch einen Schlüssel (d. h. eine Quelle der Erkenntnis und der Einsicht) liefert für ein Verständnis der japanischen Gesellschaft und der spezifisch japanischen Züge, die diese Gesellschaft von anderen komplexen Gesellschaften unterscheiden. Ich habe umfangreiches, aussagekräftiges Material zur Veranschaulichung der problematischen Aspekte des japanischen Lebens herangezogen, damit man zu einem Verständnis des strukturellen Kerns der japanischen Gesellschaft gelangen kann, und bin dabei ungefähr so verfahren, wie ein Künstler seine Farben gebraucht. Beim Auftragen dieser Farben hatte ich einen entscheidenden Vorteil, denn es sind die Farben, die ich von Geburt an kenne und mit denen ich aufgewachsen bin; ich kenne ihre feinen Abstufungen und Wirkungen. Beim Auftragen dieser Farben habe ich mich nicht an eine bestimmte soziologische Methode oder Theorie gehalten. Ich habe mich statt dessen alles Verfügbaren bedient, das brauchbar erschien bei dem Versuch, den Kern des Ganzen herauszuarbeiten. Es ist dies ein Verfahren, das der Sozialanthropologie nähersteht als der herkömmlichen Soziologie.

Die theoretische Grundlage der vorliegenden Arbeit wurde ursprünglich in einer früheren Untersuchung von mir mit dem Titel *Kinship and Economic Organization in Rural Japan* (London: Athlone Press 1967) geschaffen. Diese Untersuchung war aus meiner eigenen Feldforschung in japanischen Dörfern und aus dem Studium detaillierter Einzeldarstellungen anderer Autoren hervorgegangen. Als sie abgeschlossen war, war ich stark versucht, die Gedanken und Begriffe, die sich aus dem Studium einer recht traditionellen bäuerlichen Gesellschaft ergeben hatten, an der modernen Gesellschaft weiterzuerproben. Nach meiner Überzeugung besteht die traditionelle Sozialstruktur einer komplexen Gesellschaft, wie etwa in Japan, China oder Indien, allen modernen Änderungen zum Trotz auch heute noch fort. Aus diesem Grunde wollte ich anhand einer weiteren und ausführlicheren Erprobung meiner Vorstellungen – wie in diesem Buch unternommen – den theoretischen Ausgangspunkt meiner früheren Untersuchung auf eine sichere Grundlage stellen.

Einige der für die japanische Gesellschaft charakteristischen Aspekte, die ich in diesem Buch behandle, sind für japanische und westliche Beobachter nicht eben neu und mögen aus anderen Abhandlungen über Japan bekannt sein. Meine *Deutungen* jedoch sind anders, und neu ist die Art, wie ich diese Aspekte *zusammenfüge*. Die meisten soziologischen Studien über das heutige Japan beschäftigen sich hauptsächlich mit den Aspekten des Wandels und weisen auf die »traditionellen« und »modernen« Elemente hin, die ihrer Ansicht nach nicht miteinander übereinstimmen oder einander widersprechen. Ihren Höhepunkt hatte diese Betrachtungsweise in der Zeit der amerikanischen Besatzung (1945–1952) und den unmittelbar darauffolgenden Jahren, als japanische wie amerikanische Sozialwissenschaftler diesen Standpunkt einnahmen. Die Neigung zu einer derartigen Betrachtungsweise ist noch immer weit verbreitet; ihre Thesen laufen darauf hinaus, daß sämtliche Phänomene, die spezifisch japanisch zu sein scheinen und sich in keiner westlichen Gesellschaft finden, als »feudale« oder »vormoderne« Elemente abgestempelt werden können und als unvereinbar mit oder hinderlich für die Modernisierung angesehen werden müssen. Unter solchen Auffassungen, so scheint es, liegt eine Art korrelativer und syllogistischer Auffassung von sozialer Evolution verborgen: Ist die japanische Gesellschaft erst einmal vollständig modernisiert, wird sie oder sollte sie genauso werden wie die des

Westens. Den Verfechtern solcher Auffassungen geht es darum, entweder feudale Elemente auszumerzen oder aber moderne Elemente zu entdecken, die denen des Westens vergleichbar sind. Auf die Weise wird der Eindruck erweckt, als zerfiele das Gefüge der japanischen Gesellschaft in zwei völlig voneinander verschiedene Teile; in Wirklichkeit aber ist und bleibt sie ein einziges, einheitliches Ganzes. Meiner Meinung nach ist das »Traditionelle« lediglich ein Aspekt (nicht Element) ein und desselben sozialen Systems, das auch »moderne« Züge aufweist. Ich interessiere mich mehr für die wahrhaft elementaren Komponenten und deren Wirkungsvermögen in der Gesellschaft – in anderen Worten: für das soziale Beharrungsvermögen.

Das Beharrungsvermögen der Sozialstruktur läßt sich deutlich an den Formen der sozialen Beziehung zwischen den Menschen erkennen, welche die wahrscheinliche Veränderbarkeit der Gruppenorganisation unter wechselnden Umständen bestimmen. Dieses Beharrungsvermögen offenbart die einer Gesellschaft inhärente fundamentale Wertorientierung und ist die treibende Kraft für die Entwicklung der Gesellschaft. Soziale Beharrlichkeit ist zu einem Großteil abhängig vom Integrationsgrad und von der Dauer der Geschichte einer Gesellschaft. In Japan, Indien, China und anderswo gab es in der vormodernen Zeit eine reiche und wohlintegrierte wirtschaftliche und soziale Entwicklung, vergleichbar der »post-feudalen« Zeit in der europäischen Geschichte, die zur Entstehung einer einzigartigen Institutionalisierung sozialer Ideale beitrug. Die Werte, die im Verlauf der vormodernen Geschichte feste Gestalt annahmen, wurzeln tief und begünstigen den Prozeß der Modernisierung bzw. stehen ihm im Wege – je nachdem. Diese Werte im Hinblick auf ihre Auswirkungen auf die Sozialstruktur zu erkunden, scheint mir ein faszinierendes Thema für die Sozialwissenschaften zu sein. So betrachtet, glaube ich, bietet Japan ein reiches Feld für die Entwicklung einer Theorie der Sozialstruktur.

Ich versuche, dieses Problem durch eine Strukturanalyse zu

lösen, nicht durch eine kulturelle oder historische Erklärung. Thema des vorliegenden Buches ist die Funktionsweise des von mir so genannten *vertikalen Prinzips* in der japanischen Gesellschaft. Meines Erachtens entspringt der charakteristischste Zug der japanischen sozialen Organisation der Einzelverbindung in den sozialen Beziehungen: Ein einzelner oder eine Gruppe hat immer eine einzige, besondere Beziehung zu dem bzw. der anderen. Die Funktionsweise dieser besonderen Beziehung entspricht der einzigartigen Struktur der japanischen Gesellschaft in ihrer Gesamtheit, die sich von jener der Kasten- oder Klassengesellschaften unterscheidet. So werden die Wertvorstellungen der Japaner deutlich erkennbar. Einige meiner japanischen Leser mögen sich abgestoßen fühlen von manchen Teilen meiner Darstellung; wo ich gewisse japanische Schwächen aufdecke, werden sie vielleicht sogar einigen Abscheu empfingen. Ich tue dies jedoch nicht, weil ich den Japanern oder dem japanischen Leben überkritisch gegenüberstünde, sondern weil ich versuche, bei dieser Analyse der Gesellschaft, der ich angehöre, so objektiv wie nur irgend möglich zu sein. Ich nehme diese Schwächen als etwas Selbstverständliches hin, als konstituierende Elemente des Gesamtsystems, das auch seine großartigen Stärken hat.

Zuletzt bleibt mir noch, Professor Ernst Gellner meinen tiefempfundenen Dank auszusprechen, dessen äußerst anregende und detaillierte Kritik mir sehr geholfen hat, die endgültige Fassung des Manuskripts fertigzustellen.

Erstes Kapitel
Kriterien für die Gruppenbildung

1. Attribut und Rahmen

Die folgende Untersuchung geht von zwei grundlegenden Unterscheidungsmerkmalen aus: Es sind dies die einander entgegengesetzten Begriffe *Attribut* und *Rahmen*, die hier für unsere Zwecke eigens eingeführt werden. Mir scheint, daß sie aufschlußreich sind und bei einem Vergleich der japanischen Gesellschaft mit anderen Gesellschaften der Klärung dienen können.

Es ist jedoch wichtig, unsere Begriffe neu zu definieren. Durch die Anwendung der beiden genannten Kriterien werden in der vorliegenden Untersuchung soziale Gruppen identifiziert. Das eine Kriterium beruht auf dem *Attribut*, das ein Individuum mit anderen gemeinsam hat; das andere beruht auf der situationsbedingten Stellung innerhalb eines vorgegebenen *Rahmens*. Ich gebrauche *Rahmen* als einen Fachausdruck in einer speziellen Bedeutung, die dem Kriterium *Attribut* als Gegensatz zugeordnet ist. Auch das letztere hat eine spezielle und etwas weitere Bedeutung als üblich. *Rahmen* kann ein Ort sein, eine Institution oder eine bestimmte Beziehung, also etwas, das eine Reihe von Individuen in eine Gruppe einbindet. In allen Fällen bietet dieser Begriff ein Kriterium, das einerseits zur Abgrenzung dient und andererseits eine gemeinsame Basis für die Individuen schafft, die innerhalb dieses Bereichs angesiedelt sind. Mit dem Begriff *Rahmen* habe ich das japanische Wort *ba* übersetzt, von dessen Begrifflichkeit her ich ursprünglich meine Theorie entwickelt habe; allerdings läßt sich kaum eine genaue Übersetzung dafür finden. *Ba* bedeutet »Ort«, aber im üblichen Gebrauch dieses Wortes schwingt noch die Nebenbedeutung von einer Örtlichkeit mit, an der sich etwas befindet, um einem bestimmten Zweck zu dienen. In der Physik entspricht *ba* dem deutschen Begriff »Feld«.

Ich will nun erläutern, wie sich diese beiden Fachausdrücke auf verschiedene, reale Sachverhalte anwenden lassen. Ein Attribut beispielsweise liegt vor, wenn man Mitglied einer bestimmten Sippe oder Kaste ist; hingegen ist es Ausdruck eines gemeinsamen Rahmens, zum Dorf zu gehören. Das Attribut kann nicht nur durch Geburt, sondern auch durch Leistung erworben werden; der Rahmen dagegen ist eher situationsbedingt. Diese beiden Kriterien dienen dazu, dem einzelnen innerhalb einer bestimmten Gruppe seine Identität zuzuweisen. Diese Gruppe wiederum kann dann ihrerseits irgendwo innerhalb der Gesamtgesellschaft eingeordnet werden, wenn sie auch als Kollektivorgan möglicherweise keine bestimmte eigene Funktion hat. So beruht zum Beispiel die Einteilung in »Grundherr« und »Pächter« auf dem Attribut, wohingegen eine Einheit wie »Grundherr und seine Pächter« eine Gruppe darstellt, die durch die situationsbedingte Stellung ihrer Mitglieder zueinander gebildet wird. Wenn wir ein Beispiel aus der Industrie heranziehen, so bezieht sich »Dreher« oder »leitender Angestellter« auf das Attribut, »Angehörige der Firma Y« hingegen auf den Rahmen. Entsprechend sind »Professor«, »Verwaltungsbeamter« und »Student« Attribute, während »Angehörige der Z-Universität« den Rahmen angibt.

In jeder Gesellschaft sind die Individuen auf der Grundlage von Attribut und Rahmen in soziale Gruppen oder soziale Schichten zusammengefaßt. Es mag einige Fälle geben, in denen diese beiden Faktoren bei der Bildung einer Gruppe zusammenfallen; im allgemeinen aber überschneiden sie sich, wobei die Individuen gleichzeitig verschiedenen Gruppen angehören. Das zentrale Problem, um das es hier geht, ist das Maß, in dem die beiden Kriterien jeweils wirksam werden. Es gibt Fälle, in denen entweder der Faktor »Attribut« oder der Faktor »Rahmen« allein zur Wirkung kommt, sowie andere, wo die beiden miteinander konkurrieren. Die Art und Weise, wie beide Faktoren gemeinhin gewichtet werden, steht in einem engen wechselseitigen Verhältnis zu den Werten, die sich im sozialen Bewußtsein innerhalb einer Gesellschaft entwickeln. So beruht beispielsweise das Gruppengefühl der Japaner in einem erheblichen Maß auf diesem unmittelbaren sozialen Zusammenhang, den wir Rahmen genannt haben. In Indien hingegen geht das Gruppengefühl auf das Attribut zurück, das im Kastenwesen seinen symbolischen Ausdruck findet. (Von ihrem Wesen her ist die Kaste eine soziale Gruppe, die sich auf eine von Beruf und Verwandtschaft bestimmte Vorstellungswelt gründet.) In diesem Punkt zeigen die japanische und die indische Gesellschaft möglicherweise den schärfsten Gegensatz, wie später noch ausführlich dargelegt werden soll.

Die Neigung der Japaner, eher die situationsbedingte Stellung innerhalb eines bestimmten Rahmens zu betonen als ein allgemeines Attribut, läßt sich aus folgendem Beispiel ersehen: Ein Japaner, der »nach außen sieht«, d. h. einem Unbekannten gegenübertritt, und seine soziale Stellung zu erkennen geben will, gibt in der Regel der Institution den Vorzug vor der Art seiner Beschäftigung. Statt etwa zu sagen »ich bin Setzer« oder »ich bin Registrator«, wird er höchstwahrscheinlich sagen »ich bin aus dem Verlagshaus B« oder »ich gehöre zur Firma S«. Natürlich kommt es auch auf die Situation an, aber wo er sich frei entscheiden kann, wird er sich nach dem letztgenannten Muster vorstellen. (Ich werde noch auf die wichtigsten Implikationen für das gesellschaftliche Leben in Japan eingehen, die in dieser Entscheidung zum Ausdruck kommen.) Man möchte lieber zuerst etwas über die Zugehörigkeit des Gesprächspartners zum Verlagshaus B oder zur Firma S erfahren; daß er Journalist oder Drucker, Ingenieur oder kaufmännischer Angestellter ist, erscheint einem Japaner weniger wichtig.

Wenn jemand sagt, er sei von der privaten Fernsehgesellschaft X, kann man in ihm einen Produzenten oder Kameramann vermuten, obwohl er vielleicht lediglich Fahrer ist. (Der von allen getragene Anzug macht es schwer, aus der äußeren Erscheinung den richtigen Schluß zu ziehen.) Bei der Gruppenidentifikation ist der Rahmen wie »Firma« am wichtigsten; das Attribut, das dem einzelnen zukommt, ist weniger wichtig. Ähnliches findet sich bei den Intellektuellen: Was unter Akademikern am wichtigsten ist und sozial am stärksten wirkt, ist nicht die Frage, ob jemand einen Doktortitel hat, sondern welche Universität er besucht hat. Daher ist das Kriterium, nach dem Japaner den einzelnen sozial einordnen, eher das der speziellen Institution als das des generellen Attributs. Ein solches Gruppenbewußtsein bzw. eine solche Orientierung stärkt die Bedeutung der Institution. In der Tat ist die institutionelle Einheit (wie etwa Universität oder Firma) die Grundlage der japanischen Gesellschaft, wie im dritten Kapitel im einzelnen erläutert werden soll.

Die Art und Weise, wie dieses Gruppenbewußtsein funktioniert, zeigt sich unter anderem darin, wie ein Japaner den Ausdruck *uchi* (mein Haus) gebraucht, mit dem er die Arbeitsstelle, Organisation oder Universität bezeichnet, zu der er gehört. *Otaku* (dein Haus) hingegen bedeutet die Arbeitsstelle eines anderen. Der Begriff *kaisha* bringt das Gruppenbewußtsein zum Ausdruck. *Kaisha* bedeutet nicht, daß Individuen durch ein Vertragsverhältnis an eine Körperschaft gebunden sind, daneben aber eine davon losgelöste Existenz führen; *kaisha* ist vielmehr »meine« oder »unsere« Firma, die Gemeinschaft, der man in erster Linie angehört und die für das eigene Leben von allergrößter Bedeutung ist. Daher kümmert sich die Firma in der Regel um die gesamte gesellschaftliche Existenz eines Betriebsangehörigen und übt Autorität über alle Bereiche seines Lebens aus; er ist in dieser Verbindung emotional fest verankert.[1] Auch die Überlegung, daß die Firma A nicht den Aktionären gehört, sondern »uns«, ist Ausdruck dieser Denkweise, um die es hier geht. Es handelt sich dabei um eine so tief verwurzelte, urjapanische Einstellung, daß selbst die moderne Rechtsprechung mit ihr Kompromisse schließen muß. Nun will ich nicht bestreiten, daß auch in anderen Gesellschaften ein Angestellter ein gewisses

Maß an Zugehörigkeitsgefühl zu seiner Firma oder seinem Arbeitgeber hat; was aber diese Beziehung in Japan so anders macht, ist das überaus hohe Maß an emotionaler Beteiligung. Sie wird in Wort und Tat in der Öffentlichkeit wie auch im Privatleben ganz offen und häufig zum Ausdruck gebracht, was durch die Gesellschaft stets ausdrücklich anerkannt und gebilligt wird.

Das Wesen dieses fest verwurzelten latenten Gruppengefühls in der japanischen Gesellschaft findet seinen Ausdruck in dem traditionellen und allgegenwärtigen Begriff *ie* (Haushalt), einem Begriff, der auch die letzten Winkel der japanischen Gesellschaft durchdringt. Der japanische Gebrauch von *uchi-no,* bezogen auf die eigene Arbeitsstätte, rührt von dem grundlegenden Begriff *ie* her. Allerdings bedeutet *ie* wesentlich mehr als die deutschen Wörter »Haushalt« und »Familie«.

Mit dem Begriff *ie* als »Familiensystem« haben sich japanische Rechtswissenschaftler und Soziologen schon des langen und breiten auseinandergesetzt. Es herrscht allgemein Übereinstimmung, daß als Folge der Modernisierung Japans, vor allem unter dem Einfluß des umgestalteten Zivilrechts nach dem Zweiten Weltkrieg, *ie* als Institution im Absterben begriffen sei. Bei dieser ideologischen Betrachtungsweise wird die Verbindung von *ie* vor allem mit den Moralvorstellungen des Feudalismus herausgestellt; inwieweit sich der Begriff zur Bezeichnung einer elementaren Einheit der Sozialstruktur verwenden läßt, ist hingegen noch nicht völlig erforscht.

Meiner Ansicht nach besteht der wesentlichste Faktor der Institution des *ie* weder im Zusammenleben des ältesten Sohnes und dessen Frau mit seinen Eltern noch in der Autoritätsstruktur, derzufolge der Haushaltsvorstand alle Machtbefugnisse in Händen hält. *Ie* ist vielmehr ein Kollektiv mit gemeinsamem Wohnsitz und – im Falle landwirtschaftlicher und ähnlicher Betriebe – eine Art Verwaltungszentrale. Das *ie* umfaßt die Mitglieder des Haushalts (meist die Mitglieder der Familie des Haushaltsvorstands; zusätzlich zu den Familien-

mitgliedern können aber auch noch andere Personen dazuge-
rechnet werden), die damit zu Teilen einer unterscheidbaren
sozialen Gruppe werden. Mit anderen Worten: das *ie* ist eine
auf der Grundlage eines vorgegebenen festen Rahmens – gemeinsamer Wohnsitz und oft auch gemeinsame Wirtschafts-
organisation – gebildete soziale Gruppe. Das Wichtigste ist
dabei, daß die Beziehungen innerhalb dieser Haushalts-
gruppe als bedeutsamer gelten als alle anderen zwischenmenschlichen Beziehungen. Daher sind Frau und Schwiegertochter, die von außen gekommen sind, ungleich wichtiger als
die eigenen Schwestern und Töchter, die mit der Heirat in einen anderen Haushalt übergewechselt sind. Ein Bruder gehört nach dieser Vorstellung zu einer anderen Einheit, d. h.
zu einem anderen Haushalt, sobald er ein eigenes Haus gebaut hat; andererseits übernimmt der Schwiegersohn, der einmal völlig Außenstehender war, die Rolle eines Haushalts-
mitglieds und wird somit wichtiger als der eigene Bruder, der
in einem anderen Haushalt lebt. Dies ist ganz anders als in einer Gesellschaft wie etwa der indischen, wo der schwerwiegende Faktor der Geschwisterschaft (eine Beziehung, die auf
einem gemeinsamen Attribut beruht, nämlich der Abstammung von gemeinsamen Eltern) bis zum Tode von allergrößter Bedeutung bleibt. Die Frage des Wohnorts ist dabei
gänzlich gleichgültig. Je stärker die Geschwisterschaft als
Faktor zählt, desto schwächer ist also theoretisch die soziale
Unabhängigkeit der an einem Ort zusammenlebenden Gemeinschaft, d. h. eines Haushalts. (Es versteht sich somit von
selbst, daß die Hindus keine Bräuche kennen wie beispielsweise die in Japan weit verbreitete Adoption von Schwieger-
söhnen. Dasselbe gilt für Europa.) Diese Tatsachen stützen
die Theorie, daß auf der Wirksamkeit des Attributs beruhende Kriterien der Gruppenbildung solchen entgegenste-
hen, die auf der Wirksamkeit des Rahmens basieren.

Natürlich bietet die Gruppenbildung auf der Grundlage des
Rahmens, wie sich bei der Bildung des Haushalts zeigt, die
Möglichkeit, Mitglieder mit anderem Attribut aufzunehmen

und zugleich ein Mitglied auszuschließen, welches das gleiche Attribut hat. Dies geschieht regelmäßig, besonders in den traditionellen Haushalten von Bauern und Kaufleuten. So können nicht nur Außenstehende ohne die geringsten verwandtschaftlichen Beziehungen zu Erben und Nachfolgern werden, sondern auch Dienstboten und Angestellte werden im allgemeinen als Mitglieder des Haushalts aufgenommen und vom Haushaltsvorstand als Familienmitglieder behandelt. Diese Aufnahme muß vorbehaltlos akzeptiert werden, um im Haushalt die ununterbrochene Kontinuität in der Nachfolge zu gewährleisten, wenn etwa ein Angestellter die Tochter des Haushaltsvorstands heiratet und dann als Schwiegersohn adoptiert wird.

Ein solches Prinzip trägt zur Schwächung von verwandtschaftlichen Bindungen bei. Verwandtschaft, die ihrem eigentlichen Wesen nach Blutsverwandtschaft ist, ist ein auf dem Attribut beruhendes Kriterium. Japan mißt verwandtschaftlichen Beziehungen weniger Wert bei als anderen Gesellschaften, weniger sogar als die englische; tatsächlich ist die Wirkung verwandtschaftlicher Bindungen außerhalb des Haushalts verhältnismäßig schwach. Die Redensart »Bruder oder Schwester sind der Anfang des Fremden« spiegelt genau die japanischen Vorstellungen von Verwandtschaft wider. Bruder oder Schwester, verheiratet und in einem anderen Haushalt lebend, werden als eine Art Außenstehende betrachtet. Solchen Verwandten gegenüber beschränken sich die Verpflichtungen auf den Austausch von Grüßen und Geschenken anläßlich irgendwelcher Festtage, auf die Teilnahme an Hochzeiten und Begräbnissen und auf minimale Unterstützung bei Unfällen oder Armut. Häufig unterscheiden sich Geschwister deutlich in ihrem gesellschaftlichen oder finanziellen Status; der ältere Bruder kann Bürgermeister sein, der jüngere hingegen Briefträger in derselben Stadt; oder ein Bruder ist Rechtsanwalt oder Geschäftsmann, während seine verwitwete Schwester irgendwo als Haushaltshilfe arbeitet. Der wohlhabende Bruder unterstützt seine in Armut lebenden Geschwister normalerweise nicht, wenn sie einen eigenen Haushalt haben, solange sie sich irgendwie über Wasser halten können; entsprechend werden diese nicht um Hilfe bitten, bis nicht auch das allerletzte Reiskörnchen verzehrt ist. Die Gesellschaft akzeptiert das, denn für sie ist der einzelne Haushalt wichtiger als die Sippe als Ganzes.

Das ist in der Tat gänzlich verschieden von der Einstellung gegenüber der Sippe, wie sie in Indien und anderen südostasiatischen Ländern zu finden ist, wo der Reichtum eines einzelnen oder einer Familie gemeinhin unter Verwandten aufgeteilt wird; hier hat die Sippe als Ganzes Vorrang gegenüber dem einzelnen Haushalt, und Nepotismus spielt eine bedeutende Rolle. Ich war überrascht zu entdecken, daß sich selbst in England und Amerika Geschwister viel häufiger treffen, als es nach japanischen Maßstäben verlangt wird, und daß es einen so hohen Grad an Verwandtschaftsgefühl gibt. Das Weihnachtsfest ist eine der Gelegenheiten, wo sich die Verwandtschaft trifft. Der Neujahrstag ist die japanische Entsprechung zum westlichen Weihnachtsfest, aber da bereitet sich jedermann darauf vor, Besuch von Untergebenen zu bekommen und selbst die Vorgesetzten aufzusuchen. Man hat jedoch nur wenig Zeit und Sinn für die Verwandtschaft der Seitenlinie – verheiratete Geschwister, Vettern, Kusinen, Onkel, Tanten usw. Eltern und Großeltern werden allerdings besucht, wenn sie nicht im selben Haus wohnen. Sogar in ländlichen Gegenden sagt man »Die Nachbarn sind wichtiger als die Verwandtschaft« oder »Man kann sein Leben lang ohne Vettern auskommen, aber nicht ohne Nachbarn«.

Die verwandtschaftliche Bindung, normalerweise als die ursprüngliche und grundlegende menschliche Bindung angesehen, wird in Japan offenbar durch eine personalisierte Beziehung zum Kollektiv ersetzt, die auf der gemeinsamen Arbeit beruht und zugleich die wesentlichen Aspekte des sozialen und wirtschaftlichen Lebens mit umfaßt. Hier stoßen wir wieder auf die so überaus wichtige Einheit in der japanischen Gesellschaft: das Kollektiv auf der Grundlage des Rahmens.

Meiner Ansicht nach ist dies das grundlegende Prinzip, auf dem die japanische Gesellschaft aufgebaut ist.

Um zusammenzufassen: Das Strukturprinzip der sozialen Gruppe in Japan spiegelt sich deutlich in der Struktur des Haushalts. Die Idee dieser traditionellen Institution des Haushalts, des *ie*, lebt bis heute im Selbstverständnis der verschiedenen Gruppen, die *uchi* genannt werden, was lediglich eine andere Lesart desselben japanischen Zeichens für *ie* ist. Diese Tatsachen zeigen, daß die Bildung von sozialen Gruppen auf der Grundlage fester Rahmen für die japanische Sozialstruktur auch heute noch charakteristisch ist.

Unter den Gruppen, die größer sind als der Haushalt, gibt es die mittelalterliche Vorstellung der *ichizoku-rōtō* (eine Familie und ihre Gefolgsleute). Die Gruppenstruktur, die in diesem Begriff zum Ausdruck kommt, ist ein hervorragendes Beispiel für die auf den Rahmen zurückgehende soziale Gruppe. Hier finden wir tatsächlich die Vorstellung des einen Haushalts, in dem Familienmitglieder und Gefolgsleute nicht getrennt sind, sondern eine integrierte Gemeinschaft bilden. Häufig gibt es eheliche Verbindungen zwischen den beiden Seiten dieser Gemeinschaft, und dann verwischen sich alle Unterscheidungsmerkmale zwischen ihnen. Die Beziehung ist die gleiche wie die zwischen Familienmitgliedern und Angestellten oder Dienstboten in einem Haushalt. Wir finden hier den grundsätzlichen Gegensatz zu einer Gruppe, die ausschließlich auf dem Prinzip von Abstammung und Verwandtschaft beruht.

Ein Äquivalent zu *ie* und *ichizoku-rōtō* in unserer modernen Gesellschaft ist der Begriff »Eine Eisenbahnerfamilie« *(kokutetsu-ikka)* als Bezeichnung für die Japanische Staatsbahn. Eine sowohl Arbeiter wie Geschäftsleitung umfassende Körperschaft nennt diese Vereinigung »Harmonie von Management und Arbeiterschaft«. Obwohl es häufig heißt, die traditionelle Institution der Familie *(ie)* sei verschwunden, so hat sich die Konzeption des *ie* doch auch im modernen Kontext erhalten. Eine Firma wird als *ie* begriffen, und alle Angestellten sind Mitglieder des Haushalts, wobei der Arbeitgeber ihr Oberhaupt ist. Diese »Familie« wiederum umfaßt auch die persönliche Familie des Angestellten; sie »umhüllt« ihn »vollständig« *(marugakae)*. Der Arbeitgeber übernimmt bereitwillig die Verantwortung für die Familie seines Angestellten, für die umgekehrt wiederum die Firma von höchster Bedeutung ist und nicht irgendwelche Verwandten, die anderswo wohnen. (Auf S. 29 wird gezeigt, welcher Zusammenhang zwischen der Firma und der Familie des Angestellten bestehen kann.) Im modernen Kontext bildet die Familie des Angestellten, die normalerweise den Angestellten selbst sowie seine Frau und seine Kinder umfaßt, eine Einheit, die nicht mehr als ein *ie*, sondern lediglich als eine Familie angesehen wird. Diese Einheit ist vergleichbar der Familie eines Dienstboten oder Angestellten, der im *ie* des Herrn arbeitete, der Verwaltung eines Unternehmens früherer Zeiten. Die Rolle der alten Institution *ie* als eigenständige, abgeschlossene Einheit übernimmt heutzutage die Firma. Dieses soziale Gruppenbewußtsein, eine Einheit innerhalb eines Rahmens zu sein, das in der Konzeption des *ie* zum Ausdruck kommt, war in Japan immer herstellbar und wurde durch propagandistische Parolen gefördert und durch traditionelle Moralvorstellungen gerechtfertigt.

Unsere Untersuchung zeigt die Notwendigkeit, die stereotype Vorstellung, Modernisierung oder Verstädterung schwäche die verwandtschaftlichen Bindungen und bringe eine neue Form der sozialen Organisation auf völlig anderer Grundlage hervor, neu zu überdenken. Zwar führt die Industrialisierung auch in Japan zu einer neuen Organisationsform, deren formale Struktur der modernen westlicher Gesellschaften sehr ähnlich sein mag. Dies geht jedoch nicht notwendigerweise mit Änderungen in der informellen Struktur Hand in Hand; hier kann, wie es in Japan der Fall ist, die traditionelle Struktur weitgehend erhalten bleiben. Dies zeigt, daß die grundlegende soziale Struktur trotz bedeutsamer Veränderungen in der sozialen Organisation fortdauert.[2]

2. Emotionale Beteiligung
und Eins-zu-eins-Beziehungen

Aus dem Obengesagten geht hervor, daß soziale Gruppen, die unter besonderem Bezug auf die Situation, d. h. auf den Rahmen, gebildet sind, Mitglieder mit unterschiedlichen Attributen umfassen. Eine Gruppe, die auf der Grundlage der Gemeinsamkeit des Attributs gebildet ist, kann eben aus dieser Homogenität heraus, selbst ohne Rückgriff auf irgendeine Art von Gesetz, ein starkes Gefühl der Exklusivität entwickkeln. Natürlich hängt die jeweilige Stärke dieses Faktors von einer Reihe von Bedingungen ab, aber unter den wesentlichen Faktoren für die Gruppenbildung ist diese Homogenität unter den Mitgliedern der Gruppe allein schon wirksam genug und macht äußere Einflüsse sekundär. Wenn eine Gruppe sich dagegen auf der situationsbedingten Grundlage des Rahmens bildet, ist ihre Form anfänglich die einer einfachen Herde, die in sich selbst keine feststehenden internen Elemente besitzt, die eine soziale Gruppe konstituieren könnten. Gruppenkonstituierende Elemente in Gestalt von Attributen hingegen können zwar heterogen sein, nicht aber komplementär. (Die vorliegende Untersuchung schließt nicht an die Durkheimsche Theorie als solcher an; es wird unterschieden zwischen Gesellschaften, in denen die Menschen zusammenhalten, weil sie sich ähneln, und Gesellschaften, in denen sie dies tun, weil sie sich gegenseitig ergänzen.) Beispielsweise kann eine Gruppe von Häusern in einer bestimmten Gegend ein Dorf bilden, bloß weil sie von anderen Häusern entfernt liegen. Um jedoch eine funktionale Einheit bilden zu können, bedürfen sie einer internen Organisation, die diese unabhängigen Haushalte miteinander verbindet. In einer solchen Situation müssen sich gewisse Regeln herausbilden, um den Zusammenhalt der Gruppe zu steuern.

Zusätzlich zu der Ausgangsbedingung eines starken, dauerhaften Rahmens ist es notwendig, diesen noch weiter zu stärken und das Gruppenelement zu festigen. Theoretisch kann dies auf zwei Arten geschehen. Die erste Methode ist, die Mitglieder innerhalb des Rahmens so zu beeinflussen, daß sie ein Gefühl des »Eins-Seins« entwickeln; die zweite ist, eine interne Organisation zu schaffen, welche die Individuen in der Gruppe aneinander bindet, und dann diese Organisation zu stärken. In der Praxis kommen beide Erscheinungsformen zusammen vor, sind miteinander verbunden und entwickeln sich zusammen weiter. Tatsächlich verschmelzen sie zu einem einzigen alltäglichen Handlungsprinzip, der Einfachheit halber werde ich sie jedoch gesondert darstellen. In diesem Abschnitt setze ich mich mit dem Gefühl der Einheit auseinander, im nächsten Kapitel werde ich dann die interne Organisation behandeln.

Es ist möglich, Menschen mit unterschiedlichen Attributen die Empfindung zu vermitteln, daß sie Mitglieder ein und derselben Gruppe sind und daß dieses Gefühl zu Recht besteht, indem man das Gruppengefühl des »Wir« gegenüber dem »Sie« betont, d. h. gegenüber dem Außen, und indem man anderen, ähnlichen Gruppen gegenüber ein Rivalitätsgefühl nährt. Auf diese Weise entwickelt sich innerlich das verbindende Gefühl: »Wir sitzen ja alle in einem Boot«.

Da die Ungleichheit der Attribute etwas rational Faßbares ist, bedient man sich ihrer Überwindung eines emotionalen Zugangs. Dieser emotionale Zugang wird durch eine Art ständigen zwischenmenschlichen Kontakt erleichtert, der oft in jene zwischenmenschlichen Beziehungen eindringen kann, die ganz zum Bereich des Persönlichen und der Privatsphäre gehören. Die Folge ist, daß Macht und Einfluß der Gruppe sich nicht nur auf die Handlungen des einzelnen auswirken und in sie eingehen, sondern sogar seine Vorstellungen und seine Denkweise verändern. Die Selbstbestimmung des einzelnen wird auf ein Mindestmaß reduziert. Wenn dies geschieht, kann man nicht mehr feststellen, wo das Gruppendasein oder das öffentliche Leben endet und das Privatleben beginnt. Manche empfinden dies als eine Gefahr, als eine Beeinträchtigung ihrer Würde als Einzelwesen; andererseits fühlen sich andere in diesem totalen Gruppengefühl sicherer. Es kann kaum ein Zweifel darüber bestehen, daß die letztgenannte Gruppe die Mehrheit bildet. Ihr Lebensbereich ist gewöhnlich auf die Dorfgemeinschaft oder die Arbeitsstelle beschränkt: Japaner sprechen gewöhnlich mit ihren Arbeitskollegen über ihre Familien und ihre Liebesgeschichten; Heiraten innerhalb der Dorfgemeinschaft oder der Firma sind weit verbreitet; bei Betriebsausflügen fährt häufig die Familie mit. Ein gutes Beispiel ist auch die Bereitstellung von Firmenwohnungen, wie sie bei den führenden japanischen Unternehmen üblich ist. Solche Firmenwohnstätten sind üblicherweise in einem einzigen Bezirk konzentriert und bilden – etwa im Vorort einer Großstadt – eine geschlossene Einheit. Unter diesen Umständen kommen die Frauen der Angestellten miteinander in engen Kontakt und sind über die Aktivitäten ihrer Männer bestens informiert. Mithin bildet eine Firma mit ihren Angestellten und deren Familien schon rein physisch eine eigenständige soziale Gruppe. Im Extremfall kann eine Firma sogar eine gemeinsame Grabstätte für ihre Angestellten haben, ähnlich wie ein Familiengrab. Wo jedoch das Gruppengefühl so stark ausgeprägt ist, dort gibt es fast kein soziales Leben außerhalb der jeweiligen Gruppe, von der das Erwerbsleben des einzelnen in erster Linie abhängt. Alle Probleme des einzelnen müssen innerhalb des Rahmens gelöst werden. Mitgliedschaft in der Gruppe ist somit einfach und einend. Die Folge ist, daß jede Gruppe oder Institution ein hohes Maß an Unabhägigkeit nach außen und an innerem Zusammenhalt entwickelt, wobei ihre eigenen, internen Regeln für ihre Mitglieder absolut verbindlich sind.

Der Archetypus dieser Art von Gruppe ist der japanische Haushalt (ie), wie wir ihn oben beschrieben haben. In Japan wird beispielsweise das Schwiegermutter-Problem lieber innerhalb des Haushalts gelöst, und die unglückliche Braut sieht sich auf sich selbst gestellt und muß sich allein und ohne die Hilfe von ihrer eigenen Familie, von Verwandten oder Nachbarn durchkämpfen. Im Vergleich dazu kann in indischen Bauerndörfern die Neuvermählte nicht nur lange Besuche im Elternhaus machen, sondern auch ihr Bruder kann sie häufig besuchen und ihr auf verschiedene Weise aus der Not helfen. Streitigkeiten zwischen Schwiegermutter und Schwiegertochter werden mit erhobenen Stimmen ausgetragen, die in der ganzen Nachbarschaft zu hören sind; kommt es zu einem solchen Geschrei, laufen alle Frauen (derselben Kaste) aus der Nachbarschaft herbei, um zu helfen. Daß Frauen, die aus anderen Dörfern kommen, einander helfen, ist etwas, worum man sie beneiden könnte, und bei Japanerinnen völlig undenkbar. Hier zeigt sich wieder die Wirkung des sozialen Faktors Attribut (Ehefrau); sie ersetzt die Wirksamkeit des Rahmens (Haushalt). Im Gegensatz dazu heißt es in Japan: »Die Eltern schreiten ein, wenn ihre Kinder sich streiten.« Wie ich unten im einzelnen erläutern werde, ist die Struktur hier das genaue Gegenteil der indischen.

Moralvorstellungen wie die, daß »der Mann das Sagen hat, und die Frau gehorcht« oder »Mann und Frau ein Fleisch sind«, sind Ausdruck des großen Gewichts, das in Japan der Integration beigemessen wird. Bei Indern habe ich dagegen oft erlebt, wie Mann und Frau ohne jedes Zögern ziemlich gegensätzliche Meinungen zum Ausdruck brachten. So etwas geschieht in Japan im Beisein anderer praktisch nie. Die traditionelle Autorität des japanischen Haushaltsvorstands, die einst als Hauptmerkmal des Familiensystems galt, erstreckte sich auch auf das Verhalten, die Ansichten und die Denkweise der Mitglieder des Haushalts. In diesem Punkt hatte der japanische Haushaltsvorstand sehr viel mehr Macht als der indische. Im indischen Familienleben gibt es eine Fülle von Regeln, die je nach Status des einzelnen Familienmitglieds zu beachten sind: So darf beispielsweise die Ehefrau die älteren Brüder, den Vater ihres Mannes usw. nicht direkt ansprechen. Diese Regeln betreffen das Individualverhalten; die Freiheit und große Individualtität jedoch, die im Bereich der Ideen und der Denkweisen selbst unter den Mitgliedern derselben Familie erlaubt sind, sind für einen Japaner überraschend. Überdies unterscheiden sich die Regeln nicht von Haushalt zu Haushalt, sondern sind der ganzen Gemeinschaft eigen, besonders aber den Mitgliedern derselben Kaste. Anders ausgedrückt: Die Regeln sind allgemeingültig und weniger situationsbedingt bzw. weniger spezifisch für den einzelnen Haushalt als in Japan.[3] Verglichen mit dem traditionellen japanischen Familienleben sind die Mitglieder eines indischen Haushalts durch die traditionellen Bräuche des Einzelhaushalts nur in sehr geringem Maße gebunden.

Ein Inder, der viele Jahre in Japan studiert hatte, verglich die japanischen und die indischen Verhaltensweisen wie folgt:

Warum muß ein Japaner seine Kameraden selbst in den unwichtigsten Dingen um Rat fragen? Die Japaner berufen wegen jeder Belanglosigkeit eine Konferenz ein und halten ständig – wenngleich meist informell – Sitzungen ab, um alles zu entscheiden. Wir haben in Indien als Familienmitglieder – und das gilt auch für andere soziale Gruppierungen – genau festgelegte Regeln, an die man sich halten kann, um sofort zu erkennen, ob das, was man tun will, in Ordnung ist; man braucht sich nicht erst mit dem Familienvorstand oder anderen Familienmitgliedern zu beraten. Außerhalb dieser Regeln ist man weitgehend frei, als Individuum zu handeln. Was man auch tut, man braucht sich nur zu fragen, ob es gegen die Regeln verstößt.

Dies zeigt deutlich, daß in Indien »Regeln« als ein eindeutiges, wenngleich abstraktes soziales Schema betrachtet werden, nicht als eine jeder Familie bzw. sozialen Gruppe spezifische konkrete und charakteristische Ordnung wie in Japan. Die Individualität der familiären Einheit ist in Indien nicht stark ausgeprägt, und die Familienmitglieder empfinden sich dort auch durchaus nicht auf die gleiche Weise emotional als Teil der Gruppe, wie dies im japanischen Haushalt der Fall ist. Ebensowenig ist die Familie als eine lebendige Einheit (oder als eine Gruppe mit gemeinsamem Eigentum) eine in sich geschlossene Gemeinschaft wie der japanische Haushalt. Wieder zeigt sich, daß in Indien – anders als in Japan – der einzelne starke Bindungen an das soziale Beziehungsgefüge außerhalb seines Haushalts hat.

Im Gegensatz zum japanischen System erlaubt das indische Freiheit in bezug auf Ideen und Denkweisen, nicht aber bezüglich des Verhaltens. Aus diesem Grunde, so scheint mir, halten Inder trotz aller ökonomischen und ethischen Grenzen bei der Modernisierung der Gesellschaft ihr traditionelles Familiensystem nicht im selben Maße für einen Hemmschuh des Fortschritts wie Japaner. Diese Auffassung mag gängigen Vorstellungen von der indischen Familie widersprechen. Es ist jedoch wichtig zu beachten, daß hier zwischen dem japanischen und dem hinduistischen System verglichen wird, wobei die tatsächlichen interpersonalen Beziehungen innerhalb der Familie bzw. des Haushalts im Mittelpunkt stehen, nicht aber zwischen westlichen und indischen Familienstrukturen im allgemeinen. Ich habe nicht die Absicht, die Struktur und das Funktionieren der tatsächlichen zwischenmenschlichen Beziehungen in japanischen und hinduistischen Familien in allen Einzelheiten darzulegen, doch mag das folgende hilfreich sein, um meine These zu belegen. Im idealen traditionellen Haushalt in Japan beispielsweise sollten die Mitglieder immer und unter allen Umständen dieselben Ansichten vertreten, und das hieß für gewöhnlich, daß alle Mitglieder ohne jede Diskussion die Meinung des Haushaltsvorstands übernahmen. Eine andere Meinung zu äußern galt als Fehlverhalten, das die Harmonie des Gruppensystems störte. Im Gegensatz zu einem solch einseitigen Entscheidungsprozeß im japanischen Haushalt gewährt die indische Familie der Beratung zwischen ihren Mitgliedern viel Raum; seien es die Söhne, die Frau oder selbst die Töchter – sie alle können ihre Meinungen viel freier äußern und sich tatsächlich an einer Diskussion freuen, wenngleich die endgültige Entscheidung durch das Oberhaupt gefällt werden mag. Die hinduistische Familienstruktur ist zwar ähnlich hierarchisch aufgebaut wie die der japanischen Familie, doch bleiben die Rechte des einzelnen in ihr wohl gewahrt. Im japanischen System stehen alle Mitglieder des Haushalts als eine Gruppe unter dem Oberhaupt, und sie haben keine besonderen, ihrem individuellen Status innerhalb der Familie entsprechenden Rechte. Das japanische Familiensystem unterscheidet sich in dieser Hinsicht vom chinesischen, dessen Familienmoral immer auf den Beziehungen zwischen einzelnen Individuen wie etwa Vater und Sohn, Bruder und Schwester, Kind und einem Elternteil oder Mann und Frau beruht, während sie in Japan immer auf der kollektiven Gruppierung beruht, d. h. den Mitgliedern des Haushalts, und nicht auf den Beziehungen zwischen Individuen.

Das japanische System produziert naturgemäß viel mehr Frustration bei den rangniederen Mitgliedern der Hierarchie; und es erlaubt dem Oberhaupt, die Gruppe oder ein einzelnes Mitglied zu mißbrauchen. In Japan hat sich besonders nach dem Zweiten Weltkrieg die Vorstellung breitgemacht, das Familiensystem *(ie)* sei ein böses feudalistisches Produkt, das die Modernisierung verhindere. Von dieser Voraussetzung her konnte auf die Mißbräuche hingewiesen werden, die mit dem unbeschränkten Einfluß der Autorität des Haushaltsvorstandes getrieben worden waren. Dabei sollte jedoch bedacht werden, daß, obwohl die Macht eines jeden einzelnen Haushaltsvorstandes oft für ausschließlich seine persönliche gehalten wird, es in Wirklichkeit die soziale Gruppe, der »Haushalt«, ist, der die entscheidende integrierende Macht besitzt, eine Macht, die Verhalten und Denken eines jeden einzelnen Mitglieds einschränkt, einschließlich jenes des Oberhaupts.

Ein weiteres für Gruppen charakteristisches Merkmal, das sich im japanischen Haushalt zeigt, läßt sich erkennen, wenn man eine Firma als soziale Gruppe betrachtet. In diesem Fall hat sich auf der Grundlage des »Systems der lebenslangen Anstellung« eine geschlossene soziale Gruppe gebildet, wobei die Arbeit für die Firma, für das Leben der Angestellten eine zentrale Bedeutung erhalten hat. Der neu Eingestellte ist ungefähr in der gleichen Lage – und wird von der Firma auch ziemlich im gleichen Geist aufgenommen –, als ob er ein neugeborenes Familienmitglied wäre, ein gerade adoptierter Schwiegersohn oder eine Braut, die in den Haushalt des Mannes aufgenommen wird. Dies illustrieren verschiedene für das japanische Beschäftigungssystem typische Besonderheiten wie beispielsweise Firmenwohnungen, Beihilfe zu Krankenhauskosten, Familienerholungsheime für die Angestellten, Geldgeschenke der Firma bei Heirat, Geburt oder Tod und sogar Ratschläge des Betriebsberaters für Familienplanung. Interessant dabei ist, daß dies sogar in den fortschrittlichsten Großunternehmen oder im angeblich so modernen, hochentwickelten Management zu beobachten ist. Noch deutlicher zeigt sich dies im japanischen Lohnsystem, das von jedem Industrieunternehmen und jeder Regierungsinstitution angewandt wird und in dem der Familienzuschlag ein wesentlicher Bestandteil ist. Ebenso spiegelt sich dies im Prinzip der Entlohnung nach dem Senioritätsprinzip.

Das Verhältnis zwischen Arbeitgeber und Arbeitnehmer läßt sich nicht durch rein vertragsrechtliche Begriffe erklären. Die Haltung des Arbeitgebers kommt in der Redensart »Das Unternehmen, das sind die Menschen« zum Ausdruck. Dies bestärkt den Glauben, daß Arbeitgeber und Arbeitnehmer durch das Schicksal so eng miteinander verbunden seien, daß eine Bindung von Mann zu Mann entsteht, die häufig so fest und eng ist wie die zwischen Ehepartnern. Eine solche Beziehung ist offenkundig keine rein vertragsrechtliche zwischen Arbeitgeber und Arbeitnehmer; der Arbeitnehmer ist bereits ein Mitglied seiner eigenen Familie, und alle Mitglieder seiner Familie werden wie selbstverständlich in die große Firmen-»Familie« aufgenommen. Die Unternehmer stellen nicht bloß die Arbeitskraft eines Menschen ein, sondern tatsächlich den ganzen Menschen, wie der Ausdruck *marugakae* (»gänzlich umhullt«) zeigt. Diese Neigung läßt sich im japanischen Management von der Meiji-Zeit (1868 bis 1912) bis heute konsequent verfolgen.

Das System der lebenslangen Anstellung, das sich durch vollständige und dauerhafte Bindung zwischen Arbeitgeber und Arbeitnehmer auszeichnet, steht in scharfem Kontrast zu der hohen Mobilität der Arbeiter in den Vereinigten Staaten.

Es ist behauptet worden, daß sich dieses System aus der wirtschaftlichen Lage Japans entwickelt und mit dem Arbeitskräfteüberschuß zu tun habe. Wie jedoch J. C. Abegglen in seiner scharfsinnigen Analyse zeigt[4], ist die Immobilität der japanischen Arbeiter kein rein ökonomisches Problem. Daß es auch mit dem Charakter der japanischen Sozialstruktur zu tun hat, wird aus meiner Erörterung ersichtlich werden. Tatsächlich haben Arbeitskräftemangel und Überschuß an Arbeitskräften das System der lebenslangen Anstellung kaum beeinflußt; beide einander entgegengesetzte Situationen haben vielmehr zusammen zur Entwicklung des Systems beigetragen.

Es mag an dieser Stelle angezeigt sein, die geschichtliche Entwicklung des Systems der lebenslangen Anstellung in Japan kurz nachzuzeichnen. In der Frühzeit der Industrialisierung Japans gab es eine recht hohe Fluktuation unter den Fabrikarbeitern, so wie im vorindustriellen Japan bestimmte Arten von Handwerkern und Künstlern leicht von Arbeitsplatz zu Arbeitsplatz wechselten. Die Mobilität unter einigen Arbeitern im vor- und frühindustriellen Japan ist wohl auf folgende Faktoren zurückzuführen: Arbeiter, die eine sehr spezialisierte Tätigkeit ausübten, nur einen geringen Teil des gesamten Arbeitskräftemarkts ausmachten und deshalb sehr gesucht waren, befanden sich außerhalb der institutionalisierten Systeme. Die Mobilität von Fabrikarbeitern verursachte für die Unternehmen jedoch Ungewißheit und Unannehmlichkeiten bei ihrem Versuch, die Belegschaften konstant zu halten. Um dieser Fluktuation entgegenzuwirken, gingen die Unternehmen daher allmählich dazu über, Arbeiter für die Dauer ihres gesamten Arbeitslebens im Betrieb zu halten, statt ein System zu entwickeln, das auf arbeitsvertraglichen Vereinbarungen beruhte. Größere Unternehmen fingen bereits zu Beginn unseres Jahrhunderts an, auf diesem Prinzip beruhende betriebswirtschaftliche Methoden zu entwickeln; so kam es zu diversen Sozialleistungen, Firmenwohnungen mit sehr niedrigen Mieten, günstigen Einkaufsgelegenheiten

u. ä. Dieser Trend verstärkte sich vor allem nach dem Ersten Weltkrieg, als ein akuter Arbeitskräftemangel herrschte.

Ebenfalls kurz nach dem Ende des Ersten Weltkrieges wurde von den Großfirmen das noch heute übliche Anstellungssystem eingeführt, demzufolge ein Betrieb in jedem Frühjahr eine beträchtliche Anzahl Schulabgänger übernimmt. Der Ursprung dieser Entwicklung liegt in dem Bedarf an Personal, das im eigenen Betrieb ausgebildet worden war und mit den mechanisierten Produktionsmethoden vertraut war, die sich aus der Einführung neuartiger Maschinen aus Deutschland und den Vereinigten Staaten ergaben. Die potentiell besten Arbeitskräfte für die mechanisierte Industrie waren Schulabgänger, da sie leichter formbar waren entsprechend den Bedürfnissen eines Betriebes. Im Betrieb erhielten sie nicht nur eine technische Ausbildung, sondern wurden auch geformt. In Japan war man immer der Ansicht, daß die moralische und geistige Haltung der einzelnen einen entscheidenden Einfluß auf die Produktivität im ganzen hat. Loyalität dem Betrieb gegenüber fand höchste Anerkennung. So kann jemand ein hervorragender Techniker sein, doch wenn seine Denkweise und seine moralische Haltung dem Firmenideal nicht entsprechen, zögert die Firma nicht, ihn zu entlassen. Menschen, die in einem vergleichsweise späten Stadium ihres Berufslebens von einem anderen Betrieb kommend in ein Unternehmen eintreten, gelten als schwer formbar oder von zweifelhafter Loyalität. Der Hauptgrund dafür, daß man bei der Neueinstellung von Arbeitern immer mehr auf Schulabgänger zurückgriff, lag also an der leichteren Schulung und Erziehbarkeit.[5]

Die Einstellungspraktiken ebneten so den Weg für die Entwicklung des Systems der lebenslangen Anstellung. Zusätzlich wurden weitere Einrichtungen geschaffen, um die Arbeiter an den Betrieb zu binden, so etwa das System der Entlohnung nach dem Senioritätsprinzip, das von der Dauer der Betriebszugehörigkeit, vom Alter und von der Ausbildung abhängt und zu dem als Lockmittel noch eine stattliche Zahlung beim Ausscheiden aus Altersgründen kam.* Das hinter diesem Senioritätssystem steckende Prinzip hatte den Vorteil, mit der traditionellen Struktur der kaufmännischen und landwirtschaftlichen Betriebsorganisation des vorindustriellen Japan eng verwandt zu sein. Die Betriebsgrößen dieser Unternehmen alten Stils waren verhältnismäßig klein gewesen – ein Haushalt oder eine Gruppe eng miteinander verbundener Haushalte, die sich um einen bestimmten Haushalt scharten, dessen Vorstand gewissermaßen als Unternehmen fungierte, während seine Familienangehörigen und die adoptierten Mitglieder oder Dienstboten die Rolle von Angestellten auf Lebenszeit spielten. So besitzt das Anstellungssystem in einem modernen Industrieunternehmen enge strukturelle und ideologische Verbindungen mit der Organisationsform des traditionellen Haushalts.

Die Hinwendung zur lebenslangen Anstellung wurde im zweiten und dritten Jahrzehnt dieses Jahrhunderts durch Entwicklungen in der bürokratischen Struktur von Geschäftsunternehmungen noch gefördert: eine starke Zunahme der Anzahl der Abteilungen ging einher mit Verfeinerung der Abstufungen bei den Diensträngen. Im Laufe dieser beiden Jahrzehnte kamen plötzlich Uniformen für Arbeiter auf, Abzeichen am Rockaufschlag, die als Firmenkennzeichen getragen wurden, sowie Streifen an der Uniformmütze, um Abteilung und Dienstgrad anzuzeigen. Die Arbeiter kamen so zwar in eine starrere Firmenhierarchie, doch gab ihnen dies auch einen größeren Ansporn, indem sie hoffen konnten, auf dieser hochdifferenzierten Leiter von Rangstufen aufsteigen zu können.

Die Übernahme einer militärischen Struktur während des

---

* Das Bestreben, durch den Verbleib am einmal gewählten Arbeitsplatz und durch Beförderungen eine möglichst hohe Abfindung zu erhalten, hatte einen konkreten ökonomischen Grund: Bis vor wenigen Jahren gab es in Japan keine Rentenversicherung. Im Alter waren Japaner also auf rein private Vorsorge und die Unterstützung durch ihre Kinder, meist den ältesten Sohn, angewiesen. (Anm. d. Übers.)

Krieges führte zur weiteren Verfestigung dieses Systems. Die Immobilität der Arbeitskräfte wurde durch die Politik der Regierung noch verstärkt, die den Trend zu größerer Mobilität beendete, der aus dem akuten Mangel an Arbeitskräften erwachsen war. Das Verbot, den Arbeitsplatz zu wechseln, wurde durch das moralische Argument gestützt, daß ein Arbeiter seiner Nation am besten durch verstärkte Leistung in seiner eigenen Firma dienen könne. Die Fabrik sollte als Haushalt oder Familie betrachtet werden, in welcher der Unternehmer gleichermaßen für das materielle wie für das seelische Wohlergehen seiner Arbeiter und deren Familien verantwortlich wäre und es auch sein sollte. Im »Entwurf der Arbeitsstatuten« (Veröffentlichung des Ministeriums für öffentliche Wohlfahrt, Februar 1945) heißt es:

Die Fabrik wird duch ihre Produktion zum Kampfplatz für die Verwirklichung der wahren Ziele der Kaiserlichen Arbeiterschaft. Wer diesen Zielen treu bleibt, einigt die Arbeiterschaft. Vorgesetzte und Untergebene sollen einander helfen, Gleichgestellte sollen zusammenarbeiten, und so werden wir Arbeiterschaft und Firmenleitung wie in einer Familiengemeinschaft zusammenschließen.

Die haushaltsähnliche Funktion der Fabrik ist also zum Teil auf staatlichen Befehl hin entstanden. In diesem Zusammenhang hielt man die richtige moralische und patriotische Einstellung für wichtiger als die rein fachliche Qualifikation. Wegen des Warenmangels übernahm die Firma die Versorgung mit Reis, Gemüse, Kleidung, Unterkunft, die medizinische Betreuung usw.

Familismus, Wohlfahrtsdienste und zusätzliche Zahlungen durch die Unternehmen entwickelten sich also in vollem Umfang unter den besonderen Verhältnissen des Krieges und wurden dann in den Nachkriegsjahren als institutionelles Muster beibehalten. Weiter gefördert wurde diese Entwicklung, dies ist besonders zu erwähnen, durch die Gewerkschaftsbewegung der Nachkriegsjahre. Gewerkschaften schossen nach dem Krieg wie Pilze aus dem Boden, als 48 000 Gewerkschaften 9 Millionen Mitglieder aufnahmen. Diese Gewerkschaften waren meist reine Betriebsgewerkschaften und umfaßten Angehörige unterschiedlicher Berufe und Stellungen vom Mitglied der Geschäftsleitung bis zum Lagerarbeiter. Gewerkschaften, heißt es, glichen in mancher Hinsicht dem Vaterländischen Industrieverband *(Sangyō-hōkoku-kai)* der Kriegszeit, nur fehlte der Firmenpräsident. Auf diese Weise kann auch das Gewerkschaftswesen teilweise als Grundlage des Familismus dienen. Neben Lohnerhöhungen fordern die Gewerkschaften Wohlfahrtseinrichtungen, Firmenwohnungsprojekte, Erholungzentren am Meer oder in den Bergen und dergleichen mehr. Der wichtigste Einzelerfolg der Gewerkschaften war das Einspruchsrecht gegen fristlose oder vorübergehende Entlassung. Unmittelbar nach dem Krieg war Entlassung gleichbedeutend mit Hunger oder gar Hungertod; dies – in Verbindung mit der raschen Zunahme der Gewerkschaftsbewegung – erklärte, wie die Gewerkschaften ein so außerordentliches Recht erringen konnten. Auf diese Weise wurde das System der lebenslangen Anstellung – eine ursprünglich vom Firmenmanagement eingeführte Praxis – durch die Gewerkschaftsbewegung der Nachkriegszeit zur Vollendung gebracht. Um dem Mangel an jüngeren Arbeitern und hochqualifizierten Ingenieuren zu begegnen, der sich heute so empfindlich bemerkbar macht, verstärkt sich im Management zudem die Tendenz, Arbeitskräfte durch das Angebot zusätzlicher Leistungen zu halten.

Die Entwicklung hat gezeigt, daß das System der lebenslangen Anstellung Arbeitgebern wie Arbeitnehmern Vorteile bietet. Dem Arbeitgeber hilft es, sich auch in Zeiten des Arbeitskräftemangels Facharbeiter zu sichern. Dem Arbeitnehmer gibt es Sicherheit in Zeiten des Arbeitskräfteüberschusses; wie es auf dem Arbeitsmarkt auch immer aussehen mag, es ist ziemlich unwahrscheinlich, daß der Arbeitnehmer eine bessere Stelle findet, wenn er kündigt. Die Entwicklung dieses Systems ist somit faktisch durch die einander entgegengesetzten Situationen der Über- und Unterbeschäftigung gefördert worden. Darin zeigt sich ein grundsätzlicher Unterschied zwischen der Personalpolitik in Japan und der in Amerika. Ein japanischer Unternehmer kauft potentielle Arbeitskräfte für die Zukunft, ein amerikanischer Unternehmer kauft augenblicklich benötigte Arbeitskräfte. Japanischen Vorstellungen nach werden Unzulänglichkeiten in der gegenwärtigen Belegschaft durch die Entwicklung der maximalen Fähigkeiten in der Belegschaft der Zukunft aufgewogen; der Unternehmer kauft Arbeitskräftematerial und formt es, bis es den Erfordernissen der Produktion am besten gerecht wird. In Amerika dagegen kaufen die Unternehmer die Arbeitskräfte sozusagen von der Stange.

Der Familismus, ein weiteres Produkt des Funktionsmechanismus moderner Industrieunternehmen, ist das Gegenstück zum System der lebenslangen Anstellung. Auf die Idee von der »Einen Eisenbahnerfamilie« ist bereits hingewiesen worden (s. S. 20). Sie wurde bereits 1909 vom damaligen Präsidenten der Japanischen Staatsbahn, Gotō Shinpei, propagiert. Diese Idee wurde während der Kriegsjahre gestärkt und tauchte dann in so beliebten Schlagworten des Nachkriegsmanagements auf wie »der Geist der Liebe zur Firma« und »der neue Familismus«. Der sogenannten modernen und fortschrittlichen Managementtheorie nach ist ein wahrhaft begeisterter »Geist der Liebe zur Firma« nicht nur wünschenswert, sondern vielmehr eine aus der Politik des Management erwachsende Stimmung: »Ob das Gefühl der Liebe für die Firma gedeiht oder nicht, ist das Barometer, das die Fähigkeiten und das Können des Managements anzeigt.« Selbst in scheinbar antithetischen Formulierungen wie »Wir müssen unsere Firma lieben« und »Der Geist der Liebe zur Firma ist dummes Zeug« bleibt die ihnen zugrundeliegende Motivation das Bestreben, sich die emotionale Teilnahme der Arbeitnehmer zu sichern.

Zusammenfassend läßt sich sagen, daß japanische Unternehmen als soziale Gruppen dadurch gekennzeichnet sind, daß die Gruppe erstens selbst einer Familie ähnelt, und zweitens, daß sie sogar das Privatleben der Angestellten durchdringt, denn jede einzelne Familie wird weitgehend in das Unternehmen integriert. Diese Eigentümlichkeiten sind von Wirtschaft und Verwaltung seit der Meiji-Zeit ständig behutsam gefördert worden. Und es ist eine Tatsache, daß diese Förderung immer erfolgreich war und Früchte getragen hat.

Ein Gefühl für den bindenden Zusammenhalt in der Einheit der Gruppe, wie es im Funktionsmechanismus von Haushalt und Wirtschaftsunternehmen aufgezeigt wurde, ist als Grundlage für die totale emotionale Beteiligung des einzelnen an der Gruppe unerläßlich. Dieses Gefühl trägt dazu bei, eine geschlossene Welt zu errichten, und führt zu einer starken Unabhängigkeit oder gar Isolation der Gruppe. Dadurch entstehen unvermeidliche Haushaltsgewohnheiten, Firmentraditionen, die nun ihrerseits wiederum durch Firmenmottos unterstrichen werden, die das Gefühl der Einheit und der Gruppensolidarität nähren und so die Gruppe weiter stärken. Zugleich bewirken die Unabhängigkeit der Gruppe und die Stabilität des Rahmens, die beide durch dieses Gefühl von Einheit gefördert wurden, eine scharfe Trennungslinie zwischen dieser Gruppe und anderen, die ähnliche Attribute aufweisen, aber außerhalb des Rahmens stehen; gleichzeitig wird der Abstand zwischen den Menschen mit unterschiedlichen Attributen innerhalb des Rahmens verringert und die Funktionsfähigkeit jeder anderen, auf ähnlichen Attributen basierenden Gruppe gelähmt. Die Angestellten eines Unternehmens müssen in der Gruppe bleiben, ob ihnen das gefällt oder nicht: Nicht nur wollen sie keinen Wechsel zu einer anderen Firma – selbst wenn sie ihn wünschten, hätten sie doch keine Möglichkeit dazu. Da es keine Bindungen zwischen Berufskollegen außerhalb des Rahmens gibt, wie etwa einer »horizontalen« Berufsgewerkschaft, können die Arbeitnehmer weder Informationen noch Hilfe von ihren Berufskollegen in anderen Betrieben bekommen. (Diese Situation ist identisch mit der Lage der eingeheirateten Braut in Japan, wie sie oben beschrieben wurde.) Folglich wird in diesem Typus sozialer

Organisation mit fortschreitender Stabilisierung der Gesellschaft das Gefühl für gleiche Eigenschaften schwächer, während sich umgekehrt das Gefühl für den Unterschied zwischen »unseren Leuten« und den »Außenstehenden« schärft.

Das Gefühl für »sie« und »wir« kann derart gestärkt und geschärft werden, daß es in ein und derselben Gesellschaft zur extremen Polarisierung in den zwischenmenschlichen Beziehungen kommt und jeder, der nicht zu den »Unseren« gehört, nicht mehr als Mensch betrachtet wird. So entstehen so lächerliche Situationen wie die, in der ein Mann einen Fremden wegstößt, um sich auf einen leeren Platz zu setzen, um ihn dann – egal wie müde er ist – für jemanden frei zu machen, den er kennt, vor allem wenn es sich dabei um einen Höhergestellten aus seiner eigenen Firma handelt.

Ein extremes Beispiel für diese Einstellung im Gruppenverhalten ist die erstaunliche Kälte der Japaner (wobei es sich nicht bloß um Gleichgültigkeit handelt, sondern vielmehr um aktive Feindseligkeit), die Geringschätzung und Verachtung, mit der sie etwa den Bewohnern einer vorgelagerten Insel begegnen oder jenen, die in den »besonderen« *buraku* leben (eine ehemals isolierte soziale Gruppe, die jetzt zwar gesetzlich gleichberechtigt ist, aber noch immer benachteiligt wird). Die völlige Entfremdung von Leuten außerhalb »unserer« Welt ist hier gewissermaßen institutionalisiert. Zwar gibt es in Indien die Unterschicht-Gruppe der Unberührbaren, aber obgleich die Haltung des Inders gegenüber den Angehörigen einer anderen Kaste dem japanischen Verhalten zu ähneln scheint, handelt es sich doch um etwas anderes. Inder kennen nicht die scharfe Unterscheidung von »sie« und »wir« zwischen zwei unterschiedlichen Gruppen. Unter den verschiedenen indischen Gruppen A, B, C usw. gehört jemand zufällig zu A, während ein anderer zu B gehört; A, B, C usw. bilden zusammen *eine* Gesellschaft. Die eigene Gruppe A bildet einen Teil des Ganzen, während für Japaner »wir« zur ganzen Welt im Gegensatz steht. Die Haltung des Inders gegenüber Angehörigen anderer Gruppen ist eher von Gleichgültigkeit als von Feindseligkeit geprägt.

Diese Eigentümlichkeiten der Gruppenbildung zeigen, daß die Gruppenbindungen und die zwischenmenschlichen Beziehungen der Japaner ausschließlich Eins-zu-eins-Beziehungen sind: Ein einziges Loyalitätsverhältnis hat unangefochten Vorrang. Natürlich gibt es häufig Mitgliedschaften in mehr als einer Gruppe, aber in diesen Fällen wird stets eine Gruppe bevorzugt, während die anderen als zweitrangig betrachtet werden. Im Gegensatz dazu finden es beispielsweise die Chinesen unmöglich, zu entscheiden, welche von mehreren Gruppen die wichtigste ist. Solange es sich um verschiedenartige Gruppen handelt, halten es die Chinesen für völlig normal und sehen auch keinen Widerspruch darin, mehreren Gruppen gleichzeitig anzugehören. Ein Japaner würde in einem solchen Fall jedoch sagen: »Der steckt seine Nase woanders hinein«, und dies enthält eine moralische Verurteilung. Japaner sind stolz auf diese Einstellung, und daß sie sich etwas darauf einbilden, ist wiederum sehr japanisch. Der Redensart »Niemand kann zwei Herren dienen« wird von den Japanern von ganzem Herzen beigepflichtet, denn wenn man mit Leib und Seele beteiligt ist, bleibt einfach kein Platz, um zwei Herren zu dienen. Ein einzelner oder eine Gruppe hat mithin stets nur eine einzige besondere Beziehung zu dem oder der anderen. Dieses Ideal zeigt sich auch in der Beziehung zwischen Meister und Jünger oder heute etwa zwischen Lehrer und Schüler. Für einen japanischen Gelehrten ist derjenige, den er seinen Lehrer, also seinen Meister, nennt, immer ein einziger bestimmter älterer Gelehrter, und er wird als in einem linearen Abhängigkeitsverhältnis zu ihm gehörig betrachtet. Daß er sich einem anderen Gelehrten zuwenden könnte, der mit seinem eigenen Lehrer in einem Wettbewerbsverhältnis steht, wird als Verrat an seinem Lehrer empfunden und ist vor allem für diesen untragbar. Im Gegensatz dazu ist es für einen Chinesen traditionell üblich, im Leben mehrere Lehrer zu haben, und er kann ungehindert von allen lernen, ungeachtet der Tatsache, daß sie Konkurrenten sein können.

In der japanischen Gesellschaft ist also nicht nur die Gruppenzugehörigkeit des einzelnen eine Eins-zu-eins-Beziehung. Hinzu kommt vielmehr, daß auch die Bindungen, die Individuen miteinander verknüpfen, Eins-zu-eins-Beziehungen sind. Dieses charakteristische einzelne Band in den sozialen Beziehungen ist grundlegend für die Ideale der unterschiedlichen Gruppen innerhalb der Gesamtgesellschaft. Wie die interpersonalen Beziehungen diese Eins-zu-eins-Verbindung widerspiegeln, soll im nächsten Kapitel ausführlich dargestellt werden.

Zweites Kapitel

Die interne Struktur der Gruppe

In der vorangegangenen Untersuchung wurde gezeigt, daß eine Gruppe dazu neigt, zu einer geschlossenen Welt zu werden, wenn die Zugehörigkeit zu ihr auf der situationsbedingten Stellung von Individuen innerhalb eines gemeinsamen Rahmens beruht. Innerhalb dieser Gruppe wird das Gefühl der Einheit durch die totale emotionale Beteiligung der Mitglieder gefördert, welche die Gruppensolidarität noch mehr stärkt. Gemeinhin haben solche Gruppen eine gemeinsame Struktur, eine interne Organisation, durch welche die Mitglieder in einer fein abgestuften Ordnung vertikal miteinander verbunden sind.

Bevor ich nun meine Analyse dieser Struktur der internen Organisation in groben Zügen darstelle, soll zunächst eine Reihe von Begriffen als theoretische Grundlage für die daran anschließende Erörterung eingeführt werden. Allgemein gesprochen, lassen sich die wesentlichen Typen zwischenmenschlicher Beziehungen je nachdem, wie die Bindungen angeordnet sind, in zwei Kategorien einteilen: in *vertikale* und *horizontale;* beide Kategorien sind linearer Natur. Dieser Grundgedanke ist auf vielfältige Arten zwischenmenschlicher Beziehungen anwendbar. So ist beispielsweise die Eltern-Kind-Beziehung vertikal, die zwischen Geschwistern hingegen horizontal; Beziehungen zwischen Vorgesetzten und Untergebenen sind vertikal, im Gegensatz zu der horizontalen Beziehung zwischen Kollegen. Beide sind wichtige Hauptfaktoren bei zwischenmenschlichen Beziehungen und bilden den Kern einer Gruppenstruktur. Es läßt sich zeigen, daß je nach Gesellschaft manchmal die eine und manchmal die andere Beziehung eine wichtigere Funktion hat, manchmal aber auch beide Faktoren in gleichem Maße wirksam sind.

Nehmen wir eine soziale Gruppe als gegeben an, in der Mitglieder mit den verschiedensten Attributen vertreten sind, so wird die Art und Weise, wie die sie konstituierenden Mitglieder miteinander verbunden sind, auf der vertikalen Beziehung beruhen. Anders gesagt: Es wären die vertikalen Systeme, die A mit B verbinden, wenn A und B von unterschiedlichem gesellschaftlichen Rang sind. Im Gegensatz dazu käme es zwischen X und Y zu einer horizontalen Verbindung, wenn beide denselben Rang einnähmen. Bilden Individuen mit einem bestimmten gemeinsamen Attribut eine Gruppe, wird infolge dieser gemeinsamen Eigenschaft die horizontale Beziehung wirksam. Theoretisch wird also die horizontale Verbindung zwischen Individuen derselben Schicht bei der Entwicklung von Kasten und Klassen wirksam, während die vertikale Verbindung bei der Bildung jener Gruppe wirksam wird, innerhalb deren die hierarchische Ordnung stärker hervortritt.

Diese zueinander im Gegensatz stehenden Arten sozialer Strukturen sollen an einem einfachen Beispiel erläutert werden. Ein Mann übt einen bestimmten Beruf aus und ist gleichzeitig Mitglied einer Dorfgemeinschaft. Theoretisch gehört er zwei unterschiedlichen Gruppen an: der seines Berufs (Attribut) und der seines Dorfs (Rahmen). Wenn die Wirksamkeit der ersteren sich als stärker erweist, bildet sich eine effektive Berufsgruppe, die sich über mehrere Dörfer erstreckt; es bildet sich folglich eine fest umrissene horizontale Schicht, die den Grad des Zusammenhalts der Dorfgemeinschaft entsprechend schwächer werden läßt. Wo hingegen der Zusammenhalt innerhalb der Dorfgemeinschaft ungewöhnlich stark ist, werden die Bindungen zwischen Mitgliedern der beruflich bestimmten Gruppe geschwächt; im Extremfall kann die dörfliche Einheit sogar bewirken, daß die Mitglieder der beruflich bestimmten Gruppe in verschiedene Lager gespalten sind. Diese Tendenz ist für die japanische Gesellschaft typisch und zeigt eine soziale Struktur, die zu derjenigen der hinduistischen Kastengesellschaft im Gegensatz steht. Für japanische Bauern war das Dorf (also die durch den Ort bestimmte Gruppe) stets diejenige fest umrissene Gruppe, der sie in erster Linie angehörten. Wo im Mittelalter ein großer buddhistischer Tempel eine funktionale Gemeinschaft bildete, die neben den Bauern, die zu seinen Gütern gehörten, auch Angehörige der unterschiedlichen Berufe umfaßte, funktionierte sie als eine Art autarke Gruppe, in der jede Berufsgruppe ohne wirksame Bindungen zu ähnlichen Gruppen außerhalb der Gemeinschaft integriert war. So wechselten beispielsweise Zimmerleute des Tempels X nur selten zu einer anderen Tempelgemeinschaft – und genauso verhält es sich heutzutage mit einer beruflich orientierten Gruppe in einer modernen Institution. Während der ganzen japanischen Geschichte waren berufliche Gruppierungen wie Gilden oder Zünfte, die quer durch örtliche Gruppen oder Institutionen gingen, viel schwächer entwickelt als beispielsweise in China, Indien oder im Westen. Es sei daran erinnert, daß eine Gewerkschaft in Japan in der Regel auf die Institution – wie etwa die Firma – beschränkt ist und Mitglieder aus den unterschiedlichsten Stellungen und Tätigkeitsbereichen wie etwa Fabrikarbeiter, kaufmännische Angestellte und Ingenieure umfaßt.

In einer solchen Gesellschaft besteht eine funktionale Gruppe also immer nur aus heterogenen Elementen, und das Prinzip, das diese Elemente miteinander verbindet, ist stets hauptsächlich vertikal. Natürlich gibt es bei beiden Arten der sozialen Konfiguration ein hierarchisches Prinzip in der Anordnung der verschiedenen Gruppen. Wenn jedoch eine jede Berufsgruppe so gebildet ist, daß sie gewissermaßen mehrere Institutionen durchschneidet, kann sie schließlich ein solches Maß an Autonomie und Stärke entwickeln, daß sie in der Lage ist, mit anderen Gruppen zu konkurrieren. In einer solchen Situation ist es wichtig, daß die Idee der Arbeitsteilung ausreichend entwickelt ist, um gegenüber der Idee der hierarchischen Ordnung ein Gegengewicht bilden zu können. Wenn es hingegen innerhalb einer Institution eine Berufsgruppe mit einer nur geringen Zahl von Mitgliedern gibt und diese zudem von ihren Kollegen in anderen Institutionen isoliert sind, dann kommt es zu der Tendenz, daß das hierarchische Prinzip für diese Gruppe entscheidend wird und die Autonomie der Berufsgruppe schwindet. Die kleinen, isolierten Segmente ordnen sich den Mechanismen der institutionellen Gruppe unter, deren Teil sie sind. Das Ergebnis ist die Herausbildung der vertikalen Ordnung bei der Organisation von Gruppen.

1. Die Entstehung der Rangordnung

Die vertikale Beziehung, die wir theoretisch aus dem idealtypischen Modell der sozialen Gruppenbildung in Japan abgeleitet haben, wird zur treibenden Kraft bei der Schaffung des Zusammenhalts zwischen Gruppenmitgliedern. Wegen des erdrückenden Übergewichts dieser vertikalen Orientierung neigt selbst eine aus gleichrangigen Individuen bestehende Gruppe dazu, zwischen diesen Individuen *Unterschiede* zu schaffen. Verstärkt sich diese Tendenz, dann entsteht ein erstaunlich fein abgestuftes und schwer zu durchschauendes System von *Rangstufen*.

Es gibt zahlreiche Beispiele für eine solche Ordnung nach Rangstufen. Unter Drehern in gleichrangigen Stellungen gibt es Rangunterschiede je nach dem Lebensalter, dem Jahr des Eintritts in die Firma oder dem Dienstalter. Bei Professoren derselben Universität ist das Datum des Dienstantritts entscheidend für die Rangstufe. Unter den Offizieren der ehemaligen japanischen Armee waren die Rangunterschiede besonders groß, und selbst unter Leutnants, so heißt es, galt eine präzise Rangordnung, und zwar auf der Grundlage des Ernennungsdatums. Eine tiefe Kluft trennt bei den Diplomaten den zweiten vom ersten Sekretär, und innerhalb jeder Stufe gibt es noch informelle Rangstufen je nach dem Jahr, in dem die Prüfung für den diplomatischen Dienst abgelegt wurde.

Dieses Gefühl für Rangunterschiede beschränkt sich nicht bloß auf offizielle Gruppen, sondern findet sich beispielsweise auch unter Schriftstellern und Schauspielern, bei Gruppen also, von denen man glaubt, sie übten Tätigkeiten aus, die auf persönlichen Fähigkeiten beruhen, und sollten daher durch kein institutionalisiertes System eingeengt werden. Ein bekannter Schriftsteller sagte bei der Verleihung eines jährlich verliehenen Literaturpreises: »Dies ist wahrlich eine große Ehre für mich, doch fühle ich mich in ziemlicher Verlegenheit, daß gerade mir dieser Preis verliehen wird, während ihn einige meiner *sempai* (Vorgänger, Rangältere) noch nicht bekommen haben.« *Sempai* waren für ihn jene, deren Laufbahn früher begonnen hatte und die früher als er berühmt und populär geworden waren. Ein ähnliches Beispiel findet sich in der Äußerung einer Schauspielerin, die gerade in einem Film großen Erfolg gehabt hatte. Aufgrund dieses Erfolgs verlangte sie von ihrer Gesellschaft eine Erhöhung ihrer Gage: »Ich möchte eine Verdoppelung meiner Gage von 500000 Yen. Mir scheint, ich habe ein Recht darauf, denn die Schauspielerin Y bekommt über eine Million Yen, obwohl sie *kōhai* ist (rangniedriger, da sie ihre Karriere später begonnen hat) und jünger als ich. Wie Sie wissen, bin ich jetzt schon über acht Jahre bei dieser Filmgesellschaft Schauspielerin.« Für Japaner ist die einmal eingeführte Rangordnung, die eher auf der innerhalb derselben Gruppe verbrachten Dienstzeit und auf dem Alter basiert als auf individuellen Fähigkeiten, von der allergrößten Bedeutung bei der Festlegung der sozialen Rangordnung und bei der Bemessung der Werte des einzelnen für die Gesellschaft.

Die Welt eines Japaners ist klar in drei Kategorien geteilt: in *sempai* (Ranghöhere), *kōhai* (Rangniedrigere) und *dōryō*. *Dōryō* (Kollegen) sind nur Leute von gleichem Rang, keineswegs aber all jene, welche in demselben Büro oder derselben Firma die gleiche Arbeit verrichten; und selbst noch unter *dōryō* tragen Unterschiede im Alter, im Eintrittsjahr in die Firma oder im Jahr des Schul- oder Universitätsabschlusses zu einem Gefühl von *sempai* oder *kōhai* bei. Alle drei Kategorien würden in einer anderen Gesellschaft mit dem Begriff »Kollege« bezeichnet.

Diese Einteilung zeigt sich in der Art und Weise, wie zweite

Personen angeredet werden bzw. über dritte gesprochen wird. Herr Tanaka kann so Tanaka-*san* sein, Tanaka-*kun* oder einfach Tanaka ohne Suffix. *San* gebraucht man für einen *sempai*, *kun* für einen *kōhai*, und der Name ohne Suffix ist einem *dōryō* vorbehalten.[6] Aber bei dieser Art der Anrede achtet man sorgfältig darauf, daß sie auf die engsten Vertrauten beschränkt bleibt. Selbst unter *dōryō* gebraucht man *san* bei all jenen, mit denen man nicht ausreichend vertraut ist. *Kun* dagegen ist als Anrede zwischen Männern gebräuchlich, die enger miteinander vertraut sind als jene, die einander mit *san* anreden, beispielsweise unter ehemaligen Klassenkameraden. Eine Beziehung, welche die Anrede lediglich mit dem Nachnamen, also ohne Suffix, gestattet, ist besonders eng.[7] Deshalb kann ein Mann auch sehr enge *kōhai* so anreden, während diese *kōhai* ihm gegenüber die Anrede *san* verwenden. Unter Akademikern wird nach diesem Muster ein *sempai* als *sensei* und nicht als *san* angeredet. *Sensei* drückt mehr Verehrung aus und wird von Schülern und Studenten für ihre Lehrer oder auch von der Allgemeinheit für Akademiker gebraucht.

Es sei darauf hingewiesen, daß die Form der Anrede, einmal festgelegt, immer gleich bleibt. Stellen wir uns beispielsweise vor, daß X, einst Student von Y, 15 Jahre später Professor in derselben Fakultät wird wie Y und somit den gleichen Status erreicht, so gebraucht X gegenüber Y nach wie vor die Anrede *sensei* und wird gegenüber Dritten von ihm nicht als *dōryō* (Kollege) sprechen. Y kann X als *kun* anreden und ihn mithin selbst vor dessen Studenten oder Außenstehenden als *kōhai* behandeln. Er muß schon sehr weitherzig und umgänglich sein, um X in einem solchen Fall mit *sensei* anzureden (entsprechend dem deutschen Gebrauch von »Dr.« oder »Professor«).*

---

* Hier ist eine Erläuterung für den deutschen Leser erforderlich. Wenn man im Japanischen sagt: »Jetzt ist sensei gekommen«, so kann das je nach Kontext bedeuten »Jetzt ist der Professor gekommen« oder »Jetzt sind Sie gekommen«. Etwas vereinfacht ließe sich sagen, daß es – bisweilen – keinen Unterschied zwischen

Es ist auch der Fall denkbar, daß X eine bekannte Persönlichkeit ist und Y nicht. Y könnte dann X in aller Öffentlichkeit mit *kun* anreden, um damit zu sagen: »Ich stehe über X, X ist lediglich mein *kōhai*.« Man zeigt gerne seinen relativ höheren Status; diese Praxis kommt daher, daß die Rangordnung als auf einen selbst bezogen empfunden wird. Einmal festgelegt, fungiert die vertikale Rangordnung gewissermaßen als Grundlage der sozialen Ordnung. Wie sich die persönlichen Verhältnisse im Hinblick auf Status, Bekanntheit oder Berühmtheit auch immer ändern mögen, so bleibt dennoch eine tiefverwurzelte Abneigung bestehen, die einmal eingeführte Ordnung zu ignorieren oder umzustoßen.

Die relativen Einstufungen gruppieren sich also um die eigene Person, und innerhalb des festetablierten vertikalen Systems hat ein jeder seine ihm zukommende Stellung. Ein solches System arbeitet der Bildung klar abgegrenzter Schichten innerhalb einer Gruppe entgegen, die selbst dann zu hierarchischer Ordnung tendiert, wenn sie der Qualifikation ihrer Mitglieder nach homogen zusammengesetzt ist. In einer solchen Gesellschaft wird die Einordnung nach Rangstufen viel wichtiger als jeglicher Unterschied in der Art der Arbeit oder der Statusgruppe. Selbst bei Menschen mit gleicher Ausbildung, Qualifikation und gleichem Status lassen sich immer auf dem Rang beruhende Unterschiede wahrnehmen, und da sich jeder einzelne stets der Existenz dieser Unterschiede bewußt ist, können diese oft Unterschiede hinsichtlich des Berufs, des Status oder der Klasse überlagern.

Der Vorrang des Älteren gegenüber dem Jüngeren *(chō-yō-*

Bezeichnung und Anrede gibt, zwischen zweiter und dritter Person. Ähnliches galt übrigens bis ins 19. Jahrhundert in Teilbereichen der deutschen Sprache: »Sieht er wohl?« wird etwa bei Kleist als Anrede, also im Sinne der zweiten Person, benutzt. Zwar gibt es im Japanischen – mehrere – Personalpronomina der zweiten Person; außer in ganz bestimmten, eng umgrenzten Kontexten werden diese aber nicht verwendet. In Hotel, Kaufhaus, Zug oder Taxi wird man als *o-kyaku-sama* (etwa: »ehrenwerter Gast/Kunde«) bezeichnet und auch angeredet, gewissermaßen als Ersatz dafür, daß man anderweitig nicht eingeordnet werden kann. (Anm. d. Übers.)

no-jo) spiegelt einen bekannten moralischen Grundsatz wider, der in einem relativ frühen Stadium der japanischen Geschichte aus China importiert wurde. Die Anwendung dieses Grundsatzes im täglichen Leben scheint jedoch in Japan etwas anders zu sein als in China. Ein interessantes Beispiel möge diesen Unterschied veranschaulichen: Als vor einiger Zeit sechs chinesische *shōgi*-(Schach)-Spieler, nach Japan kamen, um gegen Japaner zu spielen, versetzte vor allem die Rangordnung der sechs Spieler die japanischen Beobachter in Erstaunen. In der Reportage über ihre Ankunft berichtete die *Asahi Shimbun*, eine der führenden japanischen Tageszeitungen, daß Herr Wan, mit 17 Jahren der jüngste der sechs Spieler, bei der Begrüßungszeremonie am Flughafen und auch bei der Empfangsparty in Tokyo an vierter Stelle gestanden habe. Der Journalist fuhr fort:

Betrachten wir sie nach der Art und Weise, wie in Japan die Rangordnung bestimmt wird, so sollte Herr Wan, welcher der jüngste von allen ist und nur den *nidan* (den zweiten Grad) hat, den letzten Platz einnehmen anstelle von Herrn Tsen, welcher der älteste ist, jetzt aber den niedrigsten Rang einnimmt. Sie hingegen bedienen sich der Ergebnisse der letzten Titelkämpfe als Grundlage für die Bestimmung der Rangfolge.

Die Chinesen haben nicht immer ein so ausgeprägtes Gefühl für Seniorität und Rang wie die Japaner; sie beschränken den Geltungsbereich von Seniorität oder Rang auf bestimmte Tätigkeiten oder Situationen und schenken ihnen in anderen Fällen keine Beachtung. Obwohl die Chinesen stets ein Benehmen zu schätzen wissen, das Höhergestellten Respekt zollt, können nach meinen Beobachtungen Ältere und Jüngere unter bestimmten Umständen auf gleicher Ebene stehen. Die Chinesen können die Rangfolge ändern bzw. einen anderen Maßstab bei der Rangfindung anlegen – etwa bestimmte Verdienste – und sich danach richten, wenn es den Umständen entspricht.

Ist in Japan der Rang einmal auf der Grundlage der Seniorität festgelegt, gilt er unter allen Umständen und steuert weitgehend das soziale Leben und auch die individuellen Aktivitäten. Seniorität und Verdienste sind die wichtigsten Kriterien bei der Schaffung einer sozialen Ordnung; jede Gesellschaft bedient sich dieser Kriterien, wenn auch die Bedeutung, die dem jeweiligen Kriterium beigemessen wird, je nach den sozialen Gegebenheiten unterschiedlich sein kann. Im Westen sind die Verdienste von erheblicher Bedeutung, während sich in Japan die Waagschale zur anderen Seite neigt. Anders gesagt: In Japan sind im Gegensatz zu anderen Gesellschaften die Voraussetzungen für die Anerkennung persönlicher Verdienste nur schwach entwickelt, und die Institutionalisierung der sozialen Ordnung erfolgt im wesentlichen mit Hilfe des Senioritätsprinzips; dieses Prinzip ist das augenfälligere Kriterium. Es basiert auf der Annahme, daß alle, welche in dieselbe Art Betrieb eintreten, auch gleiche Fähigkeiten besitzen.

Eine Rangordnung nach Seniorität ist ein einfacherer und stabilerer Mechanismus als ein System, das sich an Verdiensten orientiert, da es, einmal etabliert, automatisch und ohne die Notwendigkeit einer Überprüfung funktioniert. Aber zugleich bringt dieses System ein hohes Maß an Unbeweglichkeit mit sich. In einer bestimmten Gruppe kann es selbst in den unterschiedlichsten Situationen nur eine einzige Rangfolge geben. Kein einzelnes Mitglied dieser Gruppe (nicht einmal der Ranghöchste) kann auch nur das geringste daran ändern. Die einzige Möglichkeit zur Änderung besteht, wenn irgendein schwerwiegendes Ereignis die Grundlage der Rangordnung selbst betrifft oder wenn sich die Gruppe auflöst.

Gerade wegen dieser Starrheit und Stabilität, die das Ergebnis der Einstufung in verschiedene Ränge ist, funktioniert die Rangordnung als der entscheidende Faktor für die Steuerung der sozialen Beziehungen in Japan. Die grundlegende Ausrichtung der sozialen Ordnung durchdringt jeden Aspekt der Gesellschaft weit über die Grenzen der institutionalisierten Gruppe hinaus. Diese Ordnung nach Rangstufen bestimmt praktisch das gesamte japanische Leben.

Wer die relative Rangfolge nicht kennt, vermag sich im täglichen Leben nicht korrekt auszudrücken oder auch nur zu sitzen oder zu essen. Es wird von ihm erwartet, daß er stets das differenzierte, kaum wahrnehmbare System von Ausdrücken der Ehrenbezeigung, das sogenannte Honorativsystem, parat hat und im Gespräch entsprechend dem Rangunterschied zwischen ihm selbst und seinem Gegenüber anwendet. Ausdrücke und Verhaltensweisen, die dem Umgang mit einem Höherstehenden vorbehalten sind, dürfen nie einem Niedrigergestellten gegenüber benützt werden. Selbst unter Kollegen kann auf honorative Elemente nur verzichtet werden, wenn beide Seiten eng miteinander befreundet sind. Die deutsche Sprache läßt einen hier im Stich, wollte man nach brauchbaren Äquivalenten suchen. Verhalten und Sprache sind in Japan eng miteinander verwoben.*

Das Rangfolgesystem innerhalb einer bestimmten Institution beeinflußt nicht nur die Mitglieder dieser Institution; es steuert auch die Kontaktaufnahme zwischen Menschen aus unterschiedlichen Institutionen, wenn sie sich zum erstenmal begegnen. Das erste, was bei Japanern in solchen Fällen geschieht, ist der Austausch von Visitenkarten. Dieser Vorgang hat ganz erhebliche soziale Implikationen. Visitenkarten informieren nämlich nicht nur über den Namen (und mit welchen Schriftzeichen er geschrieben wird) und die Adresse; ihre viel wesentlichere Funktion besteht darin, daß sie Titel, Stellung und Institution derer bekanntgeben, die sie überreichen. Es gehört zur Etikette, die Visitenkarte sorgfältig zu lesen und dann das eigene Verhalten, die Form der Anrede usw. nach diesen Informationen zu richten. Durch den Austausch

---

* Es sei, um nur ein einziges Beispiel anzuführen, darauf hingewiesen, daß es im Japanischen eine Vielzahl von Wörtern für das deutsche »Ich« gibt, die entsprechend der jeweiligen Situation einzusetzen sind: Ein besonders höfliches, ein gewissermaßen neutrales, eines, das nur von Mädchen und Frauen benutzt werden kann (aber auch nicht bei allen Gelegenheiten), eines für Jungen und Männer, recht wenig förmlich, sowie ein ganz informelles. Es gibt sogar eines, das ausschließlich dem Kaiser vorbehalten ist. (Anm. d. Übers.)

von Visitenkarten können beide Seiten ermessen, wie sie sich hinsichtlich ihrer relativen Rangordnung gegenseitig und in bezug auf die Gesellschaft einzuordnen haben.[8] Erst dann können sie im Gespräch sicher auftreten, denn dazu ist es nötig, das richtige Maß an honorativen Elementen und an Höflichkeit in ihre Rede einfließen zu lassen.

Auch im Westen gibt es bestimmte Ausdrucksformen, unter denen man je nach der Art der Beziehung zwischen Sprecher und Angesprochenem auswählen muß, um sich korrekt zu verhalten. In Japan sind die Möglichkeiten zur Differenzierung jedoch viel umfassender und komplizierter. Man braucht ein fein abgestuftes Schema, um jeder Situation gerecht werden zu können. Einmal bat mich ein französischer Journalist, der gerade in Tokyo angekommen war, um eine Erklärung dafür, weshalb die Japaner ihre Verhaltensweise je nach Gesprächspartner bisweilen so sehr ändern, daß ein Zuhörer kaum glauben kann, daß es sich um ein und denselben Sprecher handelt. Der Franzose hatte beobachtet, wie sich sogar die Stimme ändert – was sehr wohl denkbar erscheint, denn er konnte kein Japanisch und war daher nicht in der Lage, den Gebrauch differenzierender honorativer Ausdrücke zu bemerken; er spürte einfach den Unterschied allein aufgrund von Veränderungen im Tonfall.

Natürlich gibt es individuelle Unterschiede bei der Befolgung von Anstandsregeln, und es gibt auch Unterschiede, die von der jeweiligen Situation abhängen, so daß meine Beispiele vielleicht als weit hergeholt empfunden werden. Manche Leute prahlen mit ihrem höheren Status durch Überheblichkeit gegenüber Untergebenen, sind Vorgesetzten gegenüber jedoch unterwürfig; andere zeigen vielleicht keine Überheblichkeit und geben sich auch Untergebenen gegenüber bescheiden, was bei diesen gut ankommt und dem Vorgesetzten möglicherweise Vorteile bringt. Und manche Leute haben ganz einfach weniger Empfinden für Rangordnungen, diese machen aber wahrscheinlich nur einen ziemlich kleinen Prozentsatz der Bevölkerung aus.

Trotz aller individuellen Unterschiede im Verhalten der einzelnen bleibt es jedoch eine Tatsache, daß dieses Gefühl für Rangordnungen im japanischen Sozialverhalten tief verwurzelt ist. Bei der Beschreibung der Persönlichkeit eines Menschen bezieht ein Japaner seine objektiven Maßstäbe normalerweise aus einer Anzahl festgelegter sozialer Verhaltensmuster; zu den wichtigsten zählen dabei soziale Stellung und Titel, während individuelle Qualitäten gemeinhin übergangen werden.

Ohne ständige Beachtung der jeweiligen Ränge ließe sich in Japan kein normales Leben führen, denn der Rang ist die soziale Norm, auf der das Leben in Japan beruht. In einem traditionellen japanischen Haus offenbart bereits das Arrangement in einem Raum diese Rangabstufung und zwingt die Benutzer, eine feste Rangordnung einzuhalten. Der ranghöchste Sitz ist stets in der Mitte und hat hinter sich eine Nische (*tokonoma*), wo eine Bildrolle hängt und ein Ikebanagesteck steht; der rangniedrigste Sitz ist bei der Tür. Diese Sitzordnung bietet niemals die Möglichkeit, zwei oder mehr Personen ranggleich zu plazieren. Aus welchem Grund die Zusammenkunft auch stattfindet, die Anwesenden werden schließlich eine zufriedenstellende Rangordnung untereinander etablieren, nachdem jeder zu Beginn die Zurückhaltung an den Tag gelegt hat, wie sie die Etikette vorschreibt. Status, Alter, Bekanntheitsgrad, Geschlecht usw. sind alles Elemente, die zur Festlegung der Reihenfolge beitragen, aber der Status ist ausnahmslos der entscheidende Faktor.[9] Ein Gast wird immer ranghöher plaziert als der Gastgeber, sofern sein Status nicht wesentlich niedriger ist als der des Gastgebers. Ein Gast aus einem weiter entfernten Ort wird mit besonderem Respekt behandelt.

Keine Situation wird in Japan als so prekär empfunden, wie wenn die angemessene Rangfolge mißachtet oder verletzt wird – etwa wenn ein Rangniedrigerer auf einem ranghöheren Platz sitzt als sein Vorgesetzter. Es wird immer wieder betont, daß in unseren »modernen« Zeiten die jüngere Generation gern die entsprechenden Regeln verletze. Interessanterweise ist aber festzustellen, daß die jungen Leute der traditionellen Ordnung folgen, sobald sie einen Beruf haben, da sie nach und nach begreifen, welchen sozialen Preis eine Verletzung der Spielregeln fordert. Darüber hinaus steht ein junger Japaner nie außerhalb des Senioritätssystems. In der Schule herrscht unter den Schülern eine sehr genaue Rangfolge, die besonders streng auch in Sportvereinen eingehalten wird. In einem Bergsteigerverein beispielsweise tragen die Schüler aus den unteren Klassen beim Klettern die schweren Rucksäcke, müssen die Zelte aufstellen und das Abendessen richten unter der Aufsicht der älteren Schüler, die möglicherweise herumsitzen und rauchen. Wenn alles fertig ist, essen die älteren Schüler als erste und lassen sich von den jüngeren bedienen. Dieses starke Rangempfinden, heißt es, spiegelt deutlich die Gepflogenheiten in der ehemaligen japanischen Armee wider.

Im Westen gibt es eine feste Sitzordnung bei Tisch in der Regel nur bei besonderen Festlichkeiten, wo der Ehrengast zur Rechten des Gastgebers sitzt usw. In Japan aber kann sich selbst beim Abendessen auch der bescheidensten Familie niemand den rangbestimmten Formalitäten entziehen. Zu Beginn des Essens bekommt jeder zuerst von der Hausfrau den Reis in seine Reisschale. Die Reisschalen sollten dabei entsprechend der Rangordnung gefüllt werden. In der Familie beispielsweise wird zuerst der Haushaltsvorstand bedient, dann sein künftiger Nachfolger (der Sohn oder der adoptierte Schwiegersohn), dann seine anderen Kinder nach Alter und Geschlecht. Zuletzt kommen die Hausfrau und die Frau des Nachfolgers. Die Reihenfolge, in der bedient wird, spiegelt also deutlich die Struktur der Gruppe wider.

Da sich die Ordnung nach Rangstufen so regelmäßig in derart wesentlichen Bereichen des täglichen Lebens findet, können die Japaner gar nicht anders, als sich ihrer in aller Deutlichkeit bewußt zu sein. Dieses Bewußtsein ist sogar so stark, daß der offizielle Rang oft auch ins Privatleben übertragen wird. Der Vorgesetzte am Arbeitsplatz bleibt stets der Vorgesetzte, wo immer man ihm auch begegnet, im Restaurant, zu Hause oder auf der Straße. Wenn Ehefrauen sich treffen, legen sie ein Verhalten an den Tag, das dem Rang ihrer Männer angemessen ist, und gebrauchen honorative Ausdrücke und Gesten, wie sie den Beziehungen ihrer Männer untereinander entsprechen. Wer in Japan eine Gruppe führt, neigt dazu, seine Rolle als Führer auch dort herauszukehren, wo diese überhaupt nicht gefragt ist. Das Verhalten der Amerikaner ist in diesem Punkt ganz anders: Nach meinen Erfahrungen ist es bei ihnen oft sehr schwierig, auch nur festzustellen, wer eine Gruppe führt (bzw. wer einen höheren oder niedrigeren Status einnimmt), außer natürlich in Situationen, wo Führung verlangt wird.

Eine festgelegte Sitzordnung, die einem Zimmer im japanischen Stil so angemessen ist und in ihm beeindruckend wirkt, gilt auch in westlich eingerichteten Räumen. Bei jeder Zusammenkunft ist auf den ersten Blick klar, welcher der Anwesenden der Ranghöchste ist und wer der Rangniedrigste. Die Häufigkeit, mit der jemand seine Meinung äußert, wie auch die Reihenfolge, in der die Anwesenden zu Beginn nacheinander das Wort ergreifen, lassen weitere Rückschlüsse auf die Rangordnung zu. Jemand, der in der Nähe des Eingangs sitzt, darf während einer Besprechung kaum den Mund aufmachen. In einer heiklen Situation werden Personen mit niedrigerem Status es nicht wagen, früher oder lauter zu lachen als ihre Vorgesetzten, und sie werden mit Sicherheit niemals Meinungen äußern, die den Vorstellungen ihrer Vorgesetzten widersprechen könnten. Die Rangfolge regelt also nicht nur weitgehend das soziale Verhalten, sondern zügelt auch die freie Meinungsäußerung.

An solchen Verhaltensweisen kann man erkennen, wie tief das Gefühl für Rangstufen bei Japanern verwurzelt ist. In dieser Hinsicht fühle ich mich an die Tibeter erinnert, deren Verhaltensmuster im Alltag dem der Japaner insofern sehr ähnlich ist, als sie je nach dem zwischen den Sprechenden anerkannten Rangunterschied ebenfalls Gesten und abgestufte honorative Ausdrücke gebrauchen. Ich konnte jedoch feststellen, daß tibetische Wissenschaftler in Diskussionen keinerlei Rangunterschiede beachten und alle auf gleicher Ebene stehen. Man hat mir gesagt, daß selbst der Dalai Lama hierbei keine Ausnahme bildet. Japanische Wissenschaftler hingegen verlieren das Gefühl für die Unterscheidung zwischen *sempai* und *kōhai* nie, nicht einmal in rein akademischen Diskussionen. Für einen japanischen Gelehrten ist es außerordentlich schwer, seinem *sempai* offen zu widersprechen. Selbst ein ganz belangloser Einwand oder eine geringfügige Nichtübereinstimmung mit den Ansichten des *sempai* bedarf des sorgfältigen und umständlichen Taktierens. Wer einen Einwand vorbringen will, muß zunächst mit einer ausgiebigen Würdigung des betreffenden Werkes des *sempai* in höchst ehrerbietigen Formulierungen beginnen und kann erst dann allmählich seine eigene Meinung bzw. seine Einwände in einem Stil äußern, der den Eindruck hinterläßt, daß seine Bedenken unbedeutend seien; denn er muß stets darauf bedacht sein, die Gefühle seines *sempai* nicht zu verletzen. Die Rangordnung von *sempai* und *kōhai* erstickt also geradezu die freie Äußerung eigenständiger Gedanken.[10]

Dieses Gefühl für Rangordnungen, das die Japaner bisweilen zu völlig unlogischem Verhalten veranlaßt, zeigt sich auch in den Verhaltensmustern und Gewohnheiten bei Alltagsgesprächen, in denen ein ranghöherer oder älterer Mann die Unterhaltung ganz allein beherrscht, während den rangniederen oder jüngeren die Rolle der Zuhörer zugewiesen wird. Gemeinhin entwickelt sich ein Gespräch unter Japanern nicht dialektisch, da es von Anfang bis Ende von den Beziehungen zwischen den Gesprächspartnern gesteuert wird. In den meisten Fällen besteht eine Unterhaltung entweder aus einem einseitigen Sermon – für den Gesprächspartner gibt es nur die völlige Zustimmung, da die Spielregeln es nicht erlauben, abweichende Meinungen zu äußern –, oder aber die Gesprächsteilnehmer bewegen sich parallel zueinander, drehen sich im Kreise und kommen am Schluß wieder genau dort an, wo sie angefangen haben. Einen Großteil einer Unterhaltung bilden weitschweifige Berichte, die Schilderung persönlicher Erfahrungen oder die Darstellung einer Einstellung gegenüber einer Person oder einem Ereignis, und das auf so definitive und subjektive Art und Weise, daß an einen Kompromiß zwischen verschiedenen Ansichten kaum zu denken ist. Die Voraussetzung für eine Unterhaltung, in der These und Antithese gegeneinander gestellt werden, sind Gleichberechtigung der Gesprächspartner und die Möglichkeit einer Auseinandersetzung auf gleicher Ebene; nur das ermöglicht letztlich eine Synthese. Da den Japanern jedoch für Beziehungen zwischen Gleichgestellten die Regeln fehlen, gehen sie nicht nach diesen drei grundlegenden Schritten rationaler Argumentation vor und haben daher große Schwierigkeiten, in einem zur Diskussion gestellten strittigen Punkt weiterzukommen. Daher sind die meisten Gespräche intellektuell unergiebig und bieten bestenfalls dem Redner mit höherem Status emotionale Befriedigung, kaum aber dem Zuhörer von niedrigerem Status. Nur selten versteht es ein Redner, seine Zuhörer so gut zu unterhalten, daß sie etwas davon haben.

Besonders Untergebene sind darum bemüht, jede offene Konfrontation mit ihren Vorgesetzten zu vermeiden. Dies führt dazu, daß in Gesprächen kaum jemals ein klares Nein ausgesprochen wird. Lieber schweigt man, als »nein« zu sagen oder »Da bin ich anderer Meinung.« Das Bemühen, solche offenen und unverblümten Formulierungen zu vermeiden, wurzelt in der Angst, sie könnten die Harmonie und Ordnung der Gruppe stören, die Gefühle eines Vorgesetzten verletzen und, im Extremfall, sogar die Gefahr mit sich bringen, als unerwünschtes Element aus der Gruppe ausgestoßen zu werden. Selbst wenn andere das negative Urteil teilen, ist es unwahrscheinlich, daß sie es gemeinsam zum Ausdruck bringen werden, da sie befürchten, dies könnte ihre Beliebtheit in der Gruppe gefährden. In der Tat geschieht es häufig, daß jemand, ist er erst einmal abgestempelt als einer, dessen Ansichten denen der Gruppe zuwiderlaufen, grundsätzlich und in jedem Punkt auf Widerstand trifft und von der Mehrheit überspielt wird. Unter keinen Umständen wird irgend jemand für ihn Partei ergreifen.

Die gruppeninterne Meinungsäußerung wird in Japan also wesentlich von der Art der Gruppe und der Stellung des einzelnen in ihr beeinflußt. Bei der Zusammenkunft einer Gruppe sollte ein Mitglied seine Meinung also eher so zum Ausdruck bringen, daß es für ihn selbst risikolos und vorteilhaft ist, als in wohlabgewogenen Formulierungen ein Urteil abgeben, das dem Problem gerecht würde. Daher wagt es ein rangniedrigeres Mitglied selten, sich in Anwesenheit eines Ranghöheren zu Wort zu melden. Die Freiheit, in der Gruppe seine Meinung zu äußern, wird gewissermaßen von den menschlichen Beziehungen bestimmt, wie sie sich in der Gruppe entwickelt haben; anders gesagt, sie hängt ab vom Status innerhalb der Gruppe.

Das Gefühl für die Rangordnung unter den Mitgliedern einer Gruppe verzerrt auch das formelle Verfahren moderner Ausschußsitzungen. Autorität und Rechte des Vorsitzenden werden leicht durch ein Ausschußmitglied beeinträchtigt oder gar aufgehoben, das im Senioritätssystem eine höhere Stellung hat als der Vorsitzende. Zugleich würde dieser es nie wagen, eine Entscheidung herbeizuführen, die nicht die Billigung des ranghöchsten Teilnehmers hat. Der Status des Vorsitzenden ist in Japan nicht recht geklärt. Eines der besten Beispiele dafür bieten Verfahrensweisen im japanischen Reichstag. Das häufige Durcheinander bei Ausschußsitzungen in Japan und die Tatsache, daß sie sich immer wieder festfahren, scheint im wesentlichen daher zu kommen, daß es dem Vorsitzenden an Autorität fehlt (sowie an entsprechenden Durchsetzungsstrategien) und daß die Mitglieder die Autorität des Vorsitzenden nicht anerkennen. Die Ordnung wird dann regelmäßig dadurch wiederhergestellt, daß man auf eine Verfahrensweise zurückgreift, die der Rangordnung der Mitglieder besser gerecht wird.

Das Gefühl für Rangabstufungen ist zu einem entscheidenden Grund für die Frustration leistungsbewußter Personalchefs in modernen Betrieben geworden. Es gibt viele Beispiele für dieses von den Betroffenen vieldiskutierte Problem. Bei den Vorarbeiten für dieses Buch bin ich auf viele konkrete Fälle gestoßen. Der Rang eines Angestellten wird zunächst durch seine Ausbildung und dann durch sein Eintrittsdatum in die Firma bestimmt. Das letztere ist kein von der Firmenleitung vorgeschriebenes Statuskriterium, sondern ist eher etwas, das tief im Bewußtsein der Arbeiter selbst wurzelt. In vielen Großfirmen bilden die Neuzugänge eines jeden Jahres einen Club. Solche »Jahrgangsclubs« haben die Aufgabe, den Rangunterschied zwischen Betriebsangehörigen mit langjähriger Erfahrung und den Neuankömmlingen in der Firma deutlich zu machen, und tragen dazu bei, das Senioritätsprinzip noch weiter zu festigen. Wenn ein einzelner befördert wird, sind seine Kollegen, die im gleichen Jahr in die Firma eintraten, erheblich beunruhigt, und sie werden eine entsprechende Beförderung fordern, da sie dieselben Voraussetzungen dafür mitbrächten. Wenn der Beförderte gar noch rangniedriger ist, wird die Forderung noch nachdrücklicher sein. Selbst für das tüchtigste Management ist es schwer, mit diesem erstaunlich stark ausgeprägten Gefühl für Rangstufen fertig zu werden. In Japan ist die Vorstellung »Ich kann das aber auch« stärker, die objektive Einschätzung der eigenen Fähigkeiten hingegen äußerst gering ausgeprägt. Diese Faktoren hängen, wie mir scheint, unmittelbar mit der Institutionalisierung des Rangsystems zusammen. Eine Firma mag noch so sehr darum bemüht sein, objektive Methoden einzuführen oder zu fördern, diese Methoden werden doch keinen Erfolg haben. Das Ergebnis wird sein, daß das Management gezwungen sein wird, mehrere Angehörige derselben Jahrgangsgruppe gleichzeitig zu befördern, um zu verhindern, daß zwischen ihnen ein nennenswerter Rangunterschied entsteht. So erklären sich auch die vielen Assistenten- und Stellvertreterposten in Japan.

Je größer und älter ein Unternehmen ist (was zur Folge hat,

daß die Gruppe der Angestellten ein höheres Maß an Stabilität und Zusammengehörigkeitsgefühl aufweist), desto stärker ist die Rangordnung institutionalisiert. Umgekehrt ist es in kleinen und mittelgroßen Betrieben sowie in jüngeren Unternehmen einfacher, von einem am Senioritätsprinzip orientierten Lohnsystem abzugehen und zu einem System zu wechseln, das sich bei der Bezahlung an der Leistung und bei der Beförderung an den Fähigkeiten orientiert. Das starre Senioritätssystem wird oft als das »traditionelle« System angesehen, das man in Richtung auf oder in ein »modernes« System umgestalten müsse. Interessanterweise ist dieses starre System jedoch eine verhältnismäßig junge Entwicklung, das es in der Frühzeit der Industrialisierung nicht gegeben hat. Es entstand erst in den späteren und fortgeschritteneren Stadien der Industrialisierung. Untersuchen wir die Geschichte der einzelnen Unternehmen, stellen wir fest, daß ein solcher Prozeß in Richtung auf die Entwicklung einer starren Rangordnung fast überall stattgefunden hat.

Einige der jungen, erfolgreichen Nachkriegsunternehmen wie etwa Sony oder Honda waren lange Zeit stolz auf ihr modernes, demokratisches Management. Nachdem sie aber eine bestimmte Entwicklungsstufe erreicht hatten und die Firma größer geworden und der Erfolg gesichert war, entwickelte sich auch in solchen Unternehmen das starre Senioritätssystem nach dem gleichen Muster, wie es sich bei den älteren, größeren und bereits etablierten Firmen findet. Manche Japaner interpretieren dieses Phänomen als Zeichen dafür, daß eine Firma »gereift« sei, gilt in Japan doch allgemein, daß die Belegschaft um so mehr dazu neigt, eine interne Rangordnung und gewisse bürokratische Verhaltensmuster zu entwickeln, je größer und gefestigter eine Institution oder ein Unternehmen ist. Dieses Phänomen mag es auf der ganzen Welt geben, aber die Gestalt, die es in Japan annimmt, ist einzigartig.

Aber nicht nur die Stärke dieser Rangordnung überwindet die Schranken zwischen unterschiedlichen Beschäftigungsar-

ten; auch das Zusammengehörigkeitsgefühl von Jahrgangs-
gruppen erlaubt es nicht, den üblichen Klassifizierungen nach
Berufen viel Bedeutung beizumessen. Das liegt auch daran,
daß man von Anfang an nicht für eine bestimmte Arbeit eingestellt wird, sondern für jede Art von Beschäftigung, welche
die Firma einem zuteilen wird. Es ist üblich, daß man nacheinander die unterschiedlichsten Tätigkeiten ausübt. Mithin
gibt es weder aus der Sicht der Firmenleitung noch der des
Angestellten ein festgefügtes System von »Berufen«. Theoretisch ließe sich sagen, daß sich die Stärken dieser horizontalen
(berufsbezogenen) und vertikalen (rangordnungsbezogenen)
Beziehungen umgekehrt proportional zueinander verhalten.

Während es in Japan kein nennenswertes horizontales Zusammengehörigkeitsgefühl innerhalb solcher Gruppen wie
etwa der Abteilungsleiter, der Büroangestellten, der Arbeiter
usw. gibt, herrscht statt dessen ein ausgeprägtes Abteilungs-
denken, das sich an der vertikalen Bindung orientiert. So bildet sich etwa eine Gruppe aus einem Abteilungsleiter und
seinen Untergebenen; innerhalb eines Fachbereichs einer
Universität beispielsweise sind Professor, a. o. Professor,
Dozent, Assistent und Studenten in einer vertikalen Beziehung miteinander verbunden. Der Professor steht seinem
Dozenten und Assistenten (die meist ehemalige Schüler von
ihm sind) und seinen Studenten näher als seinen Professoren-
kollegen.

Aus einer solchen vertikalen Organisation ergeben sich die
vielfältigsten Konsequenzen. So wird beispielsweise häufig
nicht der zum Vorsitzenden oder zum Leiter eines Kollektiv-
organs gewählt, der offensichtlich der Fähigste ist, sondern
eher eine leicht zu beeinflussende Persönlichkeit. Die An-
sprüche des Fähigeren werden oft übergangen, weil die anderen befürchten, er könnte für den Vorteil der Gruppe arbeiten, aus der er kommt; unter den in Japan herrschenden
Verhältnissen ist diese Furcht nicht gänzlich unberechtigt.

Diese Art der Ordnung zwischenmenschlicher Beziehungen
in Japan steht in scharfem Gegensatz zu der in anderen Ge-

sellschaften. In Amerika und auch in England bilden etwa der Lehrkörper einer Universität oder die leitenden Angestellten einer Firma eine eher funktional bestimmte Gruppe, die auf »Kollegialität« beruht. Geringe Rangunterschiede werden gemeinhin übersehen; anstelle des Rangs gibt es scharf definierte Gruppen – Assistenten oder Studenten stehen den Professoren gegenüber, Angestellte bzw. Arbeiter den leitenden Angestellten. In Indien ist diese Art Gruppenbewußtsein sogar noch stärker ausgeprägt. Die Angehörigen des Indian Administrative Service (IAS) haben beispielsweise etwas Ähnliches entwickelt wie ein Kastengefühl, durch das sie sich von anderen Angehörigen des Verwaltungsapparats abheben. So fühlt sich ein stellvertretender Amtsleiter seinen IAS-Kollegen in anderen Ämtern oder in anderen Teilen Indiens viel näher als den unmittelbaren Untergebenen in seiner eigenen Behörde, die keine Angehörigen des IAS sind. Ich fand es überraschend, wie eine Gruppe von IAS-Leuten, die sich zufällig auf der Fahrt zu einer Konferenz begegneten, trotz des unterschiedlichen Lebens- oder Dienstalters sofort miteinander warm wurden. Etwas Ähnliches könnte es unter Japanern niemals geben. Unter Japanern können ein Unterschied von auch nur einem einzigen Dienstjahr und geringfügige Divergenzen bei den Beförderungsstufen leicht ein Unbehagen hervorrufen, das jegliche Gemeinschaftsgefühle ausschließt. Ein IAS-Angehöriger klärte mich darüber auf, daß ein Bewußtsein für Statusunterschiede sich erst entwickle, wenn das Dienstalter um mehr als sieben Jahre differiert. Ein Unterschied von diesem Ausmaß hätte Einfluß auf Dienststufe und Tätigkeitsbereich, sei aber noch immer nicht so groß wie der zwischen IAS-Angehörigen und denen, die dem IAS nicht angehören. Solche Dienstälteren sind wie Kastenälteste, stets besorgt um das Wohlergehen ihrer eigenen Leute.

Obwohl man in Japan eine Jahrgangsgruppe oder den Klassenverband in einer Schule anerkennt, sind solche Gruppen selbst das Resultat des Systems von Rangordnungen. In anderen Worten, ein solches Gruppenbewußtsein existiert nur infolge des Rangordnungssystems und entspricht nicht dem Bewußtsein einer horizontal strukturierten Gruppe, die in erster Linie um der Kameradschaft willen gegründet wurde. Dieses Bewußtsein grenzt vielmehr deutliche Rangstufen innerhalb des Bildes der Gesamtgruppe oder der Institution als ganzes ab. Wie unterschiedlich die Wirksamkeit zwischenmenschlicher Beziehungen innerhalb einer Jahrgangsgruppe sein kann im Gegensatz zu einer vertikalen Gruppe, zeigt sich in der Wirksamkeit von Empfehlungsschreiben. Ein Japaner schreibt Empfehlungsbriefe bereitwillig und ohne sonderliches Verantwortungsbewußtsein lediglich aufgrund der Tatsache, »daß er den Mann kennt«. Daher kann man nie sicher sein, ob ein Empfehlungsschreiben auch wirkt. Normalerweise kann man wenig von einer Empfehlung erwarten, die jemand an einen Klassenkameraden von ähnlichem Rang richtet, sofern nicht zwischen den beiden ein besonders enges freundschaftliches Verhältnis oder eine Angelegenheit von gemeinsamem und besonderem Interesse eine Rolle spielt. Andererseits erweist sich ein Empfehlungsschreiben von einer prominenten älteren Persönlichkeit bei dessen Untergebenen als außerordentlich wirkungsvoll. Es garantiert stets eine korrekte, wenn nicht gar übermäßig großzügige Behandlung, und all das unabhängig davon, was der Untergebene von dem Überbringer des Empfehlungsschreibens oder dessen Status hält. Die vertikale Linie ist also viel wirksamer als die horizontale.

Angesichts dieser Struktur menschlicher Beziehungen und angesichts der vertikalen Gruppenorganisation, die sich logisch aus ihr ergibt, ist das auf einem gemeinsamen Attribut beruhende Gruppenbewußtsein, wie das von Universitätsprofessoren oder Arbeitern, notwendigerweise sehr schwach entwickelt. Das Bewußtsein, gleiche Eigenschaften und Fähigkeiten zu besitzen, das bereits durch diese interne Struktur beeinträchtigt ist, wird dadurch noch weiter geschwächt, daß es an Kontakten mit einem selbst ähnlichen Leuten außerhalb der eigenen Gruppe fehlt, sowie durch die Neigung, soziale

Gruppen in Rahmen einzubinden. Auch hier herrscht wiederum anstelle des Bewußtseins, denselben Beruf auszuüben, stets das Gefühl, demselben »Haushalt« anzugehören.

2. Die Grundstruktur vertikaler Organisation

Die Ordnung nach Rangstufen, die zu feinsten Differenzierungen zwischen den Mitgliedern einer Gruppe führt, läßt zwischen Ranghöheren und Rangniederen feste persönliche Bindungen entstehen. Solche Beziehungen bilden das Herzstück des Systems einer Gruppenorganisation. Eine Gruppenstruktur, die auf einer derartig starken vertikalen Linie beruht, unterscheidet sich nachweisbar von einer, die sich auf eine horizontale Linie gründet.

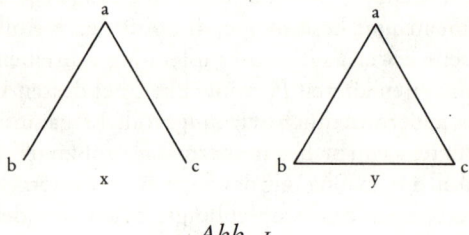

Abb. 1

Der strukturelle Unterschied zwischen der (vertikalen) Gruppe X und der (horizontalen) Gruppe Y läßt sich folgendermaßen zeigen: In Abbildung 1 stellen die drei Punkte *a*, *b* und *c* jeweils die Mitglieder einer Gruppe dar, wobei wir davon ausgehen, daß jede Gruppe aus derselben Zahl von Mitgliedern besteht. Bei der Y-Gruppe bilden diese drei Punkte ein Dreieck bzw. einen Kreis, bei der X-Gruppe hingegen fehlt entweder die Basis des Dreiecks, oder sie ist sehr schwach entwickelt. Wenn es hier überhaupt eine Verbindung gibt, dann ist das Wesen dieser Beziehung *b-c* erheblich anders als das der Beziehungen *a-b* oder *a-c*. Daher bildet die Struktur auch nicht ein Dreieck oder einen Kreis, sondern ein auf dem Kopf stehendes V (künftig mit dem Zeichen ∧ wiedergegeben). Obwohl *a, b* und *c* eine Gruppe bilden, ist es nicht notwendig, daß sie als Grundlage für die Gruppenbildung eine allen dreien gemeinsame Qualifikation besitzen. Die Gruppe bildet sich lediglich durch Anhäufung von *a-b*- und *a-c*-Beziehungen mit *a* als gemeinsamem Brennpunkt. Im Gegensatz dazu besitzen bei der Y-Gruppe *a, b* und *c* ein gemeinsames Attribut als für die Bildung der Gruppe grundlegende Qualifikation. Auf diese Weise wird das Attribut für die Mitgliedschaft ganz deutlich und zugleich Grundlage der Gruppenbildung. Einem Außenstehenden ist unmittelbar klar, ob er sich der Gruppe anschließen kann oder nicht. Im Falle der X-Gruppe gibt es keine so offensichtliche Regel, die über die Mitgliedschaft entscheidet, das heißt, jeder beliebige Außenstehende kann aufgenommen werden, vorausgesetzt, er lernt ein Mitglied kennen und wird von ihm akzeptiert; der Zugang zu der Gruppe ist eher eine situationsbedingte und persönliche Angelegenheit, wobei die Umstände von Fall zu Fall ganz verschieden sein können. Die Aufnahme eines neuen Mitglieds in die Gruppe hat keine Änderung der Stellung irgendeines der bisherigen Mitglieder zur Folge, da das neue Mitglied auf dem niedrigsten Rang eingestuft wird.

In der Y-Gruppe hingegen würde die Aufnahme eines neuen Mitgliedes auch alle anderen Gruppenmitglieder berühren. Einmal aufgenommen, wäre es jedoch mit allen anderen Mitgliedern gleichgestellt. In der X-Gruppe gibt es für die Eingliederung unbegrenzte Variationsmöglichkeiten. Ein Außenseiter kann zwar leicht eintreten, doch ist es eine unflexible Struktur, in der das einzelne Mitglied seine relative Position innerhalb der Organisation nicht ändern kann. Die Partizipation des einzelnen in der Gruppe wird durch seine feststehende Beziehung zu einem bestimmten Gruppenmitglied geregelt, was allein die unverrückbare Grundlage für seine Eingliederung in die Gruppe bildet. Andererseits kann in der Y-Gruppe theoretisch jedes beliebige Individuum den Platz eines jeden anderen in der Gruppe einnehmen, und ein neues Mitglied kann mit allen anderen Mitgliedern gleichgestellt sein. Diese strukturellen Unterschiede zeigen sich an der Position und Funktion von *a*. Bei der Y-Gruppe kann die Stellung von *a* (wie von jedem anderen Gruppenmitglied) in Übereinstimmung mit Veränderungen bei anderen Mitgliedern modifiziert werden. Die Organisation der Y-Gruppe kann ohne die Existenz von *a* fortbestehen, da *b* und *c* miteinander verbunden sind. Da bei der X-Gruppe doch alle mit *a* als dem organisatorischen Angelpunkt verbunden sind, macht das Fehlen von *a* es den anderen Mitgliedern unmöglich, den Gruppenverband aufzubauen oder zu erhalten. Darin liegt ein wichtiges Problem in bezug auf die Eigentümlichkeit der Gruppenführung.

Untersuchen wir die Beziehung einer Gruppe zu ihrem Führer, stellen wir zunächst fest, daß es bei der X-Gruppe zwar nicht unmöglich, aber doch sehr schwer ist, Führer auszutauschen. Außerdem ist die Führerschaft stets auf eine einzige Person beschränkt. In dieser X-Struktur ist es unmöglich, daß zwei oder mehr Personen sich in ähnlicher oder gleicher Stellung befinden. Folglich haben die verschiedenen Beziehungen, die den Führer mit anderen Gruppenmitgliedern verbinden, nicht notwendigerweise die gleichen Attribute. In Abbildung 2 wird die Beziehung, die den Führer *a* mit dem Mitglied *d* verbindet (oder *a* mit *g*), nur durch und über *b* (bzw. *c*) wirksam.

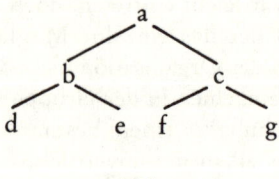

Abb. 2

Wie schon gesagt, beruht die Gruppe auf der Akkumulation von Beziehungen zwischen zwei Individuen: Die Gruppe in Abbildung 2 setzt sich zusammen aus den Beziehungen *a-b*, *a-c, b-d, b-e, c-f* und *c-g*. Die Beziehung zwischen zwei Individuen von höherem und niederem Status ist die Grundlage des Strukturprinzips der japanischen Gesellschaft. Diese bedeutsame Beziehung wird durch die traditionellen Begriffe *oyabun* und *kobun* ausgedrückt. *Oyabun* bezeichnet die Person mit dem Status eines Elternteils *(oya)* und *kobun* die mit dem Status eines Kindes *(ko)*. In Abbildung 2 ist *b kobun* von *a* (dem *oyabun*), und gleichzeitig ist *b oyabun* von *d*. Eine einzige Person kann mehr als eine Funktion ausüben. Die traditionelle *oyabun-kobun*-Beziehung nahm beispielsweise die Gestalt der Beziehung zwischen Schutzherrn und Vasallen, Grundherrn und Pächter oder Meister und Jünger an. Die Begriffe *oyabun* und *kobun* werden auch heute noch gebraucht, wenn auch nicht in der strengen Bedeutung des Worts. *Oyabun* kann jemand in übergeordneter Stellung im Betrieb sein, zu dem sich im Laufe der Jahre eine enge persönliche Beziehung entwickelt hat. Die wesentlichen Elemente dieser Beziehung bestehen darin, daß der *kobun* von seinem *oyabun* Wohltaten oder Hilfe erfährt, etwa bei der Stellungsuche oder bei der Beförderung, oder auch darin, daß dieser ihn bei einer wichtigen Entscheidung berät. Umgekehrt ist ein *kobun* stets bereitwillig zu Diensten, wenn sein *oyabun* dies fordert. Stirbt beispielsweise ein Ranghöherer, dann eilen die ihm Untergeordneten zu seinem Haus, um bei den Vorbereitungen für die Begräbnisfeierlichkeiten zu helfen. Ihr Beitrag ist oft sogar größer als der der Verwandten oder Nachbarn des Toten.

Fast alle Japaner stehen in *oyabun-kobun*-Beziehungen, gleichgültig, welchen Beruf oder welchen Status sie haben. Ein hervorragendes Beispiel dafür bot vor einigen Jahren die Wahl eines neuen Gouverneurs von Tokyo. Als der am Ende erfolgreiche Bewerber – ein berühmter Professor für Wirtschaftswissenschaften – aufgefordert wurde, sich als gemeinsamer Kandidat der Sozialistischen und der Kommunistischen Partei aufstellen zu lassen, lief er als erstes zu seinem früheren Lehrer (seinem *oyabun* also), einem bekannten Wirtschaftswissenschaftler von fast achtzig Jahren, um ihn um Rat zu fragen, ob er das Angebot annehmen solle. Die Presse hielt dies für völlig normal und war auch von vornherein davon ausgegangen, daß die beiden Professoren sich treffen würden. Die Zeitungen brachten dann am nächsten Tag Bilder von dem Treffen und betonten die Wichtigkeit der Meinung des *oyabun*. Eine *oyabun-kobun*-Beziehung entwickelt sich im Verlaufe der Ausbildung; sie hat gesellschaftliche wie private Bedeutung und kann in den kritischen Augenblicken des Lebens symbolhaft zum Ausdruck kommen. Ein *oyabun* spielt, wie das Wort schon sagt, die Rolle eines Vaters. Und es ist keineswegs ungewöhnlich, wenn ein *oyabun* eine wichtigere Funktion ausübt als der eigene Vater.

Der Wirkungsgrad dieser Beziehung kann von Fall zu Fall ganz verschieden sein. Ganz unterschiedliche Elemente wie etwa der Einfluß des *oyabun*, sein Status und seine persönliche Anziehungskraft oder andererseits auch die relative Schwäche des *kobun* tragen zur Stärkung der Beziehung bei. Einige *oyabun* können zahlreiche und sehr verschiedene *kobun* haben, die viel Einfluß und Macht besitzen, während andere nur wenige *kobun* haben. Es kann auch sein, daß jemand die Bezeichnung *oyabun* eigentlich gar nicht verdient, da er lediglich ein Ranghöherer *(sempai)* ist. Genauso ist es mit den *kobun:* Mancher wäre nicht in der Lage, eine bestimmte Persönlichkeit als seinen *oyabun* zu bezeichnen, aber selbst in solchen Fällen gibt es wahrscheinlich einen bestimmten *sempai* mit dem Beigeschmack eines *oyabun*, dem man beispielsweise nur schwer einen Dienst versagen könnte, wenn er darum bäte. Man kann mehrere solcher *sempai* haben, aber normalerweise hat man nur zu einem einzigen eine besonders enge Beziehung. Die Neigung, unter mehreren *sempai* einen bestimmten als *oyabun* auszuzeichnen, wird um so stärker, je wirksamer die *oyabun-kobun*-Beziehung wird. Man kann seinen *oyabun* wechseln, doch zeigt der Wechsel als solcher bereits die Schwäche der Beziehung. Es gibt natürlich auch die Ausnahme, daß einer keinen *oyabun* hat (möglicherweise hat er *kobun,* vielleicht auch nicht) oder sich weigert, seinen *sempai* als Autorität anzuerkennen. Ein solcher Mensch, »einsamer Wolf« *(ippiki – ōkami)* genannt, ist stark und aktiv, paßt sich aber nur widerwillig an. Da jedoch im allgemeinen mehrere *kobun* einen gemeinsamen *oyabun* haben, hat die Weigerung, einen *oyabun* anzuerkennen, auch einen Ausschluß aus der Gruppe mit gemeinsamem *oyabun* zur Folge. Wie unterschiedlich es in einzelnen Fällen auch sein mag, so kann man doch sagen, daß Gruppen sich in Japan durch die Multiplizierung einer vertikalen Beziehung zwischen zwei Individuen bilden. Folglich wird die Stellung des einzelnen informell innerhalb des Geflechts einer solchen Beziehung festgelegt.

Wir müssen nun zu Abbildung 2 zurückkehren, um den Mechanismus des Geflechts zu erläutern, das die Gruppe bildet. Reißt die Verbindung zwischen a und b ab, dann ist automatisch auch die Verbindung von d und e mit a unterbrochen: Die Kontrolle von a über d (wie auch über e, f und g) ist nur über b und c möglich. In der a-b-Beziehung kann a vermöge seiner Kontrolle über b auch d und e beherrschen. Folglich liegt der Kern der Gruppenstruktur in den a-b- und den a-c-Beziehungen. Reißen sie ab, hat dies unvermeidlich den internen Zerfall der Gruppe zur Folge.

In der X-Gruppe ist daher die Existenz von a (sowie der a-b- und der a-c-Bindung) ungleich wichtiger für den Bestand der Gruppe als in der Y-Gruppe. Egal wie stark die Einigkeit oder wie »glücklich die Gruppe« (um einen japanischen Ausdruck zu verwenden) ist, die plötzliche Entfernung des Führers ist ein schwerer Schlag und führt automatisch zu einer »Haushaltsrebellion« (der japanische Ausdruck für einen internen Machtkampf).

Wie es heißt, bestand die größte Schwäche der früheren japa-

nischen Armee in der Schlacht darin, daß eine Kampfgruppe
zerfiel, wenn ihr Zugführer gefallen war. Ein Zug, der durch
den Tod seines Leutnants seines organisatorischen Angel-
punkts beraubt war, konnte leicht zum wirren Haufen werden
und bei der Beurteilung der Lage schlimme Fehler begehen.
In der britischen und der amerikanischen Armee gibt es keinen
derartigen Zerfall der Kampfgruppen; ein Ersatzzugführer aus
dem Mannschaftsstand übernimmt sofort das Kommando,
und die Kontrolle über den Zug bleibt ungestört erhalten, bis
nur noch ein einziger Soldat übrig ist. Obgleich es scheinen
mag, als habe das Dreieck der japanischen Gruppenorganisation eine Basislinie, besitzt diese Bindung fast keine Funktion.
Ohne a läßt sich eine Beziehung nicht aufrechterhalten. Weitere Komplikationen entstehen dadurch, daß b und c dann bereit scheinen, antagonistische Ambitionen zu entwickeln,
welche die Gruppe in Faktionen spalten können.

Darin liegt also die wichtigste Funktion des Führers: Er ist
der legitime Inhaber dieses Ranges und zugleich die überra-
gende Persönlichkeit, welche die Mitglieder zusammenzuhalten und Gegensätze zwischen ihnen zu unterdrücken vermag.
Ist der Führer selbst nur zeitweilig nicht bei seinen Leuten,
kann es unter diesen zu wachsendem Zwiespalt kommen. Der
buddhistische Weise Hōnen (1133-1212) hatte dies erkannt,
als er feststellte, daß seine Jünger während seiner Abwesenheit nicht friedlich bleiben und sich streiten würden. Zu seinen Jüngern gewandt sagte er daher: »Ihr sollt nicht zusam-
menbleiben, sondern jeder gehe seinen eigenen Weg.«

Bei einer Gruppenstruktur dieser Art führt ein Wechsel in
der Führung zu einer höchst kritischen Periode für den Bestand und die Stabilität der Gruppe. In vielen Fällen spalten
sich Gruppen nach dem Tod ihres Führers in eine Vielzahl
kleiner, einander feindlicher Segmente auf. Das so entstandene
Chaos kann nur selten von innen her wieder überwunden
werden. Die Schwierigkeit, einen neuen Führer einzusetzen,
liegt in den persönlichen Beziehungen zwischen ihm und den
anderen begründet, nicht aber in seiner fachlichen Kompe-

tenz. Zum ersten ist die Position des künftigen Führers dann in gewisser Weise legitimiert, wenn er als Nachfolger bereits in der Gruppe bestehende Beziehungen nicht zerstört. Legitimität beruht auf Seniorität (nicht notwendigerweise des Lebensalters, sondern der gruppeninternen Dienstjahre): Senior ist sehr wahrscheinlich auch derjenige, der nach dem Führer den höchsten Rang einnimmt und ihm eng verbunden war, denn die Hierarchie in der Gruppe richtet sich nach der Reihenfolge des Beitritts. Gibt es mehr als einen solchen Kandidaten, so wird der älteste der Hauptkandidat für die Nachfolge in der Führung. Wohl kann ein solches Nachfolgeschema zwar beeinträchtigt und unter gewissen Umständen und Gegebenheiten gestört werden, aber es bleibt doch das für alle Mitglieder einer Gruppe akzeptabelste Verfahren.

Zum zweiten braucht ein Mann schließlich, um Führerschaft ausüben zu können, einen exklusiven Kreis persönlicher Gefolgsleute, die ihm unmittelbar verbunden sind und seine Machtbasis bilden. Der künftige Führer sollte nicht nur der Senior mit direkten Bindungen zu seinem Vorgänger sein, sondern es sollte auch jemand sein, der über eine erhebliche Zahl von ihm direkt verbundenen *kobun* verfügt. Die *kobun* des Vorgängers sind nicht immer bereit, die alten Bindungen gegenüber dem neuen Führer weiter gelten zu lassen, sondern nehmen vielleicht eine Position ein, die mit der seinen konkurriert. Aus diesem Grund mag es einem Sohn mitunter nicht oder nur schwer gelingen, die Nachfolge im Amt seines Vaters anzutreten: So geschieht es in der Tat oft, daß der dem ehemaligen Führer unmittelbar verbundene Senior anstelle von dessen Sohn die Nachfolge übernimmt (s. S. 150).

Angesichts dieser Gruppenstruktur jedoch ist ein Nachfolger – ob er nun der Sohn des ehemaligen Führers ist oder dessen ranghöchster Untergebener und ob er ein fähiger Mann ist oder nicht – bei der Ausübung der Führung im Vergleich zu dem ehemaligen Führer anfangs benachteiligt. Der erste Führer der Gruppe (wenn es sich um eine junge Gruppe handelt, ist dies ihr Gründer) besitzt von der Gruppenstruktur her entscheidende Vorteile. Kein Mitglied seiner Gruppe ist ihm von der Stellung her auch nur im entferntesten vergleichbar, weil er aus eigenem Bemühen und Verdienst zum Führer geworden ist, so daß alle Gruppenmitglieder *de jure* und *de facto* seine *kobun* sind. Dies unterscheidet ihn grundsätzlich von allen nachfolgenden Führern.

In der Nachkriegszeit gibt es viele Beispiele für erfolgreiche Unternehmen, die ganz klein angefangen haben und unter der Leitung des Gründers zu bedeutenden Gesellschaften mit mehr als 10000 Angestellten wurden. National, Sony und Sanyo sind heute führende Elektrounternehmen wie Honda in der Kraftfahrzeug- und Idemitsu in der Erdölindustrie; sie alle sind noch in Händen ihrer Gründer, deren Führungsstil sich deutlich von dem jener Manager unterscheidet, die den Vorsitz alter und traditionsreicher Unternehmen von anderen übernommen haben.

Im allgemeinen verlieren solche Unternehmen unter einem neuen Chef einen Teil ihrer Vitalität; in der zweiten Generation entwickelt sich eine bürokratische Unbeweglichkeit, die leicht zur Cliquenbildung führt und den Unternehmungsgeist des Gründers erlahmen läßt. Wenn ein Unternehmen vor dem Tode seines Gründer-Führers nicht fest etabliert ist und mit der Entscheidung über dessen Nachfolge Schwierigkeiten hat, können interne Wirren und Streitigkeiten, wie dies wiederholt der Fall war, zum Bankrott und zur Auflösung der Firma führen. Einer der bedeutendsten Direktoren eines Industrieunternehmens hat einmal ausdrücklich festgestellt, es sei die Pflicht des Direktors, seinen Nachfolger auf die Übernahme vorzubereiten, und es könne kein wirkliches Management geben, wenn diese Pflicht versäumt werde. Japanischem Denken zufolge ist es also die Pflicht des Führers, vor seinem Tode oder vor seinem Ruhestand einen für die Gruppenmitglieder akzeptablen Nachfolger heranzuziehen und zu benennen. Die Vorbereitung eines Nachfolgers ist auch für eine politische Partei von vitaler Bedeutung. Überleben oder Zerfall von innerparteilichen Faktionen *(habatsu)* sind in Japan hauptsächlich von der Existenz eines geeigneten Nachfolgers nach dem Tod des *oyabun* abhängig.

Bei der Struktur der X-Gruppe, wie sie die Abbildungen 1 und 2 (S. 62 und 64) darstellen, sollte man beachten, daß sie nicht nur aufgrund des Todes oder der Abwesenheit des Führers *(a)* zerfallen kann, sondern auch wegen mangelnder Stabilität der *a-b-* oder *a-c*-Bindungen. Zu einer solchen Instabilität kann es kommen, wenn der Führer es versäumt, sich einen starken Einfluß zu bewahren, und ein umittelbar Untergeordneter die Gelegenheit ergreift, seine eigene Macht auszubauen. Wenn beispielsweise *b* zahlreiche Anhänger um sich geschart hat und über genügend Macht verfügt, um das Gruppenleben zu manipulieren, wird er sich normalerweise frustriert fühlen, weil er *a* nicht überspielen oder selbst Führer werden kann, solange *a* in der Gruppe bleibt. Auch hat *b* als frustrierter und fähiger Untergebener keinerlei Möglichkeit, zum Partner des Führers zu werden, da ihre Ausgangspositionen als Führer und Untergebener unveränderlich sind. Die Legitimität der Führung hat ihre Gundlage in der Entstehungsgeschichte der Gruppe. Wenn die Macht von *b* so weit angewachsen ist, daß sie die bestehende Ordnung zu erschüttern vermag, verläuft die Entwicklung in der Regel ungefähr nach folgendem Muster:

Sobald er die Widerspenstigkeit von *b* bemerkt, mag *c* die günstige Gelegenheit wittern und, indem er sich *a* nähert, die Spannung in der Beziehung *a-b* fördern, wodurch er schließlich eine kritische und instabile Situation herbeiführt, die zur Krise führt. Dann kann es, während *a* noch die Macht hat, zu einer internen Spaltung kommen. Dies würde zur vollständigen Katastrophe führen, so daß nichts mehr zu retten wäre. Keinesfalls jedoch könnte *b* in einem solchen Machtkampf mit *a* oder *c* zusammenarbeiten. Der Grund dafür ist nicht Emotionalität oder Engstirnigkeit der Beteiligten, es ist vielmehr eine Folge der strukturbedingten Situation, die es nicht zuläßt, daß zwei oder mehr Individuen gleichrangig sind oder mehr als einer die Führung hat.

Es gibt zwei alternative Lösungsmöglichkeiten für eine solche verhängnisvolle Situation. Bei der einen wird a aus der Gruppe verstoßen, wobei er gewöhnlich c mitnimmt. (Im japanischen Sprachgebrauch heißt das: »Der Bürovorsteher übernimmt das Geschäft.«) Bei der anderen zieht b seine »Familie und Gefolgsleute« ab und bildet eine neue, unabhängige Gruppe. Diesen Vorgang nennt man »Spaltung«. Ob nach einem Ausschluß von c diesem f und g folgen oder ob sie mit b, d oder e eine neue Verbindung eingehen und somit Teil der b-Faktion werden, hängt von der Stärke der c-f- oder c-g-Beziehungen ab. Für diese weniger zentralen Mitglieder gibt es verschiedene Möglichkeiten, sich der neuen Situation anzupassen. Da diese Mitglieder am Rand angesiedelt sind und nicht Teil des Kerns der Gruppe sein können, steht es ihnen frei, eine neue Gruppierung zu schaffen, denn die Struktur der Gruppe erlaubt es jedem Mitglied, neue Mitglieder zu gewinnen. Die Struktur $\wedge$ funktioniert in der Nähe des Kerns der Gruppe jedoch so wirkungsvoll, daß es einem neuen Mitglied, auch wenn es noch soviel Macht besitzt, nahezu unmöglich ist, in den Kern einzudringen.

Die Struktur der X-Gruppe weist also eine Instabilität auf, die stets das Risiko einer Spaltung in sich birgt. Tatsächlich wird in vielen Fällen auf einer bestimmten Wachstumsstufe der Gruppe eine Spaltung als etwas Selbstverständliches angesehen. Man kann dies »freundschaftliche« Spaltung nennen, denn sie wird sowohl vom Führer wie von den anderen Mitgliedern der Gruppe erwartet, wenn der Rangniedrigere stark genug geworden ist, um unabhängig zu sein. Trotzdem erhält die Splittergruppe nicht immer freundschaftliche Beziehungen zur ursprünglichen Gruppe aufrecht. Oft kann sie zum Konkurrenten werden, wenn der Führer der ursprünglichen Gruppe sie nicht in irgendeiner Weise zu kontrollieren oder an sich zu binden versteht oder die Tochtergruppe noch so schwach ist, daß sie auf Unterstützung durch die Muttergruppe hofft.

Ein solcher Vorgang läßt sich am besten durch die Art und

Weise veranschaulichen, wie früher ein zweitgeborener oder ein adoptierter Sohn, ein Bediensteter oder ein Pächter eines bäuerlichen oder kaufmännischen Haushalts seinen eigenen neuen Haushalt gründete. Ähnliches gibt es bei modernen Berufen, beispielsweise bei Rechtsanwälten oder Ärzten. Für einen jungen Rechtsanwalt oder Arzt, der gerade seine Ausbildung abgeschlossen hat, ist es üblich, in eine gut eingeführte Kanzlei oder Praxis einzutreten und nach einigen Jahren unter Anleitung seines ehemaligen Vorgesetzten eine eigene, unabhängige Praxis oder Kanzlei aufzumachen. Vor allem fähige Leute würden nicht bleiben, da es, wie schon erwähnt, keine Möglichkeit gibt, Partner des Chefs zu werden. In der Tat müßte es der Wunsch eines jeden solchen jungen und fähigen Japaners sein, eine eigene, unabhängige Praxis oder Kanzlei zu eröffnen. Es gibt in Japan kein System der Partnerschaft wie im Westen, denn für Japaner ist es sehr schwierig, eine Partnerschaft nach westlichem Muster einzugehen. Selbst wenn eine Beziehung als »Partnerschaft« bezeichnet wird, zeigt sich bei näherem Hinsehen stets, daß es sich *de facto* doch um eine Senior-Junior-Struktur handelt, was besonders bei Entscheidungsprozessen zutage tritt. Und selbst eine solche »Partnerschaft« funktioniert nicht mehr bei mehr als drei Mitgliedern. Ein System auf der Grundlage einer vertikalen Beziehung funktioniert, wenn der Rangniedere mit seiner untergeordneten Stellung zufrieden ist. Wenn jedoch ein besonders fähiger Mann, der für seine Gruppe Hervorragendes leistet, mit seinem Ranghöheren unzufrieden zu werden beginnt, bietet der Gruppenmechanismus keine Möglichkeit, für diese Unzufriedenheit ein Ventil zu schaffen. Wie später gezeigt wird, kennt das japanische System weder eine klare Arbeitsteilung, noch ist die individuelle Rolle eines jeden Gruppenmitglieds eindeutig festgelegt. Alle Früchte der Leistungen des einzelnen werden von der Gruppe als ganzer genossen, wobei das daraus resultierende Ansehen auf den Führer zurückgeführt wird, während der, der die beachtlichen Leistungen eigentlich erbracht hat, eines der untergeordneten Mitglieder bleibt. Sein Chef und seine Kollegen mögen sich zwar seines hervorragenden Beitrags genau bewußt sein, aber sie halten es für selbstverständlich, daß es ihr Verdienst ist, daß die Gruppe ein so fähiges Mitglied hat.

Sofern einer also nicht die Spitzenposition einnimmt, hat er kaum die Möglichkeit, zu öffentlicher Anerkennung und Ansehen zu kommen. Dieser soziale Mechanismus ist es, der viele Japaner an dem Gefühl leiden läßt, »*unter* jemandem« zu stehen, und sie ungeachtet der eigenen Befähigung und der eigenen Persönlichkeit von dem Verlangen besessen macht, selbst die Führung zu übernehmen. Um dieses Ziel zu erreichen, gibt es nur zwei Möglichkeiten – entweder wartet man, bis man selbst an der Reihe ist, oder man geht und gründet eine eigene Gruppe. Besonders fähige Leute finden es oft schwer, in ihrer Gruppe zu bleiben. Wenn die Leistung eines solchen Menschen jemandem außerhalb der Gruppe auffällt und sein Ruf ihm »draußen« Popularität einbringt, hat dies sehr oft Neid und Feindschaft bei seinen Kollegen zur Folge. Alle Popularität und alles Ansehen sollten nämlich der Gruppe als ganzer zugute kommen, nicht aber dem einzelnen; niemand sollte mehr Popularität genießen als der Ranghöhere oder der Chef. Die japanische Ethik legt großen Wert auf die harmonische Integration *(wa)* der Gruppenmitglieder. Die Mißachtung persönlicher Fähigkeiten oder Leistungen, die von der Gruppenstruktur herrührt, bringt fähige Leute, die keine Möglichkeit haben, unmittelbar die Führung zu übernehmen, oft dazu, die Gruppe zu verlassen und sich selbständig zu machen.

Da die interne Struktur der Gruppe nicht ohne weiteres eine Änderung der relativen Stellung des einzelnen Mitglieds erlaubt oder es ihm gestattet, selbst unmittelbarer Vorgesetzter von ihm direkt zugeordneten Untergebenen zu sein, besteht latent stets die Möglichkeit der Spaltung oder des Zerfalls sowie der Entwicklung von Faktionen. Der funktionale Kern einer Gruppe ist immer klein. Dieser Sachverhalt ist die Ursache für zwei bekannte, typisch japanische Züge – die Bildung gruppeninterner Faktionen und die Entwicklung einer Anzahl einander ganz ähnlicher, aber selbständiger Gruppen innerhalb desselben Tätigkeitsbereichs, wobei diese Gruppen über keine Mittel zur gegenseitigen Kontrolle oder Verständigung verfügen.

Die japanische Gesellschaft bietet dafür zahlreiche Beispiele. Die Liberaldemokratische Partei beispielsweise hat nicht weniger als neun größere Faktionen *(habatsu)*. Ähnlich ist es auch bei der Sozialistischen und der Kommunistischen Partei. Der Zengakuren (Alljapanischer Bund der Studentischen Selbstverwaltungsorgane), der im Jahre 1948 gegründet worden war, hat sich in mehrere unterschiedliche Gruppen aufgespalten, von denen jede ihr eigenes Programm besitzt. Die Zahl der Faktionen und der Grad der Kohärenz dieser Gruppen wechseln ständig. Bei diesem Hin und Her kosten die Kämpfe zwischen miteinander konkurrierenden Faktionen viel Zeit und Kraft. Die Stärke der Gruppe als ganzer (etwa einer Partei) beruht auf dem Gleichgewicht der konkurrierenden Kräfte unter den dominierenden Faktionen (häufig sind es drei).

Der Zusammenhalt einer Gruppe als ganzer erklärt sich zunächst einmal aus der historisch gewachsenen Untergliederung von einem allen gemeinsamen Gründer her: Einheiten innerhalb einer Gruppe sind untereinander verbunden und unterscheiden sich daher von anderen bzw. von Außenstehenden. Ein weiterer und möglicherweise noch wichtigerer Faktor für die Kohärenz einer Gruppe ist die äußere Situation: Wenn sich eine jede Faktion von sogenannten Feinden umgeben fühlt, kann die Gruppe auf der Grundlage des Gleichgewichts der Macht sowie der hierarchischen Ordnung ihrer Faktionen aller internen Konkurrenz und allen Gegensätzen zum Trotz Stabilität bewahren.

Die Erweiterung einer Gruppe erfolgt immer durch vertikale Anfügung neuer Mitglieder oder Gruppen. Gruppen werden durch das Oberhaupt einer schwächeren Gruppe entweder an das Oberhaupt oder an eines der Mitglieder einer stärkeren Gruppe gebunden; nie gibt es eine horizontale Verbindung zwischen den beiden Oberhäuptern. Dieser Vorgang führt zur Entstehung entweder einer einzigen riesigen Institution oder einer scharf abgegrenzten Gruppe, innerhalb deren eine große Zahl von Institutionen oder Gruppen hierarchisch organisiert sind. In Japan nimmt jede Art von großer Organisation immer eine bürokratische Struktur an; nie kommt es zu einer kastenähnlichen Gruppenorganisation. Als Folge dieser strukturellen Ausrichtung bei der Gruppenbildung entsteht jenes kontrastreiche Bild, das für die heutige japanische Gesellschaft typisch ist: Einerseits gibt es eine Anzahl von kleineren, einander ähnlichen Institutionen und andererseits eine einzige, gewaltige Institution oder Gruppe von Institutionen.

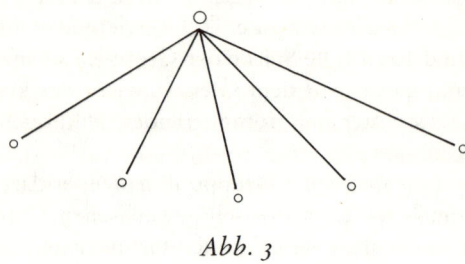

Abb. 3

Japanische Gruppen haben – unabhängig von ihrer Größe – gemeinsame Strukturmerkmale. Ungeachtet der Größe der Gesamtgruppe ist der funktionale Kern ziemlich klein. Gewöhnlich zählt er ein bis zwei Dutzend Mitglieder, eine Größe, die jedem Mitglied den direkten Kontakt mit allen anderen erlaubt, die sich wiederum – einschließlich des Führers auf der obersten Ebene – in zwei bis drei Ebenen gliedern können; auf diese Weise stehen die Angehörigen der niedrigsten Ebene nicht zu weit – d.h. zu viele Ebenen – vom Führer entfernt. Abbildung 3 zeigt den Idealtypus einer effektiven Gruppe, die auf zwei Ebenen organisiert ist und in der alle Mitglieder unmittelbar mit dem Führer verbunden sind. Wächst eine Gruppe und vermehrt sich die Zahl der Ebenen, so nimmt die Effizienz des Gesamtsystems gemeinhin ab, und es entwickelt sich auf jeder einzelnen Ebene ein eigener funktionaler Kern.

Die Funktionsweise des Systems verbietet es jemandem, der auf einer niedrigeren (oder der untersten) Ebene steht, direkt mit jemanden auf der höchsten Ebene der Organisation zu kommunizieren. Die Meinung derer in den unteren Bereichen wird dem Führer an der Spitze der Organisation nur durch jene übermittelt, die ihm unmittelbar verbunden sind, so daß es für ihn äußerst schwierig ist, Informationen aus erster Hand zu erhalten. Es gilt als Verstoß gegen die Regeln, wenn jemand aus dem unteren Bereich direkt mit einem Abteilungsleiter oder Direktor spricht oder um eine Unterredung bittet; er sollte seinen Unterabteilungsleiter, seinen unmittelbaren Vorgesetzten, nicht übergehen, denn eine solche Handlungsweise würde für seine Abteilung einen Gesichtsverlust bedeuten und als ein Angriff auf den Status des Abteilungsleiters oder des Direktors betrachtet. Ein Urteil oder eine gute Idee eines Mannes auf unterer Ebene kann durchaus bis zur Spitze vordringen, aber nur auf dem legitimen Weg über seinen unmittelbaren Vorgesetzten. Ein gutes Beispiel dafür ist der Fall eines Universitätspräsidenten, der es ablehnte, den Vorschlag eines gewöhnlichen Professors in Betracht zu ziehen, einige Tage darauf aber genau den gleichen Vorschlag akzeptierte, als er vom Dekan der Fakultät kam, welcher der Professor angehörte.

Diese Faktoren tragen im Falle schlechter Kommunikation von unten nach oben und zwischen einzelnen Abteilungen zu organisatorischer Ineffizienz bei. Solche Ineffizienz wird jedoch möglicherweise durch die extreme Effizienz der Kommunikation von oben bis ganz nach unten wieder wettgemacht. Zu der Schnelligkeit, mit der in Japan die Mitglieder einer Gruppe von oben her mobilisiert werden können, gibt es in keiner anderen Gesellschaft eine Parallele. Das Geheimnis solch schnellen Handelns und die Quelle solch hoher Gruppendynamik scheint im Wesen des Kerns der Gruppenorganisation zu liegen, der auf der Beziehung zwischen zwei unmittelbar miteinander verbundenen Personen beruht. Als goldene Regel gilt, daß der Jüngere oder Rangniedere immer und unter allen Umständen jede beliebige Anweisung von seiten seines unmittelbaren Vorgesetzten ausführt, denn aus dieser unmittelbaren Verbindung zwischen den beiden bezieht der Untergeordnete seine Daseinsberechtigung in der Organisation. Zögern oder Gehorsamsverweigerung sind selbst dann ein Verstoß gegen das System, wenn die Ausführung des Befehls den Betroffenen außerhalb des ihm zugewiesenen Aufgabenbereichs führt, denn das Funktionieren des vertikalen Systems ist wichtiger als die Art der Arbeit oder die formale Rollenverteilung. Wenn ein Untergebener eine Anweisung ohne Zögern akzeptiert, so stimmt dies den Vorgesetzten ihm gegenüber günstig, und das häufige Geben und Nehmen in einer solchen Beziehung stärkt die Bande zwischen beiden und trägt zur Aktivierung der gesamten Gruppe bei.

Gleichzeitig hat jedoch diese höchst komplizierte Beziehung zwischen den beiden zur Folge, daß sich innerhalb der Gruppe wiederum Gruppen bilden, jenen Partikularismus also, an dem japanische Organisationen regelmäßig kranken. Dies schließt horizontale Beziehungen aus. Eine horizontale Verbindung oder eine ausgewogene Zusammenarbeit zwischen Abteilungen funktioniert in Japan kaum. Ein Gleichgewicht der Kräfte zwischen Gleichgestellten oder eine Zusammenarbeit zwischen zwei konkurrierenden Gruppen gibt es in der japanischen Gesellschaft praktisch nicht, denn wenn es in einer Gruppe mehr als eine Faktion gibt, so wird immer eine die dominierende sein. Konkurrieren in Japan einander ebenbürtige Kräfte, dann ist dies eine äußerst unsichere Situation; Stabilität liegt nur im Ungleichgewicht der Kräfte, von denen eine über die anderen dominiert.

Eine *de-facto*-Koalition gleichstarker Faktionen ist in Japan unwahrscheinlich, da eine der Faktionen immer über mehr Gewicht verfügt. Auf dieser Grundlage vermittelt der Führer zwischen gegnerischen Faktionen, um einen Gruppenkonsens zu erreichen, und wird an die schwächere Faktion appellieren, »um meines Gesichtes willen« zurückzustecken – das heißt um seiner Stellung und seines Ansehens willen; und ist sein Gesicht gewahrt, so ist es auch das seines Gegners. Bei einer solchen Gruppenstruktur und bei Appellen an das Gefühl bildet sich leicht eine Mehrheitsmeinung. Obwohl das Problem selbst möglicherweise nie einer logischen Prüfung unterzogen wird, kann die Gruppe also Übereinstimmung erreichen und auf der Grundlage einer allgemein akzeptierten Entscheidung handeln. Allgemeine Übereinstimmung weckt Handlungsbereitschaft, und wenn sich eine widerspenstige Minderheit unnachgiebig gegen Zugeständnisse sperrt, mag es schließlich zu einem radikalen Vorgehen kommen, durch das diese Mitglieder zu Outcasts der Gruppe werden.

Das Ergebnis ist, daß die Dissidenten im allgemeinen immer Mitglieder derselben Minderheit sind, egal worum es geht. Dies hat oft radikale und sinnlose Handlungen seitens der Minderheitengruppe zur Folge, doch bleiben ihre Ansichten stets ohne Wirkung, und sie ist in Entscheidungsprozessen am Ende immer der Verlierer. Die Japaner nennen diese Methode der Entscheidungsfindung gern »demokratisch«, wodurch sie zum Ausdruck bringen wollen, daß die Mehrheit das Recht hat, über die Minderheit zu herrschen. Bei der japanischen Gruppendynamik kann die Stabilität der Gruppe, wenn sie aus mehr als zwei Faktionen besteht, durch das Ungleichgewicht der Kräfte und den Einfluß der Faktionen gewahrt werden – und zwar auf Kosten der Minderheiten.

Ist es schon schwierig, innerhalb einer Gruppe eine kooperative Verbindung und Balance zwischen zwei Untergruppen herzustellen, so ist es nahezu unmöglich, eine horizontale Verbindung zwischen zwei oder mehr voneinander unabhängigen Gruppen zu schaffen. Wenn zwei Führer bei dem Versuch zusammenarbeiten, eine neue gemeinsame Gruppe zu bilden, wobei jeder seine Anhänger mitbringt, dann ist ihnen dies selbst dann unmöglich, wenn beide Teile zuvor gemeinsam zu einer größeren Gruppe gehören und sich von ihr abgespalten haben. Der Vorgang wird durch Abbildung 2 illustriert: Sollten sich infolge des Todes von a die voneinander unabhängigen Gruppen b und c unter Beibehaltung ihrer ursprünglichen internen Struktur zusammentun (und somit eine horizontale Verbindung zwischen beiden herzustellen versuchen), so wäre der Versuch zum Scheitern verurteilt, denn zwischen ihnen läßt sich keine Verbindung herstellen, solange ihre jeweiligen inneren Strukturen unverändert bleiben. Wenn sie sich ursprünglich als separate Gruppen entwickelt haben, können sie – selbst wenn sie ähnliche Tätigkeitsbereiche und Ziele haben – nicht zu einer einzigen Gruppe verschmelzen, es sei denn, es gelänge ihnen, einen einzigen legitimen Führer zu finden, der für beide Gruppen akzeptabel und geeignet ist. Zur Verschmelzung zweier Gruppen kann es nur kommen, wenn eine die andere in sich aufnimmt oder über sie dominiert, oder wenn ein für beide akzeptabler Führer erscheint; letzteres ist aber außerordentlich selten. Selbst wenn beide Gruppen vorgeben, »Hand in Hand« zu arbeiten, ist dies gewöhnlich eine bloße Phrase und nicht Ausdruck der wirklichen Verhältnisse.

Wir sollten hier erwähnen, daß die japanische Geschichte kein Beispiel für eine Oligarchie kennt. Auch haben die politischen Parteien im modernen Japan niemals eine Koalition gebildet. Immer dominiert eine Partei über die anderen, und immer gibt es einen, von allen Parteiungen legitimierten und anerkannten Führer, auch wenn dieser nicht notwendigerweise über eine große Machtfülle verfügen muß.

Selbst wenn zwei Gruppen dieselben Ziele und Handlungsweisen haben, ist es für sie noch immer äußerst schwer, zusammenzuarbeiten. Dies führt zu Situationen, die sich mit dem gesunden Menschenverstand einfach nicht mehr erklären lassen. Die Vorfälle bei den Gedenkfeiern zum Abwurf der Atombomben sind ein solcher Fall. Im Jahre 1963 beispielsweise waren die Kommunistische und die Sozialistische Partei (sowie der Gewerkschaftsdachverband Sōhyō) nicht in der Lage, die Gedenkzeremonien gemeinsam zu vollziehen, was dazu führte, daß die Halle, in der die Feierlichkeiten stattfanden, zur Bühne ihrer offenen Streitigkeiten wurde. Und einige Jahre später wurden in Yaizu von zwei konkurrierenden Gruppen (von der Friedensgesellschaft Religiöser Japaner sowie von Sōhyō) am selben Ort, aber zu verschiedenen Zeiten Gedächtnisfeiern für die Opfer der Wasserstoffbombentests auf dem Bikiniatoll abgehalten. Ihre unziemlichen Streitereien brachten sowohl den Bürgermeister von Yaizu wie auch die Hinterbliebenen in Bedrängnis, die von ihrer sozialen Verpflichtung zur Teilnahme an beiden Veranstaltungen fast zerrissen wurden. Die beiden konkurrierenden Gruppen selbst ernteten dabei kaum mehr als Verachtung seitens der Einheimischen und der breiten Öffentlichkeit. Trotz solcher äußeren Reaktionen zerstören sich Gruppen auch weiterhin durch solche tödlichen internen Gruppenkämpfe, während Außenstehende an der sozialen Verantwortlichkeit der Gruppen zu zweifeln beginnen. Aus denselben Gründen sind auch die politischen Cliquen (*habatsu*) ethisch so leicht angreifbar: Von außen betrachtet scheint es, als seien sie ausschließlich mit faktionsinternen zwischenmenschlichen Beziehungen, mit den Beziehungen zwischen den Unterfaktionen innerhalb einer Faktion sowie mit interfaktionellen Streitigkeiten beschäftigt. Der Alltag des Gruppenlebens lenkt so leicht ab von den eigentlichen Zielen der Organisation.

Auch der Bereich der Industrie blieb von den Auswirkungen der internen Gruppenstruktur nicht unberührt. Die »Reorganisation von Industrieunternehmen«, womit die Verschmelzung einzelner Unternehmen derselben Branche gemeint ist, ist zu einer der wichtigsten nationalen Anstrengungen geworden. Mit ihr soll dem Eindringen ausländischer Unternehmen nach Japan begegnet werden, das auf die Hinwendung Japans zu einer auf einen freien Welthandel zielenden Wirtschaftspolitik folgte. Der besonderen Situation der japanischen Industrie wegen ist es gewiß vorteilhaft, durch die Zusammenfügung bereits bestehender Firmen größere Unternehmen zu schaffen; dies macht die so entstandenen Großunternehmen auf dem Weltmarkt konkurrenzfähig und erlaubt ihnen, die Gewinne entsprechend zu steigern, da auf diese Weise unnötiger Wettbewerb auf dem Binnenmarkt und Doppelinvestitionen vermieden werden. Die Direktoren von vielen größeren Unternehmen, die sich der theoretischen Vorteile eines Firmenzusammenschlusses bewußt sind, müssen jedoch erkennen, daß ihre Hoffnungen auf große Hindernisse stoßen, die sich aus persönlichen Rivalitäten sowohl zwischen den Direktoren und leitenden Angestellten der betreffenden Unternehmen wie auch zwischen dem höheren und mittleren Management innerhalb eines einzelnen Betriebes ergeben können. Es gibt unzählige Beispiele, welche die Entstehung solcher Schwierigkeiten als Folge der von mir beschriebenen Gruppenstruktur zeigen. Ich möchte hier nur zwei Beispiele anführen: eines für einen erfolgreichen Zusammenschluß und eines für einen Fehlschlag.

Das erste Beispiel betrifft drei Großunternehmen, die vor dem Krieg zusammen eine *zaibatsu*-Gruppe (vgl. S. 134f.) gebildet hatten: die Gesellschaft Mitsubishi Heavy Industries. Sie spaltete sich 1950 in drei separate Einheiten: Mitsubishi Japan Heavy Industries, New Mitsubishi Heavy Industries und Mitsubishi Ship Manufacturing. Lange und komplizierte Verhandlungen waren notwendig, um eine erfolgreiche Fusion dieser drei Unternehmen zu bewerkstelligen. Der Hauptgrund für den Erfolg, so scheint es, war die glückliche Konstellation persönlicher Beziehungen zwischen den Direktoren. Dem Wirtschaftsjournalisten Seki Tadatake zufolge, Herausgeber der Zeitschrift *Zaikai* (»Geschäftswelt«), spielte Herr S. Fujii dabei die Schlüsselrolle. Fujii war, nachdem er zunächst Präsident von New Mitsubishi Heavy Industries Company gewesen war, nach dem plötzlichen Tod des ehemaligen Direktors dessen Nachfolger geworden. Er wurde von den beiden anderen Direktoren als *sempai* respektiert, war bekannt als ein äußerst fähiger Mann und nicht im geringsten egozentrisch. Darüber hinaus war er ein früherer Kollege der Präsidenten der beiden anderen Firmen. Die drei waren fast gleichzeitig bei Mitsubishi eingetreten und hatten zusammen gearbeitet, so daß es den beiden anderen Direktoren nicht schwerfiel, Ko-Direktoren unter Fujii zu werden. Die Fusion dieser drei Firmen verlief also deswegen so erfolgreich, weil sie keine der firmeninternen Strukturen zerstörte und auch keine Störung des traditionellen Rangsystems verursachte, das gerade unter Mitsubishi-Leuten hochgeschätzt worden war.

In dem anderen Fall scheiterte die Fusion am Widerstand leitender Angestellter einer der Firmen, obwohl die Unternehmensführung dem Zusammenschluß zugestimmt hatte. Kurz nach dem Krieg hatte sich die Dainihon Beer Company in die beiden Firmen Asahi Beer Company und Sapporo Beer Company aufgespalten. Ihre beiden Direktoren verstanden sich gut – sie waren früher zusammen bei Dainihon gewesen – und befürworteten die Fusion. Nach dem Zusammenschluß sollte T. Yamamoto, der Direktor von Asahi Beer, Direktor der neuen Firma werden. Yamamoto war als Despot bekannt, während Matsuyama, der Direktor von Sapporo Beer, als demokratischer Manager und Pionier bei der Anwendung wissenschaftlicher Techniken bei der Bierherstellung galt. Als der Plan durch einen Pressebericht bekannt wurde, stieß er auf den Widerstand der Gesamtheit der leitenden Angestellten von Sapporo Beer, die erklärten, daß sie unter dem autoritären Direktor nicht arbeiten würden. Sie waren unter dem gegenwärtigen demokratischen Direktor völlig zufrieden, und obwohl sie sich der geschäftlichen Vorteile, die sich daraus ergeben würden, durchaus bewußt waren, hielten sie die alltäglichen Organisationsprobleme für wichtiger. Dieses heftigen Widerstands wegen wurde der Versuch schon zwei Tage nach der Presseveröffentlichung aufgegeben. Auf diese Erfahrung hin sagte der Direktor von Sapporo Beer, die Idee einer Fusion werde ihm »nie mehr in den Sinn kommen«. Man kann sich fragen, warum er sich nicht seiner allgemeinen Beliebtheit als Chef bediente, um seine Leute zu zwingen, dem Zusammenschluß zuzustimmen. Wie ich noch erläutern werde, sind der Macht eines japanischen Führers durch den Gruppenkonsens jedoch enge Grenzen gesetzt. Hätte er gegen den Willen seiner Angestellten eine Verschmelzung durchgesetzt, wäre er Gefahr gelaufen, ihre Zuneigung und Unterstützung zu verlieren.

Zwei negative Eigentümlichkeiten der Struktur der X-Gruppe lassen sich aus dem Obengesagten ableiten: (1) Die Gruppe ist stets von interner Spaltung bedroht; (2) nach außen hin ist sie dadurch entscheidend geschwächt, daß sie zwischen verschiedenen Gruppen keine Kooperation erlaubt. Positiv dagegen ist, daß die X-Gruppe, wenn sie optimal funktioniert, die Energien ihrer Mitglieder stärker und effizienter zu konzentrieren und mobilisieren vermag als die Y-Gruppe, da die Bande, die ihre Individuen miteinander verbinden, auf Gefühlen beruhen und stabil sind. Daraus folgt aber auch, daß die Effizienz der X-Gruppe leicht durch Unfälle oder Ehrgeiz beeinträchtigt werden kann, wenn dadurch ihr Machtgleichgewicht gestört wird.

Es läßt sich zeigen, daß die informelle Hierarchie und die Faktionen, die unter den Mitgliedern einer Gruppe entstehen (es sind dies die oben erläuterten unsichtbaren Gliederungen), die formal-administrative (sichtbare) Organisation überlagern. Bei fest etablierten Institutionen, wie etwa bei traditionsreichen Firmen und Behörden, wird die Instabilität und die Aufspaltung in informelle Gruppen leicht durch die Stabilität des institutionellen Rahmens kompensiert. Selbst wenn die informelle Hierarchie beschädigt oder zerstört wird, verbleiben die Einzelmitglieder noch immer innerhalb des Rahmens; und selbst wenn ihre Effizienz sich verringert, kann die Gruppe vermöge der formaladministrativen Organisation erhalten bleiben. Der institutionelle Rahmen erfüllt die wichtige Funktion, die Mitglieder zusammenzuhalten, unabhängig davon, welche Funktionen er umfaßt; und da die Gruppenzugehörigkeit der Mitglieder in erster Linie durch die Institution bestimmt ist, erkennen sie trotz aller internen Rivalitäten, daß sie alle in einem Boot sitzen und mit anderen Booten um die Wette rudern. Es versteht sich von selbst, daß sich der Grad der Wirksamkeit eines institutionellen Rahmens (der Zusammenhalt seiner Mitglieder) erhöht, wenn die Institution hohes Ansehen genießt und in der Gesellschaft eine wichtige Rolle spielt.

Wenn eine Gruppe keinen konstanten Rahmen mit einem formalen institutionellen administrativen System besitzt – wie beispielsweise eine Firma oder ein Dorf –, dann gewinnt die Funktion der hierarchischen Organisation an Bedeutung. Dies geschieht in Gruppen wie politischen Parteien und Untergrundorganisationen; in solchen Fällen wird die informelle vertikale Organisation selbst zur *de-jure*-Organisation der Gruppe. Ein Prototyp dieser Art Organisation findet sich im *iemoto-sei* (wörtlich etwa »Ursprung des Haushaltssystems«) bei den traditionellen Künsten wie Nō, Ikebana oder der Teezeremonie. Das Haupt der Schule *(iemoto)* steht an der Spitze der Organisation, und diese Position ist normalerweise erblich. Unzählige vertikale Verbindungslinien gehen durch die Meister-Schüler-Beziehung vom *iemoto* aus, und bei den älteren und erfolgreicheren Schulen erstreckt sich die ∧-Struktur fast über ganz Japan. Es mag überraschen, daß die älteren Schulen über Jahrhunderte dieselbe Organisation bewahrt haben und einige von ihnen noch heute florieren. Der *iemoto* genießt nicht nur das höchste Prestige, sondern auch die größten wirtschaftlichen Vorteile; er kann sowohl für die Ausstellung von Leistungszertifikaten Gebühren erheben von Schülern, die indirekt mit ihm über die hierarchische Organisation verbunden sind wie auch für unmittelbaren Unterricht. Das System dient also nicht nur der Vermittlung künstlerischer Fertigkeiten, sondern erfüllt auch noch darüber hinausreichende wirtschaftliche und soziale Funktionen.

Beziehungen zwischen den verschiedenen Schulen einer Kunstrichtung existieren praktisch nicht. Beim Nō-Spiel etwa gibt es fünf Haupt-Schulen, jede mit einer Organisation, die von den anderen gänzlich unabhängig ist; alle aber haben sie die gleiche Struktur und Funktion. Mitglieder verschiedener Schulen spielen kaum je auf derselben Bühne, obwohl ihre Texte im wesentlichen dieselben sind, und ein Schauspieler wird nie Aufführungen fremder Schulen besuchen. Selbst wenn das Programm Stücke von mehr als einer Schule umfaßt, verlassen die Zuschauer, die einer der Schulen angehören, während der Vorführung einer anderen Schule gewöhnlich ihre Plätze. Ein Künstler verkehrt nicht nur mit Angehörigen einer anderen Schule nicht, er wechselt auch nicht innerhalb seiner Schule den Lehrer. Das *iemoto*-System verlangt, daß jeder einzelne an einer einmal geschaffenen vertikalen Linie zwischen Lehrer und Schüler festhält. Ein solches Verhaltensmuster paßt bestens in das Strukturprinzip der Organisation. Man erkennt hier die weitreichenden strukturellen Implikationen der ehernen Regel der japanischen Ethik: »Niemand kann zwei Herren dienen.«

Das Grundmuster der Organisation wurde bis zu einem gewissen Grade auch von den Angehörigen moderner freier Berufe wie etwa von Künstlern, Wissenschaftlern, Rechtsanwälten usw. übernommen, wenngleich in abgeschwächter Form. Die interne Struktur von Rechtsanwaltsverbänden in Japan beispielsweise beruht eindeutig auf dem Prinzip vertikaler Beziehungen, obwohl Anwälte eher freiberuflich arbeiten denn als Angestellte. Die vertikale Beziehung zwischen einzelnen Rechtsanwälten ist entweder durch eine ehemalige Lehrer-Schüler- bzw. *sempai-kōhai*-Beziehung an derselben Universität entstanden, oder sie geht zurück auf die Meister-Schüler- bzw. *sempai-kōhai*-Beziehungen in der Rechtsanwaltskanzlei, wo sie ihre Referendarzeit verbracht haben. Durch solche vertikalen Beziehungen zeigt die Gruppe eine Organisation, die einem Stammbaum nicht unähnlich ist. Es ist interessant zu erfahren, daß diese Rechtsanwälte jede

Gruppe als eine Art Dorfgemeinschaft begreifen, und tatsächlich ist die traditionelle japanische Bezeichnung für diese Gruppe *mura*, Dorf. Wenn bei einer Ausschußsitzung, an der Vertreter mehrerer Gruppen teilnehmen, ein wichtiges Problem zur Sprache kommt und einer der Teilnehmer keine sofortige Entscheidung treffen kann, so wird er sagen: »Ich warte mit meiner Entscheidung, bis ich mich mit meinem *mura* besprochen habe.« Eine Faktion innerhalb einer Partei wird ebenfalls *mura* genannt. Einmal wurde ein politisch noch unerfahrener Kandidat für das Oberhaus gefragt, welchem *mura* er angehöre. Er bewies seine Unkenntnis der Zunftsprache, indem er antwortete: »Ich komme aus Tokyo«, womit er sagen wollte, daß er aus Tokyo gebürtig sei. Der Zweck der Frage aber war natürlich gewesen, herauszufinden, zu welcher Faktion er gehörte. Die wichtigste soziale Einheit im modernen Japan (bezeichnenderweise *mura* genannt) ist also eine Faktion innerhalb einer Berufs- oder Beschäftigungsgruppe.

Ohne »Rahmen« oder »vertikale Verbindungen« scheint es für die Japaner nahezu unmöglich, eine leistungsfähige Gruppe zu bilden. Tatsächlich ist es in Japan sehr schwer, freiwillige Vereinigungen zu gründen und am Leben zu halten, wie sie im Westen gang und gäbe sind, da ihnen der Rahmen oder bereits vorhandene vertikale persönliche Beziehungen als Grundlage fehlen. Nach dem Zweiten Weltkrieg gab es viele Versuche, freiwillige Wohltätigkeitsvereine nach amerikanischem Muster ins Leben zu rufen. Die meisten jedoch funktionierten nicht wie ihre amerikanischen Gegenstücke, da es ihnen an fähigen Organisatoren, an aktiver Teilnahme seitens der Mitglieder und an gesellschaftlicher Anerkennung durch die breite Öffentlichkeit fehlte. Angesichts solch unerwarteter Schwierigkeiten wenden sich die meisten Organisatoren an die Regierung mit der Bitte um förmliche oder informelle Unterstützung, die es ermöglicht, eine landesweite Organisation aufzubauen, und gleichzeitig gesellschaftliche Anerkennung mit sich bringt.

Nicht nur freiwillige Gruppen stehen vor derartigen

Schwierigkeiten, sondern auch die Entwicklung neuer lokaler Gemeinschaften in den Vorstädten der Großstädte stößt auf solche Probleme. Stadtverwaltungen, Soziologen u. a. haben eine Fülle von Plänen für die Entwicklung dessen vorgelegt, was man »städtisches Gemeinschaftsleben« nennt (eine weitere aus Amerika importierte Vorstellung) – im allgemeinen ohne Erfolg. Meiner Meinung nach zerschneidet die Bildung solcher Gruppen, indem sie horizontale Bindungen zwischen ihren Mitgliedern voraussetzen, bereits existierende Gruppen, die auf der Grundlage der Arbeitsstätte gebildet sind. Da ihre Gruppenbindungen auf ihren hauptberuflichen Tätigkeiten beruhen, opfern die Menschen für etwas wie Nachbarschaftsgruppen nur ungern Zeit und Geld. Soziologische Untersuchungen lokaler Gemeinschaften zeigen, daß die geeignetste Grundlage für die Bildung einer örtlichen Gemeindeorganisation der Einzugsbereich einer Grundschule ist; Kontakte sind am ehesten über Elternbeiräte möglich, doch ist es dabei schwierig, Familien ohne Kinder im Grundschulalter mit einzubeziehen.

Der enge Zusammenhalt der japanischen Dorfgemeinschaft wird oft als der einer lokalen Gruppe interpretiert; für mich ist jedoch das Wesentliche, daß das traditionelle Dorf diejenige Gruppe ist, in der die Mitglieder ihren lebenswichtigen ökonomischen (d. h. landwirtschaftlichen) Tätigkeiten nachgehen, und das Dorf daher eher eine über Generationen hinweg eng geknüpfte soziologische Einheit darstellt als eine bloße Wohngemeinschaft. Wenn Dörfler in Städte ziehen, kommt es zu einer Trennung von Arbeits- und Wohnstätte, wobei den Vorrang eher die Arbeitsstätte erhält, die nunmehr ihre eigentliche Lebensgemeinschaft ist (das »Dorf«, wie sie es sehen), und nicht die lokale Gemeinschaft des jeweiligen Wohnbezirks. Wie bei Rechtsanwälten und Politikern ist ihr »Dorf« die berufliche »Familiengruppe«, nicht aber die Nachbarschaft ihrer Wohnungen. Früher war es in Japan üblich, daß bei Nationalwahlen die Dörfer mit einer Art »Dorfliste« abstimmten, wobei die Dorfbewohner gemeinsam den

Kandidaten unterstützten, den der örtliche Führer empfohlen hatte. In jüngster Zeit ist es jedoch üblich geworden, daß ein Unternehmen (gemeinsam mit den von ihm abhängigen Firmen und Zulieferbetrieben) eine Sammelstimme für einen bestimmten Kandidaten abgibt, wobei Gewerkschaften und Geschäftsleitung normalerweise in der Wahl des Kandidaten übereinstimmen. In solchen Fällen kann eine lokale Gemeinschaft es als Gruppe mit einer Firma an Autorität und Wirkungskraft nicht aufnehmen. Das Prinzip, daß man nur einer einzigen Gruppe angehören kann, findet seinen Niederschlag also darin, daß sich in den städtischen Gebieten Japans kaum neue lokale Gemeinschaften entwickeln (s. auch S. 171).

Obwohl sie zwar in der Regel keine neuen lokalen Gemeinschaften bilden, schließen sich doch viele der neuen Stadtbewohner neuen religiösen Gruppierungen an, deren erfolgreichste heute mit einer Mitgliedschaft von schätzungsweise drei Millionen die Sōka-gakkai ist. Die Sōka-gakkai ist eine Art Förderergruppe, die einem bestimmten, zur Nichiren-Sekte gehörenden buddhistischen Tempel verbunden ist. Alle Mitglieder sind Laien. Umfrageergebnisse zeigen, daß sich die Mitglieder im wesentlichen aus der oberen Unterschicht der städtischen Bevölkerung rekrutieren und daß die Bekehrung zu dieser Gruppe üblicherweise zwei bis drei Jahre nach dem Zuzug aus dem Dorf erfolgt. Ihre aktiven Gruppenmitglieder beteiligen sich im allgemeinen lieber an einer solchen Gruppe, als daß sie Mitglied in Vereinigungen werden, die auf der Zugehörigkeit zur Arbeitsstätte beruhen. Die Bekehrung scheint zu erfolgen, noch bevor der Betreffende ein aktives und einflußreiches Mitglied in einer auf der Zugehörigkeit zur Arbeitsstätte basierenden Vereinigung geworden ist. Es ist bezeichnend, daß die Soka-gakkai nach vertikalen Prinzipien orientiert ist, denen die Bewegung selbst den Namen *tate-sen* (wörtlich: »Vertikallinien«) gegeben hat. Die *tate-sen* resultieren aus der Verlängerung direkter Verbindungslinien zwischen zwei Individuen. Die Stellung des einzelnen auf dem *tate-sen* wird zum Zeitpunkt seiner Bekehrung zur Sōka-gakkai bestimmt, und dieses *tate-sen* reicht letztendlich hinauf bis zum Präsidenten an der Spitze, wobei es Bezirke und andere Institutionen durchschneidet. Die Organisation im oberen Bereich des extrem loyalen Mitarbeiterstabs spiegelt das ehemalige japanische Militärsystem wider. Der erstaunliche Erfolg dieser neuen religiösen Gruppierungen, die in kürzester Zeit so groß geworden sind, scheint in erster Linie ihrem System der vertikalen Organisation zuzuschreiben zu sein.

Nicht alle gesellschaftlichen Gruppierungen erfahren die Wirkungskraft dieses Organisationsprinzips in gleichem Maße. Es läßt sich durchaus die eine oder andere Gruppe finden, die als Strukturprinzip nicht die in der vorliegenden Arbeit beschriebene vertikale Organisation besitzt. In einem solchen Fall kann es aber sehr wohl sein, daß die Gruppe noch sehr jung ist und noch nicht genug Zeit hatte, als Ganzes zu reifen, oder die Gruppe ist möglicherweise keine wirklich funktionale körperschaftliche Gruppe, der sich die Mitglieder primär verbunden fühlen. Wenn es sich aber doch um eine ausgereifte funktionale Gruppe handelt, wird man feststellen, daß sie klein ist und nicht mehr als vielleicht zwei Dutzend Mitglieder zählt, oder sie kann sich aus einigermaßen homogenen Mitgliedern von ähnlichem sozialem und wirtschaftlichem Status zusammensetzen, die einander genau kennen (wie in manchen Weilern, wo die Familien schon seit Generationen zusammenleben). In solchen Ausnahmefällen kann die Gruppe durch und durch demokratisch sein, ohne starre interne Hierarchie. Oder es ist eine Gruppe denkbar, deren Mitglieder einen ähnlichen Bildungshintergrund und eine ähnliche Ausbildung, aber unterschiedliche Spezialgebiete haben; in diesem Fall hilft eine hochgradige Spezialisierung eines jeden Mitglieds, für jeden einzelnen einen genau festgelegten Platz zu schaffen, was der Entwicklung von Unterordnungs- oder Unterwerfungsbeziehungen zu anderen Mitgliedern entgegenwirkt und ihr Zusammenspiel fördert, während es zugleich die Selbständigkeit der einzelnen bewahrt.

Doch selbst unter solchen außergewöhnlichen Umständen der Gruppenbildung verlangt eine Gruppe, die weder eine interne hierarchische Ordnung noch zwischenmenschliche Beziehungen vom Typ höher-niedriger besitzt von ihren Mitgliedern, daß sie einzig und allein in ihr mitwirken und eine eigene, geschlossene Gemeinschaft entwickeln. Aber auch hier gilt, daß sich eine solche Gleichheit, ein solches Gegengewicht der Macht und eine derartige demokratische Einstellung unter den Gruppenmitgliedern nicht aufrechterhalten lassen, wenn die Gruppe größer wird. Wenn eine homogene Gemeinschaft Mitglieder von außen aufnimmt oder äußeren Einflüssen ausgesetzt ist, so führt dies normalerweise zu interner Differenzierung. Im Fall einer sich auf individuelle Spezialisierung gründenden Gruppe wird die Aufnahme von neuen Mitgliedern mit gleicher oder ähnlicher Spezialisierung die Entwicklung vertikaler Beziehungen zur Folge haben, da, wie schon erwähnt, niemals zwei Personen denselben Rang einnehmen können.

Ob eine Gruppe intern eine vertikale Hierarchie aufweist oder nicht sowie der Grad ihrer Institutionalisierung hängt also von den jeweiligen Umständen ab, unter der sie gebildet wurde. Entscheidend ist, daß eine Gruppe in Japan am Ende unvermeidlich den vertikalen Typ der Organisationsstruktur entwickelt. Außerdem tritt die vertikale Organisationsstruktur deutlicher zutage in fest etablierten, großen Institutionen mit hohem Prestige. Sie ist Ursache für die Stabilität der Organisation, was die Hauptstärke des japanischen Systems zu sein scheint.

Auf jeden Fall ist festzustellen, daß in Japan jede erfolgreiche Gruppe, die wächst und sich gleichzeitig stabilisiert, stets dieses Strukturmuster aufweist. Der Wirkungsgrad der vertikalen Beziehungen kann von Gruppe zu Gruppe verschieden sein, und bei einigen Gruppen mag es keine erkennbaren vertikalen Beziehungen geben. Dennoch liegt der folgende Schluß nahe: Je besser die Gruppe funktioniert, desto wahrscheinlicher ist es, daß ihre zwischenmenschlichen Beziehungen den beschriebenen vertikalen Linien folgen. Dieses Strukturprinzip existiert latent in allen sozialen Gruppen in Japan.

Die Stärke dieser Struktur liegt in ihrer Effizienz bei zentralisierter Kommunikation sowie in ihrer Fähigkeit zur wirksamen und schnellen Mobilisierung der gemeinsamen Kraft ihrer Mitglieder. Ihr Beitrag zur Modernisierung des Landes ist kaum zu überschätzen. Weiter oben wurde bereits gesagt, daß diese Struktur das Wirtschaftswachstum in Japan nach dem Krieg gefördert hat. Die vertikale *oyabun-kobun*-Struktur indes ist von Japanern wie auch von Amerikanern als »feudal« oder als »Familientradition« angesehen worden, als etwas Vormodernes, das den Interessen der Modernisierung zuwiderlaufe. Eine solche Sicht übersieht jedoch die tatsächliche strukturelle Bedeutung, denn die *oyabun-kobun*-Beziehung und das moderne bürokratische System sind Ausdruck derselben strukturellen Orientierung; es gibt keine qualitativen, sondern nur graduelle Unterschiede: Während erstere mehr persönliche Elemente ins Spiel bringt und auch anerkennt, ist letzteres seinem Wesen nach unpersönlicher.

3. Qualifikationen des Führers und zwischenmenschliche Beziehungen in der Gruppe

Bei der Struktur der Gruppe beruht, wie im vorhergehenden Abschnitt gezeigt, die Qualifikation des Führers eher auf seiner Stellung innerhalb der Gruppe als auf seinen persönlichen Verdiensten; die Loyalität der Mitglieder dem Führer gegenüber entspringt ebenfalls ihrer Stellung als ihm Untergeordnete. Der wichtigste Faktor bei der Ausübung der Führung sind die persönlichen Bindungen zwischen dem Führer und den ihm unmittelbar Untergebenen. Starke, funktionale persönliche Bindungen haben ihren Ursprung immer in der informellen Struktur. Je nach den Umständen kann diese informelle Struktur mit der formalen und sichtbaren Verwaltungsorganisation einer Institution zusammenfallen, muß es aber nicht. Wer in der formalen Organisation die Stellung des Führers einnimmt, dabei jedoch Untergebene hat, die informell einem anderen Führer außerhalb seiner formalen Organisation verbunden sind, hat es in Japan schwer. Obwohl seine Untergebenen nach außen loyal oder gar unterwürfig erscheinen mögen, werden seine Anordnungen hinter den Kulissen oft nicht befolgt, und manches Mal wird er im Stich gelassen. Er mag fähig sein, durch die formale Organisation neue persönliche Bindungen zu knüpfen, aber je weiter er die Karriereleiter hinaufsteigt, desto schwieriger wird dies. Ein jeder knüpft nämlich seine persönlichen Bindungen in einem verhältnismäßig frühen Stadium der Laufbahn, und die älteren persönlichen Bindungen überlagern gemeinhin die jüngeren: Je früher sie geknüpft wurden, desto stärker wirken sie.

Wer in eine verantwortliche Stellung aufrückt, versucht daher, nach Möglichkeit seine *kobun* als die ihm formal Untergebenen mitzubringen. Es ist bekannt und unter japanischen Ärzten akzeptiert, daß ein Wechsel an der Spitze eines großen Krankenhauses zur Folge hat, daß auch die überwiegende Mehrheit der untergeordneten Stellen neu besetzt werden muß. Der Mann an der Spitze kommt und geht mit seinen *kobun*, das heißt seinen Untergebenen in der informellen Struktur. Es versteht sich von selbst, daß der Führer einer Faktion, wenn er Premierminister wird, in ähnlicher Weise seine *kobun* mitbringt. Diese Tendenz verstärkt sich noch, wenn die spezielle Tätigkeit der Gruppe enge Teamarbeit erfordert; genau in einer solchen Gruppe zeigen sich die charakteristischen Besonderheiten japanischer Führerschaft am deutlichsten.

Die vertikale persönliche Beziehung ist ihrem Wesen nach dynamischer als die horizontale. Schutz wird mit Vertrauen, Zuneigung mit Loyalität belohnt. Da es sich hier nicht um den Austausch von äquivalenten Dingen handelt, kommt es zu einer über das in horizontalen Beziehungen Übliche hinausgehenden Stärkung des emotionalen Elements, und das ermöglicht eine leichtere Kontrolle der Handlungen der einzelnen. Diese Beziehung bindet jedoch nicht nur den Untergeordneten; sie bindet auch den Führer, der – mag es häufig auch so aussehen, als habe er große, manchmal geradezu despotische Macht im Vergleich mit Führern in anderen Gesellschaften – doch in Wirklichkeit in vieler Hinsicht in seiner Machtvollkommenheit eingeschränkt und kontrolliert ist. Wie schon gesagt, gilt die Loyalität eines Untergeordneten seinem Führer gegenüber in der japanischen Ethik sehr viel und wird vom Führer oft regelrecht erzwungen, aber in Wirklichkeit ist der Preis für diese Loyalität hoch. Sie wird weitgehend vom Charakter der Beziehung zwischen Führer und Untergeordnetem bestimmt; Anzeichen dafür finden sich in der politischen, wirtschaftlichen oder emotionalen Sphäre. Normalerweise wirken alle diese Elemente gleichzeitig, wenn auch dem emotionalen Faktor besonders große Bedeutung zukommt.

Die gefühlsmäßige Zuneigung, die der Führer seinen Untergebenen gegenüber empfindet, wird mit dem Wort *onjō-shugi* (deutsch etwa: Paternalismus) zum Ausdruck gebracht und setzt stets eine wohlwollende Anerkennung der eigenen Leute voraus. Die Vorstellungen und Wünsche des Untergebenen wird der Führer bei seinen eigenen Überlegungen ernsthaft berücksichtigen. Je besser und bedeutender ein Führer ist, desto deutlicher zeigt sich dies. Mit anderen Worten: Je einsichtsvoller und duldsamer ein Chef ist, desto loyaler sind seine Leute. Die eigentümliche wechselseitige Abhängigkeit, die dieser Art von Führung eigen ist, zeigt sich auch in dem in Japan hochentwickelten *ringi-sei* (einer Art Konsenssystem). Vorgesetzte zwingen ihren Untergebenen ihre Ideen nicht auf; die Untergebenen unterbreiten vielmehr ihren Vorgesetzten von sich aus ihre Vorstellungen, die dann von diesen übernommen werden. Ausdruck dieser Praxis ist es auch, daß es der Bürokratie gestattet wird, Einfluß auf die Politik zu nehmen.

Eines der charakteristischen Merkmale der Funktionsweise dieses Systems ist es, daß Schwächen des Vorgesetzten von seinen Untergebenen ausgeglichen werden können und umgekehrt. Ein Vorgesetzter – und das gilt auch für den Mann an der Spitze – muß in diesem System nicht unbedingt intelligent sein. In der Tat ist es sogar besser, wenn er nicht allzu brillant ist. Besitzt er einen zu scharfen Verstand und ist bei seiner Arbeit allzu tüchtig, verlieren seine Untergebenen einen wesentlichen Teil ihrer Funktion und können sich ihm entfremden. Als Ausgleich für die Abhängigkeit von ihrem Führer hoffen dessen Untergebene immer, daß er umgekehrt auch von ihnen abhängig ist. Der Führer muß irgendeine schwache Seite haben, für die einen Ausgleich zu schaffen oder Unterstützung zu bieten seine Leute stets bereit sind. Ist auf diese Weise erst einmal eine feste Bindung entstanden, sind die Anhänger immer bestrebt, die Vorstellungen und Handlungen ihres Führers zu verstehen und zu unterstützen.

Diese von einem japanischen Führer geforderten typischen Eigenschaften passen gut zum Senioritätssystem. Es wäre aber auch denkbar, daß sich dieser Typus der Beziehung zwischen Führer und Untergebenen aus der gewohnheitsmäßigen Anerkennung des Senioritätssystems entwickelt hat. Die Gruppe kann nämlich nur dann optimal funktionieren, wenn sie einen außergewöhnlich fähigen Führer hat, der über eine ergebene Gefolgschaft verfügt; diese Ergebenheit wiederum kann aber nur erreicht werden, wenn der Führer ein extrem fähiger und einsichtiger Mann ist. Funktioniert die Beziehung zwischen dem Führer und seinen Untergebenen wie oben beschrieben, so bietet dies einen Ausgleichsmechanismus für den Fall, daß ein mittelmäßiger Mann die Spitzenposition einnimmt, bloß weil er dem Senioritätssystem gemäß an der Reihe ist. Nach dem Senioritätssystem nimmt das höchste Amt immer der Senior der Gruppe ein. Seniorität basiert eher auf der Dauer der Zugehörigkeit zu einer Gruppe oder dem Dienstalter in einer Institution als auf dem Lebensalter. Dieses System bietet einem Jüngeren kaum die Möglichkeit, in eine hohe Stellung zu kommen, denn Spitzen- oder gar die Führungspositionen sind normalerweise von Älteren besetzt, die bequem auf ihren Stühlen sitzen und hohes soziales Ansehen genießen, obwohl es ihnen völlig an den notwendigen Fähigkeiten gebricht. Dies wird deutlich, wenn wir die japanische mit anderen Gesellschaften vergleichen: Undenkbar wäre beispielsweise in Japan ein Ministerpräsident in den Vierzigern – wie John F. Kennedy, als er Präsident wurde. Die Führer der Liberaldemokratischen Partei, die eine relativ lange Geschichte hat, sind fast alle in den Siebzigern, und seit den späten vierziger Jahren stellen sie in Japan die Ministerpräsidenten. Ein vergleichsweise junger Führer geht nur aus einer neu gebildeten Gruppe hervor; die führenden Mitglieder der Kōmeitō (sie ist die jüngste politische Partei Japans und wird von der Sōka-gakkai gestützt) sind in den Vierzigern.

In akademischen Kreisen sitzen in den verantwortlichen Stellungen Professoren, die kurz vor der Emeritierung stehen oder schon emeritiert sind. Beim älteren akademischen Establishment gelten Wissenschaftler in den Vierzigern als zu jung für die Übernahme eines Amts wie etwa der Leitung einer Abteilung oder einer wissenschaftlichen Gesellschaft oder für den Posten des Vorsitzenden eines Ausschusses, in dem Leute sitzen, die fünfzig und sechzig Jahre alt sind.

Im allgemeinen erreicht ein Mann den Höhepunkt seiner gesellschaftlichen und politischen Wirksamkeit erst über fünfzig, wenn er sich dem Pensionsalter nähert. In der Industrie kann man normalerweise erst Direktor oder Präsident werden, wenn man über sechzig ist, zumindest in älteren, etablierten Unternehmen. Es erregte Aufsehen, als ein Mann in den frühen Fünfzigern Direktor der Japan Electric Company wurde. Ein junger Wissenschaftler hat selbst dann kaum Aussichten auf eine Professur, wenn er durch hervorragende Leistungen internationale Anerkennung erworben hat, da er nach traditionellen Vorstellungen einfach zu jung ist. So machte auch die Wahl eines Mittvierzigers zum Präsidenten der Tokyo-Universität Schlagzeilen. Die allgemeine Einstellung zu dieser ungewöhnlichen Ernennung war, daß die kritische Lage (es war die Zeit der Studentenunruhen) diese Wahl rechtfertigte, unterschwellig herrschte aber dennoch Unbehagen, vor allem bei den älteren Fakultätsangehörigen. Dies zeigt, daß in einer Notsituation oder in Zeiten sozialer oder politischer Umwälzungen von der üblichen Praxis abgewichen werden kann.* Es sei daran erinnert, daß während der Meiji-Zeit, als der Prozeß der Modernisierung Japans begann, in verschiedenen Bereichen viele Dreißig- und Vierzigjährige Spitzenpositionen innehatten. Nachdem das System sich jedoch gefestigt hatte und die Machtwechsel von einer Generation zur nächsten erfolgt waren, wurde die Möglichkeit zunehmend eingeengt, einen jüngeren Mann zum Vorgesetzten von Älteren zu machen. Wie es heißt, wurde während des Krieges selbst der Oberbefehlshaber eines Feldzugs gemäß der hierarchischen Ordnung nach Seniorität ernannt, die sich ganz einfach von dem Jahr des Abgangs von der Militär- bzw. Marineakademie herleitete.

Bei einem solchen System kann man davon ausgehen, daß es unter fähigen jüngeren Angehörigen erhebliche Frustration gibt, besonders unter jenen in mittleren Jahren, die über viel Erfahrung verfügen und unter Beweis gestellt haben, daß sie auf ihren jeweiligen Gebieten viel zu leisten vermögen. Wer unzufrieden ist, kann die Gruppe verlassen, um seine eigene, unabhängige Gruppe zu gründen; ist er aber Mitglied einer einflußreichen Gruppe und genießt aufgrund seiner Stellung gewisse Vorteile, so würde er erheblich verlieren, wenn er die

---

* Alle Ministerpräsidenten im Japan der Nachkriegszeit waren in den Sechzigern und Siebzigern, mit der bemerkenswerten Ausnahme Tanaka, der bei seinem Amtsantritt im Jahre 1972 erst 54 Jahre alt war. Japan befand sich damals in einer Rezession. Wie wenig jedoch seine Wahl von den Japanern akzeptiert worden ist, zeigt u. a. die Tatsache, daß er im Zusammenhang mit der Aufdeckung der Lockheed-Affäre bereits 1974 zurücktreten mußte, 1975 unter Anklage gestellt, vorübergehend in Haft genommen und schließlich 1983 verurteilt wurde. Dabei wird auch in Japan offen zugegeben, daß er kaum korrupter war als andere Politiker. (Anm. d. Übers.)

Gruppe verließe, und wird folglich statt dessen versuchen, seinen Einfluß innerhalb der Gruppe auszubauen. In diesem Fall kann das System selbst ein Ventil für seine Unzufriedenheit bieten. Wie schon erwähnt, sind Vorgesetzter und Untergebener wechselseitig voneinander abhängig. Hängt ein Vorgesetzter sehr stark von seinem Untergebenen ab, kann dieser leicht in den Aufgabenbereich seines Führers eindringen. Nicht selten verrichtet ein Untergebener *de facto* die Arbeit seines Vorgesetzten, und in einem solchen Fall kann er, indem er sich des Namens seines Chefs bedient, seine heimliche Macht über die gesamte Gruppe ausdehnen. Er selbst zöge daraus viel größeren Nutzen, als wenn er *de jure* die Führung der Gruppe übernähme, denn innerhalb der ∧-förmigen Organisation ist er nicht in der Lage, auf seine Kollegen auf der gleichen Ebene und deren Untergebene irgendwelchen Einfluß auszuüben. Wenn beispielsweise in Abbildung 2 *b de jure* die Führung übernimmt, werden *a* und *c* zusammen mit den Untergebenen von *c* seine Anordnungen nur widerwillig befolgen, und er selbst kann nur seine eigenen Untergebenen *d* und *e* mobilisieren. In vielen Fällen spielt der Untergebene eine größere Rolle, als ihm offiziell zusteht. So gesehen bietet ein japanischer Vorgesetzter seinen Untergebenen ein erhebliches Maß an Freiheit. Mithin spiegeln Rang oder Stellung der einzelnen Gruppenmitglieder nicht immer unbedingt wider, wie die Gruppe tatsächlich funktioniert, so daß es einem Außenstehenden ohne genaue Kenntnis der Gruppe oft schwerfällt zu erkennen, wer eigentlich wofür zuständig ist.

Das Rangsystem ist jedoch von überragender Bedeutung in bezug auf die Wirkungen der Gruppe nach außen, denn es ist die Ordnung, nach der das gesamte japanische Gesellschaftssystem funktioniert. Ein Untergebener kann um noch so viel einflußreicher und fähiger sein als sein Führer, er darf ihm doch in Anwesenheit Dritter nie anders als mit der allergrößten Ehrerbietung begegnen; er muß seinem Führer helfen, das Gesicht zu wahren. Im privaten Umgang kann der Untergebene seinem Vorgesetzten gegenüber jeden nur denkbaren Ton anschlagen, und dieser kann vor einem kompetenten Untergebenen ruhig seine Schwächen zeigen. Dieses Verhalten und das Wesen dieser Beziehung ist dem Verhältnis zwischen Ehepartnern in Japan nicht unähnlich. In Wirklichkeit kann also in vielen Fällen der Status der Untergeordneten alles andere als unerträglich sein, wird er doch hinter den Kulissen kompensiert. Diese »häuslichen Verhältnisse« sollten Außenstehenden gegenüber jedoch verborgen werden. Das hat zur Folge, daß der Rang als Stütze der gesellschaftlichen Ordnung noch immer große soziale Bedeutung hat.

In Japan neigt man im allgemeinen dazu, Prestige eher aus dem Status als aus der tatsächlichen Leistung abzuleiten. Infolgedessen wünscht sich mancher, ungeachtet seiner Fähigkeiten, nach ganz oben zu gelangen. Und in der Tat kommen ganz gewöhnliche und ziemlich untaugliche Leute einfach deshalb bis an die Spitze, weil sie innerhalb der Organisation Senior sind. Beispielsweise sieht dadurch jemand, der den Leiter einer japanischen Institution trifft, seine Erwartungen enttäuscht, weil er entdeckt, daß es sich um eine ganz durchschnittliche Persönlichkeit ohne die speziellen Fähigkeiten handelt, wie sie eine solche Stellung eigentlich erfordert.

Manche leitenden Angestellten aus Amerika, die in Japan waren, haben sich verwundert darüber gezeigt, daß so viele japanische Direktoren nicht in der Lage sind, Einzelheiten ihres eigenen Unternehmens zu erklären. Sie verlassen sich fröhlichen Herzens darauf, daß ihre geliebten und zuverlässigen Untergebenen die Geschäfte führen. Ihre Sorge gilt vielmehr der Aufrechterhaltung guter zwischenmenschlicher Beziehungen, denn darin liegt ihrer Meinung nach der Schlüssel zum geschäftlichen Erfolg. Man müßte in Japan lange suchen, um eine Firma zu finden, wie sie im Westen so häufig ist, die von nur ein oder zwei Leuten an der Spitze gelenkt wird, während die Angestellten gewissermaßen bloße Werkzeuge sind. In einem solchen Unternehmen sind die Angestellten leicht ersetzbar, und die Verantwortungsbereiche von Betriebsdirektor und Angestellten sind klar voneinander abgegrenzt. Im japanischen Modell gibt es keine klar umrissenen Wirkungsbereiche oder Abgrenzungen der Verantwortlichkeiten zwischen dem Direktor und seinen Untergebenen. Die ganze Gruppe wird zu einem funktionalen Ganzen, in dem alle Mitarbeiter, einschließlich des Direktors, zu einer einzigen Einheit verschmelzen.

Die vorstehende Darstellung beleuchtet eine der wesentlichen Züge der Beziehung zwischen Führer und Untergebenem in Japan: der Führer ist Teil der Gruppenorganisation. Er hat keine eigene, unabhängige Domäne, die sich vom Rest der Angehörigen seiner Gruppe absondern ließe. Die japanische Sprache besitzt nicht einmal ein Wort für »Führung«; um diese Vorstellung zum Ausdruck zu bringen, muß man auf Begriffe zurückgreifen, welche die *oyabun-kobun*-Beziehung beschreiben. Von einem Führer wird erwartet, daß er gänzlich in der Gruppe aufgeht, und zwar fast bis zur Selbstaufgabe. Es gibt Beispiele für Direktoren, deren Firma kurz vor dem Bankrott stand oder die eine nahezu bankrotte Firma übernahmen und daher auf ihr Gehalt verzichteten und umsonst arbeiteten, bis sie die Firma saniert hatten.

In der Tokugawa-Zeit (1603-1867) unterschied das Feudalsystem nicht klar zwischen dem persönlichen bzw. Familienbesitz eines Herrn und dem seiner Gefolgsleute oder jener, die auf den Gütern lebten, die er beherrschte. Der Herr hatte kein ihm persönlich gehörendes Gut, über das er unmittelbar verfügte und das er direkt verwaltete. Wenn das Gut unter einer schlechten Ernte oder infolge von Überbevölkerung an Landmangel litt, wurden seine persönlichen Ausgaben gekürzt, und seinen Leuten wurde befohlen, sparsam zu sein. Das Leben des Herrn war mit dem seiner Gefolgsleute aufs engste verknüpft, so daß ihr Haushalt eine einzige wirtschaftliche Einheit bildete. Heute wie damals ist es ein wirksamer Beweis der Führerschaft, die Angestellten wissen zu lassen, daß sogar der Führer die Not mit ihnen teilt.

Wenn ein Führer auch despotisch scheinen mag, so hätte er seine Position doch nicht erreichen können, wenn er sich dieser Einschränkung nicht bewußt gewesen wäre und sie nicht erfüllt hätte. Er kann ohnehin seinen diktatorischen Neigungen nur bis zu dem Punkt nachgehen, an dem er seine Leute gerade noch emotional zu binden und ihre Erwartungen zu erfüllen vermag. Einige Untergebene mögen sogar sein despotisches Verhalten bewundern, das so ganz im Gegensatz zu der warmherzigen Aufmerksamkeit und Anteilnahme steht, die er ihnen bei informellen Gelegenheiten entgegenbringt, und selbst Grobheit kann noch als Kehrseite seiner Zuneigung aufgefaßt werden. Das Wesen eines solchen Führers ist ganz anders als das eines Diktators bei anderen Völkern.

Wie dem auch sei: Die Unterschiede im Führungsstil in bezug auf die Methode des Führers, Anweisungen zu erteilen – despotisch, demokratisch oder einfach dumm –, sind nicht wirklich das Entscheidende. Solche Unterschiede sind individuell und von den Umständen abhängig. Entscheidend ist, daß der unklaren Abgrenzung der Funktionen des Führers und des Untergebenen wegen der Bereich, für den der Führer zuständig ist, von dem relativen Gleichgewicht der Fähigkeiten und Persönlichkeiten bestimmt wird, die der Führer und sein Untergebener in die Gruppe einbringen.

Die Eignung zum Führer hängt in der japanischen Gesellschaft in erster Linie von der Fähigkeit des Betreffenden ab, seine Leute zu verstehen und sie für sich zu gewinnen. Gleichgültig wie reich und mächtig, wie glänzend begabt oder welche Art Persönlichkeit jemand ist, wenn er nicht fähig ist, seine Anhänger emotional zu gewinnen und sie in vertikalen Beziehungen an sich zu binden, so kann er kein Führer werden. Die Folge mag sein, daß Japan keinen charismatischen Führer hervorzubringen vermag oder, anders gesagt, daß ein Führer sein Charisma nur über unmittelbare persönliche Beziehungen wirken lassen kann. Die Stärke der persönlichen Bindungen hemmt die Anziehungskraft eines Führers von ausschließlich charismatischen Qualitäten. Tatsächlich ist die

Idealgestalt eines Führers in Japan nicht Napoleon, sondern Oishi Kuranosuke, der Anführer der berühmten Siebenundvierzig Rōnin.[11]

Die Funktionsfähigkeit der Gruppe hängt weniger vom fachlichen Können des Führers ab als von seinem Geschick, durch seine Persönlichkeit hochbegabte Untergebene zu gewinnen, die Gruppe zu einer Einheit verschmelzen zu lassen sowie all die ihm zur Verfügung stehenden Talente zu lenken und zu führen. Große Führer sind immer außerordentlich anziehende Persönlichkeiten. Ihre Anhänger handeln nicht aufgrund formaler Anweisungen, sondern aufgrund der persönlichen Anziehungskraft des Führers im umittelbaren menschlichen Umgang. Die Bedeutung der Redewendung »Er ließ sein Antlitz über mir erstrahlen« ist rational allein nicht erfaßbar. Es heißt, daß Soldaten, die mit dem Ruf »Banzai dem Kaiser« in den Tod gingen, immer von Wärme und liebevollem Respekt erfüllt waren und mit den Worten »Wir tun, was der Befehlshaber von uns verlangte« ihr Leben gaben. Die große Aufgabe des Kommandeurs war es, seine Leute emotionell zu beherrschen, denn sonst hätte er in der Schlacht nichts bewirken können. Es war auch unerläßlich zu seinem eigenen Schutz, denn die emotionale Hingabe an den Führer ließ einen Soldaten sein Leben bereitwillig für dessen Sicherheit opfern.

In der Geschäftswelt ist für Führungskräfte und andere Spitzenpersönlichkeiten das Entscheidende deren persönliche Ausstrahlung, und es gibt wohl kein anderes Land, wo die Persönlichkeit des Direktors sowohl für seine unmittelbare Umgebung wie auch für die breite Öffentlichkeit ein derartiges Problem darstellt. Zahlreiche Artikel in japanischen Zeitungen und Zeitschriften beschäftigen sich mit diesem und jenem Direktor und den Beziehungen zwischen Arbeitgeber und Arbeitnehmer. Dazu einige Beispiele aus neuerer Zeit:

»*Shain* (Angestellte) sind nicht *shiyōnin* (persönliche Diener des Arbeitgebers). Sie sind Mitarbeiter des Unternehmens. Zusammen mit dem Arbeitgeber arbeiten sie für den Erfolg der Firma. Diese Beziehung wird durch eine Formel wie ›Arbeiter-und-Manager‹ nicht vollständig zum Ausdruck gebracht.« (Zitiert aus Äußerungen des Direktors von Ricoh Watch Company, einer Firma, die bekanntlich seit dem Amtsantritt des gegenwärtigen Direktors einen großen Aufschwung genommen hat.) In dieser Firma wurde im Jahre 1963 eine Beratungsstelle eingerichtet; ehemalige Direktoren beraten die Angestellten hier bei persönlichen Problemen jeder Art.

Die bekannte Kamerafirma Canon ist ebenfalls für ihr sogenanntes »Familien-Management« berühmt. Dabei handelt es sich um eine Idee des derzeitigen Direktors, der die Meinung vertritt, daß ein gesundes und glückliches Zuhause die Quelle für die Arbeitskraft seiner Angestellten ist. Unlängst wurde eingeführt, an die Angestellten einen »Preis für ein glückliches Zuhause« zu vergeben. Er wird jenen Angestellten verliehen, die fünf Jahre lang ohne zu fehlen, pünktlich und ohne Unfall ihren Dienst verrichtet haben. Bei der Preisverleihungszeremonie wird der Angestellte von seiner Frau begleitet. (Die Einbeziehung des eigenen Heimes oder der Frau scheint amerikanischen Einfluß erkennen zu lassen; die Praxis der Betriebsführung ist jedoch völlig unamerikanisch.)

In Japan gelten diese Fälle als beispielhaft für »modernes und fortschrittlich-menschliches Management«, und die Persönlichkeit solcher Direktoren wird allgemein bewundert.

Zwischen Unternehmensleitung und Angestellten gibt es ebenfalls ein hohes Maß an persönlichen Beziehungen. So ist es üblich, daß der Direktor oder Abteilungsleiter an der Hochzeitszeremonie seines Angestellten teilnimmt und dabei die Rolle des (nominellen) Heiratsvermittlers übernimmt.[*] Tatsächlich verbringt ein Direktor solcher Gelegenheiten wegen viel Zeit außerhalb seines Büros. Andererseits helfen bei einem Todesfall in der Familie des Direktors dessen Sekretär und Untergebene bei den Vorbereitungen für die Begräbnisfeierlichkeiten und den anschließenden Empfang, während die Verwandten und Freunde des Toten als Gäste empfangen werden und ihnen alle Arbeit abgenommen wird.

[*] Bis zum Zweiten Weltkrieg kamen praktisch alle Ehen durch einen Heiratsvermittler *(nakōdo)* zustande, und auch heute noch ist die Zahl vermittelter Ehen recht groß. Da der Heiratsvermittler traditionellerweise eine so zentrale Rolle

Das Problem des leitenden Angestellten ist nicht neu. Seit der Frühzeit der Industrialisierung Japans muß er sich mit der Vorstellung, daß »das Unternehmen die Leute sind«, und mit den persönlichen Problemen seiner Untergebenen auseinandersetzen. Sorgen sich amerikanische Manager in diesem Maß um ihre Angestellten? Ist ein solches Denken in Amerika überhaupt notwendig?

Wenn die Bindung zwischen Geschäftsleitung und Belegschaft schon in modernen Unternehmen derart emotional geprägt ist, so gilt dies erst recht für das Boß-System der Unterwelt; dort gehen manche sogar so weit, sich ihrem Boß zuliebe umzubringen. Nach den Aussagen des Leiters einer Erziehungsanstalt für Jugendliche ist der Grund dafür, daß Kinder und Jugendliche, die einmal mit der Unterwelt in Kontakt geraten sind, immer wieder dorthin zurückkehren und schließlich endgültig dort bleiben, wahrscheinlich der, daß sie in der Unterwelt von ihren *oyabun* ein Maß an Liebe und Anerkennung erfahren, wie es ihnen keine Erziehungsanstalt und nicht einmal Pflegeeltern bieten können. Die emotionale Sicherheit, die in der engen Beziehung zwischen Führer und Anhänger ihren Ursprung hat, schafft für schwache Persönlichkeiten eine Welt der Geborgenheit.

Es ist bezeichnend, daß die neuen religiösen Sekten, die nach dem Krieg wie Pilze aus dem Boden schossen, ihre Gruppenorganisation auf eine emotionale, vertikale Linie gründeten, die der direkte Kontakt zu einem Führer mit geradezu hypnotischen Fähigkeiten vermittelt. Die »vertikale Linie« bei der Zwangsbekehrung der Sōka-gakkai und die »Eltern-Kind«-Beziehung bei Risshō-kōseikai sind Prototypen dieser Struktur. Der Gläubige wird, getäuscht durch diese ihm vertrauten Elemente, geschickt in das Netz der Organisation eingefügt und kann sich in dem sicheren Gefühl wiegen: »Ich bin nicht mehr allein; in dieser Welt verstehen sie mich, und ich verstehe sie; wir sind eine Familie.« Stärke und Wesen dieser

einnimmt, würde man eine Zeremonie ohne ihn als unvollständig erachten. (Anm. d. Übers.)

religiösen Gruppierungen beruhen also offenbar eher auf soziologischen und psychologischen Faktoren als auf irgendwelchen Aspekten ihrer Lehre.

Die vertikale Beziehung, dargestellt in der ∧-Form, wird selbst zum entscheidenden Strukturmerkmal funktioneller Gruppen, die entweder überhaupt keinen eigenen institutionellen Rahmen besitzen oder nur einen sehr schwachen. Das Leben der Gruppe steht und fällt mit ebendieser ∧-förmigen Personalbeziehung; mit Notwendigkeit wird diese Organisationsform immer ausgeprägter und stärker. Die Welt der Politiker und die Unterwelt sind Prototypen solcher Gruppen; andere finden sich etwa bei den Gruppen der Handelsfischerei, die von unsicherem Kleinkapital abhängig sind (wo der Chef der Fischer für die Gruppe der »Kapitalist«, das Leitschiff der abhängigen Boote ist), bei Zimmermannsinnungen u. a. Diese Arten von Vereinigungen sind als »rückständig« oder »feudalistisch« kritisiert worden, und man hat sie pejorativ als »Boß-System« oder »Parteifaktionen« etikettiert. Und dennoch ist bei Leuten mit progressiven Ideen genau das gleiche Prinzip wirksam – bei Universitätsprofessoren, deren Spezialgebiete westliche Wirtschafts- und Gesellschaftswissenschaften sind, bei Topmanagern in Großunternehmen usw.

Beispiele für Intellektuelle, die auf diese Art Vereinigungen bilden, bieten die akademischen Forschergruppen, die im Nachkriegsjapan gediehen. Sie unterschieden sich in mancherlei Hinsicht von beispielsweise italienischen und französischen Forschergruppen, die ich aus eigener Anschauung kenne. Zunächst einmal trägt eine europäische Forschergruppe normalerweise nicht den Namen einer bestimmten Universität oder Vereinigung, und ihre Mitglieder müssen auch nicht unbedingt alle Angehörige der Universität des Leiters der Gruppe oder dessen ehemalige Studenten sein. In Europa wählt der Leiter der Gruppe gemeinhin aus dem gesamten Fachgebiet jene Spezialisten aus, die für den Forschungsauftrag am geeignetsten scheinen, und die Gruppe kommt aufgrund von Einladungen zustande. Es können folglich auch Leute teilnehmen, die den Gruppenleiter vorher kaum gekannt haben. Ist der Vertrag zwischen dem Leiter der Gruppe und den Mitarbeitern erst einmal abgeschlossen, bleibt die Beziehung zwischen ihnen unverändert, bis das Forschungsprojekt abgeschlossen ist; Anordnungen des Leiters, die die Arbeit betreffen, werden streng befolgt. Gleichgültig, wie berühmt beispielsweise ein Fotograf auch sein mag, sobald er Mitglied der Gruppe ist, wird er bei seinen Aufnahmen die Anweisungen des Leiters befolgen (selbst wenn dieser jünger ist und weniger bekannt als der Fotograf). Die Gruppenmitglieder sind jedoch selbst während der Dauer des Forschungsauftrages außerhalb ihrer Arbeitszeit völlig frei. Es gibt keinerlei Grund, den Leiter nach seinen Wünschen zu fragen, wenn es um etwas geht, was nichts mit der Arbeit zu tun hat; im Rahmen der Forschungsaufgabe jedoch kann der Leiter die Gruppe seinen Wünschen gefügig machen, um sein Ziel zu erreichen.

Wenn hingegen japanische akademische Forschungsgesellschaften nach ähnlichen vertraglichen Mustern heterogene Gruppen bilden, kommt es fast zwangsläufig zu einem Durcheinander. Sofern man nicht völlig scheitert, geht die Arbeit nur zäh voran, da alle Energien von emotionalen zwischenmenschlichen Beziehungen verzehrt werden, und sie geht nicht im mindesten glatt vonstatten, sondern wird zu einer furchtbaren Last. Selbst Professoren führender Universitäten streiten sich vor den Augen von Außenstehenden und Ausländern, mit dem Ergebnis, daß sie mit ihrem Gezänk dem Ansehen ihres Landes schaden. Die Arbeit kommt nur schlecht voran, wie berühmt die einzelnen Mitglieder oder wie groß die bewilligten Mittel auch sein mögen. Im allgemeinen kommt es bei derartigen Gruppen zur Spaltung, woraufhin ihr Leiter unweigerlich zum Gegenstand gehässiger Kritik wird.

Wissenschaftliche Forschung funktioniert in Japan am besten, wenn sich eine Gruppe aus einem älteren Professor als

Leiter und lediglich unter seinen Anhängern ausgewählten Mitgliedern zusammensetzt. Ein solches Team kann sein Ziel erreichen, gleichgültig wie gering die finanziellen Mittel und wie schlecht die äußeren Umstände auch sein mögen. Die Gruppenmitglieder haben die »wundervolle, positive Eigenschaft« (wie die Japaner es formulieren), daß ihnen um ihres Leiters willen keine Anstrengung zu groß ist, während sie auf der anderen Seite dem wohlwollenden Respekt eines Leiters begegnen, dessen Zuneigung sich nicht nur auf das Gefühl beschränkt, daß sie »gute Kerle« sind. Bei dieser Beziehung besitzt der Leiter zwar Einfluß, seine reale Macht aber ist um vieles geringer als die seines europäischen Kollegen. Die Folge ist, daß ein fachlich begabter, wissenschaftlich hochqualifizierter Leiter in Japan unter Umständen die Arbeit nicht seinen Vorstellungen entsprechend durchführen kann: Er muß die Ansichten seiner Leute, selbst wenn sie weniger zutreffend sind als seine eigenen, auf eine Weise zur Geltung kommen lassen, daß es deren Einfluß stärkt. Dies ist eher aus emotionalen als aus rationalen Gründen notwendig – nämlich zum Ansporn seiner Leute. Die Existenzberechtigung des Leiters liegt nicht so sehr in der Leitung des Projekts oder in eigener Forschung als vielmehr in seiner Funktion als Angelpunkt zwischenmenschlicher Beziehungen und als Bewahrer des Friedens in der Gruppe. Die Forschergruppe ist eine *Gemeinschaft,** »die Gruppe aller«, »unsere Gruppe«, nicht die persönliche Gefolgschaft des Leiters.

Eine europäische Forschungsgruppe hingegen ist gewissermaßen Eigentum des Leiters; sie ist eine *Gesellschaft,*** in der die Gruppenmitglieder lediglich die ihnen zugewiesene Rolle spielen, um die Arbeit des Leiters zum Abschluß zu bringen. Wenn die Gruppe schließlich ihre Arbeit beendet und sich auflöst, kann es geschehen, daß damit auch jede Affinität zwischen dem Leiter und den einzelnen Mitgliedern ein Ende hat. In Japan können die aus einer gemeinsamen Tätigkeit entstan-

---

* deutsch im Original
** deutsch im Original

denen Bindungen leicht ein ganzes Leben erhalten bleiben. Nur in der Wärme einer derartigen Beziehung besteht überhaupt eine Hoffnung, daß sie ihre Aufgabe erfolgreich abschließen.

Ich bin überzeugt, daß in der japanischen Gesellschaft diese Art persönlicher Beziehungen zumindest gegenwärtig die Triebkraft einer jeden Gruppe ist und zu mehr Erfolg führt als irgendeine andere Art von Gruppenorganisation. Jeder, der in der Leitung von oder in der Zusammenarbeit mit Gruppen Erfahrung besitzt, wird gezwungen sein, sie zu übernehmen. Wenn die Teilnehmer nicht schon vorher einmal über einen längeren Zeitraum miteinander gearbeitet haben, ist die Aussicht auf Erfolg gering, es sei denn, sie fügen sich problemlos in die Verhältnisse. Die Quelle von Mißhelligkeiten sind natürlich die zwischenmenschlichen Beziehungen, besonders wenn sie emotionale Untertöne entwickeln. Wenn die einzelnen Mitglieder untereinander oder die Gruppe mit ihrem Leiter nicht auskommen, wird dies nicht nur dazu führen, daß einige ihre Stellung aufgeben wollen. Werden seine Bedürfnisse nicht vollständig erfüllt, so bringt der Japaner seinen Chef mit Vorliebe in Schwierigkeiten, indem er sagt: »Jetzt reicht's. Hier ist meine Kündigung.« (Manchmal ist es ernst gemeint, manchmal nur Bluff.) Er genießt eine gewisse egoistische Befriedigung dabei, wenn er einem Vorgesetzten auf diese Weise Unannehmlichkeiten bereitet. Über und jenseits von irgendwelchen provokatorischen Effekten oder mangelnder Einsatzbereitschaft für ein gemeinsames Ziel bzw. Verantwortungsgefühl für die Vollendung der Arbeit läßt sich eine stark emotionale Neigung des Japaners feststellen und die Bedeutung erahnen, die er dem emotionalen Gehalt zwischenmenschlicher Beziehungen beimißt. Diese Emotionalität vermag nicht nur die Erfüllung eines Vertrages zu verhindern, sondern man kann sogar behaupten, daß es den Begriff eines Vertrages im Grunde gar nicht gibt – und dies gilt gleichermaßen für die, welche die Arbeit ausführen, wie für die, die den Auftrag dafür erteilen.

Japaner bedienen sich immer bereits existierender vertikaler persönlicher Beziehungen zur Bildung institutioneller oder interdisziplinärer Gruppen wie beispielsweise eines Organisationskomitees für eine große Tagung, welche die Zusammenarbeit von Experten verschiedener Fachbereiche erfordert. Zuerst ergeht eine Einladung an eine Anzahl von Spitzenleuten der jeweiligen Fachgebiete, und diese bilden dann eine Art Ehrenkomitee. Die Mitglieder eines solchen Komitees sind meist im vorgerückten Alter und vielbeschäftigt, das heißt, sie sind nicht ohne weiteres verfügbar oder notwendigerweise geeignet, um bei den in einem Organisationskomitee anfallenden Arbeiten mitzuwirken, aber sie verfügen über erhebliche Macht und Einfluß, um aus ihrem Fachbereich Helfer zu mobilisieren. Der zweite Schritt ist die Bildung des eigentlichen Arbeitskomitees aus einer Reihe von Experten im mittleren Alter, die der Bitte ihrer jeweiligen Führer aus dem Ehrenkomitee um Mitarbeit nachgekommen sind. Dieses Komitee leistet dann die eigentliche Arbeit. Eine gewisse Schwäche einer auf diese Weise gebildeten Gruppe liegt darin, daß ihr eine interne ∧-förmige Struktur fehlt. Trotzdem werden ihre Mitglieder nicht destruktiv oder unverantwortlich handeln, da sie auf Bitten ihrer Führer oder Vorgesetzten arbeiten, wobei gleichgültig ist, ob die Beziehungen zu ihnen formeller oder informeller Natur sind. Nicht die Klauseln eines Vertrages – der in einem solchen Fall unterzeichnet würde –, sondern das Gefühl persönlicher Treue dem eigenen Führer oder Vorgesetzten gegenüber ist es, das von dem Mitglied verlangt, die Arbeit in dem Komitee zu übernehmen.

Eines solchen Aufbaus wegen besteht ein Organisationskomitee immer aus einer relativ großen Zahl von Mitgliedern, von denen aber nur eine Handvoll wirklich aktiv oder produktiv sind. Aber selbst unter den aktiven Mitgliedern gibt es immer einige, die bereitwillig arbeiten und viel zur Erledigung der Arbeit beitragen, während anderen gar nicht viel übertragen wird, da ihre Fähigkeiten nicht unbedingt der Arbeit dienlich sind. (Das Empfehlungsverfahren produziert nicht immer die geeignetsten Leute.) Dieser japanische Brauch führt dazu, daß ein einzelner möglicherweise gleichzeitig mehrere Posten zusätzlich innehat, denn in einigen Komitees wird er vielleicht nur seines Namens wegen gebraucht, so daß er bei der effektiven Arbeit des Komitees nur wenig oder womöglich überhaupt nicht mitwirkt. Dies ist vor allem dann der Fall, wenn es sich um eine schon ältere Spitzenpersönlichkeit handelt, die in der Lage ist, viele unter ihr Stehende für unterschiedliche Zwecke zu mobilisieren. Ein solcher Senior kann leicht so viele Ehrenämter gesammelt haben, daß er selbst sie nicht alle im Gedächtnis behalten kann. Einige seiner Ehrenämter können dabei durchaus recht wenig mit seinem eigenen Fachgebiet zu tun haben. Das macht aber weiter nichts, denn was man von ihm braucht, ist eher seine Fähigkeit, seine Anhänger zu mobilisieren, als irgendwelche Spezialkenntnisse auf einem bestimmten Fachgebiet. Solche Posten erhöhen das soziale Prestige – und ein höheres Prestige bringt wiederum noch mehr solche Posten. Ein Organisator muß eine Liste mit den Namen hoch angesehener Persönlichkeiten haben, die nicht nur die für die Arbeit notwendigen Mitarbeiter zusammenbringen, sondern dem Kongreß zugleich Ansehen verleihen und ein hohes Niveau garantieren. Angesichts solcher Ämterhäufung und -überschneidungen bieten derartige Organisationen ein äußerst kompliziertes Bild. Untersucht man sie jedoch unter dem Aspekt der ∧-förmigen Struktur, in die der einzelne primär eingebunden ist, dann wird deutlich, daß sich die grundlegende Funktionsweise des Organisationsprinzips von konstanten, vertikalen persönlichen Bindungen herleitet.

In jüngster Zeit hat sich die Kritik an der Existenz der Faktionen *(habatsu)* in politischen Kreisen erheblich verschärft. Diese Kritik hat dazu geführt, daß die Ministerpräsidenten Ikeda und Satō sowie andere führende Politiker erklärten, sie hätten die Absicht, die *habatsu* aufzulösen und damit auf das hinzuwirken, was sie »moderne« Politik nennen. Doch solchen frommen Äußerungen zum Trotz gibt es noch immer weder bei den Konservativen noch bei den Sozialisten irgendwelche Anzeichen für eine Reduzierung oder Schwächung der Aktivitäten der *habatsu*. Dies ist nicht weiter überraschend, denn wenn die Etablierung persönlicher Beziehungen auf vertraglicher Basis selbst zwischen jenen, die den Anspruch erheben, »moderne Intellektuelle« zu sein, so schwierig und bisher wenig üblich ist, können wir kaum erwarten, daß Politiker mit Erfolg versuchen könnten, die *habatsu* durch ein Vertragssystem zu ersetzen.

Sollten diese ∧-förmigen Beziehungen abgeschafft werden, würde eine andere Organisationsform an ihre Stelle treten. Theoretisch gibt es dafür nur zwei alternative Möglichkeiten: Die erste ist die Einführung eines Systems, das auf horizontalen Beziehungen beruht; aber dies wäre nicht unbedingt besser als ein System auf der Grundlage von *oyabun-kobun*-Beziehungen, denn es birgt die Gefahr des Nepotismus sowie der Monopolisierung durch eine bestimmte Gruppe. Zudem würde ein solches System ohne einen Wandel im japanischen Volkscharakter bei den Japanern auf wenig Gegenliebe stoßen.

Die andere Möglichkeit ist, sich auf »vertragliche« Beziehungen zu verlassen – wie Kennedy, als er seine Regierung bildete, Leute allein aufgrund ihrer Fähigkeiten wählte, ohne daß ihn eine persönliche Beziehung mit ihnen verbunden hätte: Dean Rusk etwa oder den Republikaner McNamara. (Der japanische Volksmund nennt dies »mit dem Feinde Geschäfte machen«.) Diese Methode setzt jedoch voraus, daß man Sinn und Bedeutung dessen erfaßt hat, was ein »Vertrag« ist. Zumindest in meinen Augen macht diese Möglichkeit, Vertrage schließen zu können, die amerikanische und britische Politik der japanischen haushoch überlegen. Ist meine Analyse richtig, dann gibt es diese Möglichkeit in Japan einfach nicht.

Daß das moderne Vertragswesen des Westens sich nicht auch in Japan entwickelte, scheint mir weniger auf einen unterschiedlichen Grad der Industrialisierung zurückzuführen zu sein als vielmehr auf die Existenz und den Fortbestand ursprünglicher japanischer Werte, die sich seit der Feudalzeit in der Beziehung zwischen dem Herrn und dem Untergebenen manifestiert haben. Daß man, wie im Westen, mehrere Herren haben könnte, war in Japan undenkbar: »Niemand kann zwei Herren dienen«, hieß es, und wenn eine Beziehung mehrere Generationen überdauerte, um so besser. Die Beziehung zwischen Herr und Untergebenem war auch ihrem Wesen nach ganz anders. Im Westen enthielt die Beziehung rudimentär bereits die Idee des modernen Vertrages, während sie in Japan eine lebenslange Bindung bedeutete und eine Vorstellungswelt in sich schloß, die mit vertraglichen Auffassungen nicht das geringste gemein hatte. Die Schwierigkeit, in einem modernen japanischen Industrieunternehmen vertragliche Beziehungen wie im Westen einzuführen, ist bereits bei der Darstellung des historischen Hintergrunds für das System der lebenslangen Anstellung erläutert worden (s. o. S. 28-33). Es scheint, daß die Betriebsleitungen auf der Suche nach Methoden zur Gewährleistung einer stetigen Versorgung mit Arbeitskräften das Vertragssystem als Mittel zur Bindung von Arbeitskräften (insbesondere von Facharbeitern) übergingen und statt dessen das System der lebenslangen Anstellung fanden, das so gut zu den Japanern paßt.

Wir fassen zusammen: Aus verschiedenen Gründen fällt es einem Japaner schwer, auf vertraglicher Basis funktionierende persönliche Beziehungen herzustellen. Erstens ist es schwierig für ihn, zwischen seinen unterschiedlichen Rollen zu differenzieren (darauf werde ich unten im einzelnen noch eingehen). Besteht einmal eine Beziehung, neigen beide Seiten dazu, mehr davon zu erwarten als die reine Arbeit, und engagieren sich daher emotional: Nur durch dieses Engagement können sie das sichere Gefühl gewinnen, daß die zu leistende Arbeit reibungslos und mit Erfolg getan werden wird. Darüber hinaus neigt jede Seite dazu, die Loyalität des Partners allein für sich zu beanspruchen, obwohl dies für die Vollendung der Arbeit völlig unnötig sein mag. Emotionale Sicherheit scheint für einen Japaner das wichtigste Bedürfnis bei der Zusammenarbeit mit anderen zu sein. Zweitens ist es in Japan sehr schwer, eine korporative Gruppe zu bilden, indem man für die betreffende Arbeit die fachlich geeignetsten Leute zur Mitarbeit einlädt, denn jeder ist bereits mehr oder weniger stark einer bestimmten Gruppe verbunden – und die dadurch bestehenden Bindungen und Treueverhältnisse können nicht leicht gelöst werden. Wird ein Mann eingeladen, Mitglied einer neuen Gruppe zu werden, wird er sein möglichstes versuchen, seine gesamte Anhängerschaft – wie eine Glucke ihre Küken – mit in die neue Gruppe einzubringen; oder er bleibt auch weiterhin seiner früheren Gruppe treu verbunden. Diese Faktoren haben unmittelbar Einfluß auf das Funktionieren der neuen Gruppe. Da Loyalität etwas Emotionales ist, ist sie nicht teilbar.

4. Die undifferenzierte Rolle des einzelnen Gruppenmitglieds

Ich habe im vorhergehenden Abschnitt darauf hingewiesen, wie die Aufgabenbereiche von Führer und Untergebenen nicht eindeutig abgesteckt sind und wie sich die Verantwortung auf die Gruppe als ganze verteilt. Dies gilt nicht nur für die Beziehung zwischen Führer und Untergebenen, sondern für alle gruppeninternen Personalbeziehungen. Das kennzeichnende Charakteristikum der Funktionsweise der Gruppe, so zeigt sich, ist das Fehlen klar voneinander unterschiedener Rollen entsprechend der jeweiligen Stellung des einzelnen. Die formelle Organisation der Gruppe weist jedem Mitglied eine bestimmte vorgeschriebene Rolle zu, die er auszufüllen hat. In der Praxis jedoch besitzt die informelle Gruppenorganisation Priorität, und solche formal vorgeschriebenen Funktionen werden nicht immer in einer Weise erfüllt, wie es zu erwarten wäre. Die tatsächliche Rolle eines einzelnen entspricht nicht immer oder notwendigerweise seinem Rang oder Status. Der Rang dient der Aufrechterhaltung der legitimen Ordnung in den zwischenmenschlichen Beziehungen vor allem nach außen, aber er zwängt das Mitglied nicht in die engen Grenzen einer ihm zugewiesenen Rolle. Im Gegenteil, wenn die Gruppe arbeitet, können die Rollen der einzelnen Mitglieder problemlos jeder neuen Situation angepaßt werden. Rang und Funktion gehorchen unterschiedlichen Prinzipien; die Starrheit in der Rangordnung wird ausgeglichen durch Flexibilität in bezug auf den Tätigkeitsbereich des einzelnen.

In diesem System hat der einzelne den Vorteil großer Handlungsfreiheit. Für die Gruppe liegt der Vorteil in der effektiven Mobilisierung ihrer kollektiven Stärke durch größtmögliche Steigerung der potentiellen Fähigkeiten ihrer einzelnen Mitglieder. Das folgende Beispiel soll dies verdeutlichen. Nehmen wir eine Gruppe an, bestehend aus den drei Mitgliedern X, Y und Z, in der jedem Mitglied seine Rolle entsprechend seiner jeweiligen Position zugewiesen ist. Wenn jede Rolle unter dem Gesichtspunkt der Arbeitsteilung eindeutig festgelegt ist, wird von jedem Mitglied erwartet, daß es für die Arbeit zur Verfügung steht, die mit seiner Rolle vereinbar ist, unabhängig davon, wie sich die Situation ändern mag, in der sich die Gruppe befindet. Stellen wir uns nun einmal vor, daß die Gruppe mit einer Situation konfrontiert ist, in der vor allem die Arbeit von Y besonders gefragt ist. Wenn die Gruppe auf klarer Rollentrennung beruht, kann die Erledigung der Arbeit, sagen wir, drei Tage in Anspruch nehmen. Handelt es sich jedoch um eine Gruppe ohne strikte Rollendifferenzierung, kann der gleiche Arbeitsanfall an einem Tag bewältigt werden, weil X und Z ebenfalls die Funktion von Y übernehmen.

Auf diese Weise erhöht sich zwar die Flexibilität der Gruppe bei der Arbeit, doch wird ein solches System nur von Leuten akzeptiert, die dem Prinzip der Arbeitsteilung nur geringe Bedeutung beimessen. Es ist offensichtlich, daß in Japan der

Gedanke der Arbeitsteilung nur gering entwickelt ist, und die Japaner sind im allgemeinen fest davon überzeugt, daß eigentlich jeder die Arbeit eines anderen tun kann, wenn dies notwendig ist. Ein Japaner ist selten mit seiner Stelle zufrieden, wenn er sich von dem Arbeitsgang, den seine Gruppe übernommen hat, kein Gesamtbild machen kann. Er neigt auch dazu, die Bedeutung einzelner Funktionen innerhalb seiner Organisation zu überschätzen, da er leicht den Rahmen der ihm zugewiesenen Rolle überschreitet. Japaner tendieren bekanntlich dazu, Aufträge zu übernehmen, die außerhalb ihres Kompetenzbereichs liegen. Dies steht in diametralem Gegensatz zu den Überzeugungen der Hindus und deren Kastensystem.

Die japanische Praxis steht auch in scharfem Kontrast zu westlichen Gepflogenheiten. Diesbezügliche Unterschiede in der Denkweise lassen sich im täglichen Leben immer wieder beobachten. Japaner (mich eingeschlossen) überrascht es oft, wie einem im Westen selbst eine kleine Bitte von jemandem abgeschlagen wird, der seinen Platz neben demjenigen hat, der eigentlich der Verhandlungspartner sein müßte, im Moment aber gerade beschäftigt oder abwesend ist. Als Japaner reagiert man darauf mit Ratlosigkeit und mit Unverständnis, warum der Beamte eine so einfache und geringfügige Bitte mit der Bemerkung zurückweist, er sei dafür nicht zuständig. Wäre er auf die Bitte eingegangen, so wäre alles viel leichter gewesen. In diesen Dingen finden die Japaner den Westen unerwartet starr, wenn sie sich auch gezwungen sehen, die westliche Fähigkeit zu bewundern, die verschiedenen Aufgabenbereiche so säuberlich zu unterteilen und voneinander abzugrenzen.

Die Handlungsfreiheit des einzelnen innerhalb einer japanischen Organisation erlauben es ihm, mehr oder auch weniger zu leisten als vorgeschrieben. Er kann sehr fleißig sein oder sehr faul; er hat die Wahl. Das System bietet unterschiedlichen Temperamenten und Talenten Raum, denn weil die Rolle des einzelnen nicht explizit definiert ist und man von ihm keine regelmäßige und quantitativ genau festgelegte Arbeitsleistung erwartet, kann er je nach Stimmung seinen Beitrag leisten. Die potentielle Arbeitsleistung der Gruppe ist daher kaum exakt meßbar. Der Beitrag der einzelnen Mitglieder kann individuell sehr verschieden sein, und auch die Leistung des einzelnen kann sich je nach persönlicher Verfassung und Stimmung jederzeit ändern. Doch während ein System, das auf der Idee der Arbeitsteilung beruht, Entpersönlichung zur Folge hat, bewahrt jenes persönliche Elemente oder fördert sie sogar: Die soziale Kontrolle und die Erwartungshaltung in bezug auf die Mitarbeit des einzelnen sind nicht so rigoros wie in einem auf Arbeitsteilung basierenden System, wo man immer bereit sein muß, seine Rolle in stets gleichbleibender Weise zu erfüllen. Im japanischen System wird die Arbeit immer einer Gruppe zugeteilt, beispielsweise einer Abteilung einer Organisation, und sie wird im Namen der Gruppe ausgeführt, nicht im Namen einer bestimmten Person. Bei einem konkreten Arbeitsvorgang verteilt das Oberhaupt der Gruppe die Arbeit entsprechend der augenblicklichen »Lage« der Gruppenmitglieder auf die einzelnen. Dieses System bringt eine etwas ungerechte Verteilung der Arbeit mit sich, da ein fähiges Mitglied im allgemeinen mehr zu leisten hat als ein weniger fähiges.

Normalerweise gibt es in jeder derartigen Gruppe zugleich ein sehr fleißiges Mitglied sowie eines, das wenig zu tun hat, obgleich beide denselben Lohn bekommen mögen. Die Belohnung, die der bekommt, der mehr leistet, ist nicht finanzieller, sondern sozialer Art. Er kann beispielsweise als besonders fähig geachtet werden und sich seitens seiner Kollegen, und besonders seines Chefs, warmer Dankbarkeit erfreuen; er genießt das Gefühl, wichtig zu sein, und seine Stimme wird in der Gruppe entsprechend an Gewicht gewinnen, wohingegen ein fauler Mensch, der weniger leistet, in der Gruppe eine Randfigur bleibt.

Die Grenzen individueller Handlungsfreiheit sind so gezogen, daß sie die Gewähr dafür bieten, daß der einzelne mit seinem Tun nicht den Bereich der Gruppe verläßt. Freiheit gibt es nur in bezug auf Entscheidungen, die die Gruppe intern betreffen. Jede Handlung soll immer für die Gruppe und nicht auf den einzelnen hin orientiert sein. Wie groß die Leistung des einzelnen auch sein mag, sie wird zu keiner Änderung der Rangordnung führen. Die Früchte der individuellen Leistungen kommen so der Gruppe als ganzer zugute. Loyalität gegenüber der Gruppe bildet die Grundlage der Wirksamkeit des einzelnen. Dieser moralische Aspekt ist es, der es auch dem, der wenig leistet, erlaubt, in der Gruppe zu bleiben und so lange problemlos seinen Status zu behalten, wie er loyal bleibt und nicht gegen die Gruppe arbeitet.

Ob eine individuelle Leistung über oder unter dem Durchschnitt liegt, hängt weitgehend von der emotionalen Harmonie der Gruppe ab, für die im wesentlichen der Gruppenleiter verantwortlich ist. Aus diesem Grund mißt in Japan jeder leitende Angestellte den Beziehungen zwischen seinen Untergebenen große Bedeutung bei. Hier liegen auch Gründe für die Verteidigung des Senioritätsprinzips gegen das Leistungssystem. Dem Senioritätsprinzip wird vorgeworfen, es führe zu Produktionsverlusten bei tüchtigen Mitarbeitern, da es die Beförderung eines fähigen jungen Menschen auf einen höheren Posten verhindert, auf dem er seine Talente erst richtig gebrauchen könnte, und daher für ihn latente Frustration bedeute. Diese Kritik geht jedoch davon aus, daß die Stellung des einzelnen einer präzise definierten Rolle entspricht. Dagegen läßt sich zugunsten des Senioritätssystems einwenden, daß es die Talente des betreffenden jungen Menschen nutzbar zu machen erlaubt – und das sogar noch bei geringeren Kosten, denn dies ist leicht möglich, wenn die Funktionen nicht genau definiert sind. Im Endergebnis scheinen beide Systeme einander ziemlich die Waage zu halten. Das japanische Senioritätssystem birgt jedoch stets unbeständige und unvorhersagbare Elemente, die es schwer machen, Kontinuität zu erzielen und Leistungsstandards festzusetzen.

Wenn dem einzelnen ein so weites Betätigungsfeld offensteht, hängt viel vom individuellen Leistungswillen ab. Dieses System kann mit dem Leistungssystem nur dann konkurrieren, wenn die Leistung des einzelnen Mitglieds über dem Durchschnitt liegt. Dies kommt deutlich in der Aussage eines japanischen Managers zum Ausdruck:

Arbeitgeber und Arbeitnehmer sind in meiner Firma durch das Schicksal aneinandergekettet. Wenn eine Gruppe Menschen zur Arbeit zusammenkommt, läßt sich das Ergebnis nicht mathematisch im Sinne von eins und eins gleich zwei ausdrücken. Wenn zwei Menschen sich zusammenschließen, können sie drei- oder fünfmal so viel leisten wie ein einzelner; wenn sie aber nicht gut miteinander auskommen, kann das Ergebnis auch gleich null sein. Gibt es Mißhelligkeiten zwischen den Angestellten, dann taugt der Arbeitgeber nicht zum Direktor. Eine Firma mit gutem Betriebsklima aber bietet Ansporn und wird geschäftlichen Erfolg haben.

Fast alle japanischen Manager teilen diese Ansichten. Es bleibt jedoch die Frage, wie sich dieses System mit Automation und hochspezialisierter Technik in Einklang bringen läßt.

Dies ist in der Tat das entscheidende Problem, dem sich die Unternehmensleitungen heute gegenüber sehen. Im Verlauf der phantastischen wirtschaftlichen Entwicklung Japans nach dem Krieg und im Zusammenhang mit der Einführung hochentwickelter technischer Geräte ist ein modernes Management (besonders wie es in den Vereinigten Staaten entwickelt worden ist) zum wichtigsten Anliegen japanischer Firmenleiter geworden sowie von Soziologen, die sich auf Betriebswirtschaftslehre spezialisiert haben. Hunderte von Büchern und Tausende von Zeitschriftenartikeln beschäftigen sich mit dem Problem der Einführung amerikanischer Managementmethoden. Hauptthema ist die Frage, inwieweit es ratsam sein könnte, vom Senioritätssystem abzugehen und dafür das Leistungssystem einzuführen. Firmenleiter scheinen im allgemeinen ihren Glauben an das Senioritätssystem zu bewahren, während Wissenschaftler und Gesellschaftskritiker immer dringender raten, zum Leistungssystem zu wechseln. Die

Firmenleiter sagen, daß sie ihre Unternehmen nicht aufs Spiel setzen können; für sie ist es eine Frage des Überlebens, während es sich bei den Wissenschaftlern lediglich um eine akademische Debatte handelt.

Dieses Problem ist eng verknüpft mit einem anthropologisch höchst interessanten Sachverhalt. Die formelle Organisation und das Produktionssystem einer großen Fabrik oder eines großen Geschäftsunternehmens in Japan haben dieselbe Struktur wie in den USA. Die informelle Organisation ist jedoch grundverschieden, und zwar so sehr, daß eine Änderung in der informellen Struktur, die doch die treibende Kraft bei der industriellen Entwicklung in Japan gewesen ist, nur schwer vorstellbar ist. Ein Wechsel vom Senioritäts- zum Leistungssystem würde nicht bloß eine teilweise oder rein technische Änderung des Lohn- oder Beförderungssystems, sondern eine drastische Umgestaltung der Struktur selbst zur Folge haben und müßte bei der grundlegenden überkommenen Wertorientierung beginnen. Das Leistungssystem könnte nur sehr begrenzt und auf speziellen Gebieten eingeführt werden, wie etwa in einer Abteilung eines Großunternehmens mit hochspezialisierten Ingenieuren oder in einer vergleichsweise neuen und kleinen Privatfirma. Es ist schwer vorstellbar, daß es in einer großen institutionalisierten Organisation generell Anwendung finden könnte. Es darf nicht vergessen werden, daß die informelle Struktur innerhalb einer Fabrik oder Firma eng mit der gesamten sozialen Organisation des Landes zusammenhängt und sich von ihr herleitet. Ein größerer Wandel würde unweigerlich Konfusion und Konflikte verursachen, und viele Firmenleiter sind der Meinung, daß die Mißstände durch eine Reform nur vergrößert würden.

Das traditionelle japanische System der Gruppenarbeit beruht auf der Überzeugung, daß die von der Gruppe in ihrer Gesamtheit erzeugte Kraft die besten Ergebnisse erzielt; der Nettobeitrag des einzelnen wird leicht außer acht gelassen. Das System, das viele progressive Intellektuelle Japans für rückständig und feudalistisch halten, steht, zumal wenn man es mit dem amerikanischen System vergleicht, heute interessanterweise eher in Einklang mit der sogar in den Vereinigten Staaten zu beobachtenden Umorientierung, die zunehmend auf »Organisationstalent« oder »Teamarbeit« Gewicht legt. Dabei tritt die Rolle des einzelnen immer mehr in den Hintergrund, während der Erfolg einer effektiven Organisation oder der Teamarbeit zugeschrieben wird. Mag auch die japanische Form der Gruppenorganisation sich der inneren Struktur nach von der westlichen unterscheiden, so stimmen die äußeren Formen in beiden Fällen doch überein. Es wäre daher nicht gerechtfertigt, das japanische System einfach für rückständig zu halten; ganz im Gegenteil läßt sich sagen, daß es unter den Bedingungen der modernen Welt höchst effizient ist und einer der Gründe dafür sein könnte, daß sich die japanische Industrie so erfolgreich entwickelt hat, daß sie mit den westlichen Industrieländern zu konkurrieren vermag.

Drittes Kapitel
Die Gesamtstruktur der Gesellschaft

Eine Gesellschaft, die sich aus derartigen Beziehungen zwischen einzelnen Personen und zwischen Gruppen aufbaut, bietet als ganze kein Bild horizontaler Schichtung nach Klassen oder Kasten, sondern eines vertikaler Gliederung nach Institutionen oder institutionellen Gruppierungen. Die Bildung sozialer Gruppen auf der Grundlage vertikaler Organisation betont den Aspekt der Einheitlichkeit und bringt zahlreiche vertikal verlaufende Spaltungen innerhalb der Gesellschaft mit sich. Selbst wenn man in Japan soziale Klassen wie in Europa erkennen kann und selbst wenn sich auch in Japan etwas finden läßt, das vage jenen Klassen ähnelt, wie sie in den Lehrbüchern der westlichen Soziologie beschrieben sind, so ist doch das Entscheidende, daß diese Art der Schichtung in der heutigen Gesellschaft kaum funktionieren dürfte und daß sie nicht wirklich die Struktur der Gesellschaft widerspiegelt. In der japanischen Gesellschaft kämpft nicht eigentlich die Arbeiterschaft gegen die Kapitaleigner bzw. leitenden Angestellten, sondern die Firma A gegen die Firma B. Die Protagonisten stehen nicht in vertikaler Beziehung zueinander, sondern stoßen sich vielmehr aus parallelen Positionen heraus gleichsam mit den Ellenbogen. Die Organisation der Gewerkschaften in Japan, ihre Ideale sowie die Besonderheiten der japanischen Gewerkschaftsbewegung sind ohne eine derartige Analyse nicht zu verstehen. Der Antagonismus und die Auseinandersetzungen zwischen Geschäftsleitung und Belegschaft sind in Japan unzweifelhaft ein Problem innerhalb des »Haushalts«; und wenn der Gegensatz zwischen ihnen im Grunde auch derselbe ist wie überall sonst auf der Welt, so kann sich dies in Japan doch nicht zu einem Problem entwickeln, das die Gesellschaft als Ganzes im Tiefsten und Innersten berührt; der Grund dafür liegt in der Gruppenstruktur und im Wesen der japanischen Gesellschaft als ganzer.

Da der Kampf zwischen gleichartigen, einander parallelen Gruppen stattfindet, findet man seinen Gegner immer unter den Angehörigen derselben Klasse wie der eigenen. (In anderen Gesellschaften können solche Gruppen genossenschaftlich miteinander verbunden sein, was eine völlig entgegengesetzte Art des Zusammenhalts darstellen würde.) Konkurrenz entsteht also beispielsweise zwischen verschiedenen Stahlwerken oder verschiedenen Import-Export-Firmen. Unter Bildungsinstitutionen ist es nicht anders: Universität steht gegen Universität, Oberschule gegen Oberschule. In ländlichen Gegenden entwickelt sich Konkurrenz zwischen benachbarten Dörfern sowie zwischen Haushalten ein und desselben Dorfes und bei den Religionsgemeinschaften zwischen älteren buddhistischen Sekten und neugegründeten religiösen Gruppierungen. Und in der Staatsbürokratie kann beispielsweise das Innen- mit dem Außenministerium konkurrieren.

Ein ganz pragmatischer Ausdruck dieses Wettkampfes ist der höhere Status des Gewinners. Eine alltägliche japanische Äußerung kann ohne weiteres lauten: »Ihr Rang ist höher als der unsere, also...« Unter der Regierungsorganisation ist die Rangabstufung informell, wenngleich hinreichend offenkundig für jene, die sie unmittelbar betrifft. Ganz oben steht das Finanzministerium, während das Erziehungsministerium beispielsweise erheblich weiter unten rangiert. Im allgemeinen haben die älteren Konkurrenten (jene mit einer längeren Geschichte) einen höheren Status, doch ist die Tatsache, daß die Rangordnung durch den Gewinn zusätzlicher politischer und ökonomischer Macht geändert werden kann, einer der Hauptfaktoren, um den Wettkampf anzuheizen.

Ein Beispiel für diese festgelegte Rangordnung in ihrer traditionellen Gestalt bietet die Rangabstufung der Haushalte in einer Dorfgemeinschaft. Es gibt zahlreiche Untersuchungen japanischer Soziologen über die hierarchische Ordnung des politischen Lebens auf dem Dorf; in der Tat ist das scharfe Bewußtsein für Hierarchien vergleichbar mit dem Kastenbewußtsein in einem Hindudorf. Die hierarchische Rangordnung war gewöhnlich durch die jeweilige Zeit seit der Gründung eines jeden Haushalts in dem Dorf festgelegt. Mithin besaßen die älteren Haushalte zumeist höheren Status, doch spielte bei der Rangbestimmung zusätzlich auch der Besitz eine Rolle, wenn auch niemals die entscheidende. Neben dieser ziemlich unveränderlichen Rangordnung gab es einen Brauch, demzufolge jede Dorfgemeinschaft alljährlich ein Register ihrer Haushalte anfertigte, *kotōhyō* genannt, in dem alle Haushalte des Dorfes von oben nach unten ihrem jeweiligen Rang entsprechend aufgelistet waren, wobei man sich einer internen Einteilung in mehrere Klassen je nach dem gegenwärtigen Besitzstand und Einkommen sowie nach dem Erfolg bei Geldgeschäften bediente. Diese Taxierung erfolgte durch die Mitglieder des Dorfrates aufgrund genauer Beobachtung der Lebensführung der Dorfbewohner.[12] Daher unterschied sich die Rangordnung gewöhnlich von den offiziellen Einkommensverzeichnissen, die von den Behörden für Besteuerungszwecke angefertigt wurden. Dieses Verzeichnis war nicht einfach dazu bestimmt, denjenigen Ansehen zu verschaffen, die weiter oben auf der Liste standen; es diente auch dem Wohl der Gemeinschaft, denn Haushalte mit höherem Rang wurden zur Übernahme größerer Anteile an den Kosten für Gemeinschaftsausgaben herangezogen. War die Wirtschaft des Dorfes gesund, so stimmten die soziale und die wirtschaftliche Rangordnung recht genau überein.

Solche Einstufungen, die bei der Etablierung der sozialen Ordnung von erheblicher Bedeutung waren, förderten die Konkurrenz zwischen Haushalten mit ähnlichem Rang. Alte Bauern erinnern sich noch heute an Geschichten und Anekdoten über solcherlei Wettstreit. Beispielsweise gaben sie sich alle Mühe, früher als ihre Nachbarn aufzustehen, da man glaubte, daß die Arbeitsleistung von der Zahl der Arbeitsstunden abhinge. Um beispielsweise zu verhindern, daß die Nachbarn ebenso früh auf waren wie man selbst, pflegte man die Schiebetüren ganz leise zu öffnen und lärmverursachende landwirtschaftliche Geräte – wie etwa Walzen – zu tragen, um jedes Geräusch zu vermeiden, wenn man an den Häusern der Nachbarn vorbeikam. Solcher Wettstreit konnte zu höchst inhumanen Exzessen führen. Mir erzählte eine alte Frau in einem recht armen Dorf, die größte Freude ihres Lebens sei es gewesen, als die Scheune ihres Nachbarn in Flammen aufging.

Der Konkurrenzkampf zwischen den Haushalten um die Einstufung, der für traditionsgebundene Dörfer von so großer Wichtigkeit war, ist in seiner modernen Spielart auch noch für die Stadtbevölkerung unserer Zeit von Bedeutung. Die Rangabstufung von Oberschulen beispielsweise entspricht ziemlich genau der Einstufung der traditionellen Haushalte. Zwar ist es richtig, daß die älteren, etablierten Schulen höher plaziert werden, doch gibt es in jedem Jahr einige Änderungen aufgrund der jährlichen Listen, aus denen hervorgeht, wie viele Schüler die Aufnahmeprüfung für die ranghöchsten Universitäten bestanden haben. Ein leitender Angestellter eines großen Stahlwerks brachte öffentlich zum Ausdruck, daß es das Ziel seiner Firma sei, Yawata Steel zu überflügeln, das Unternehmen, das unter den japanischen Stahlfirmen den Spitzenplatz einnimmt. Eine derartige Konkurrenz unter den Unternehmen fördert durch die Konzentration aller Kräfte der einzelnen Firmen sicherlich die wirtschaftliche Entwicklung. Zudem ist Konkurrenz sowohl ein wichtiges Element bei der Festigung der gruppeninternen Einheit, um die es japanischen Managern stets geht, als auch ein gewichtiger Faktor, um Unabhängigkeit und Isolation zu fördern (wie im zweiten Kapitel gezeigt wurde).

Gleichzeitig bringt ein so unbesonnenes Konkurrenzverhalten jedoch unvermeidlich eine sinnlose Verschwendung von Energien mit sich. Es ist bekannt, wie im Exportgeschäft zahlreiche Firmen ohne Rücksicht auf Verluste den gleichen Käufern die gleichen Produkte anbieten. In Japan braucht nur jemand zu sagen: »Ich glaube, Kohl ist gut«, und schon schreien alle Bauern: »Ich auch, ich auch«, und jeder baut daraufhin Kohl an; im folgenden Jahr überschwemmen dann

Kohlköpfe den Markt und verfaulen auf den Feldern. Ein oder zwei Verlage haben mit Paperbacks Erfolg, und prompt geben alle Verlage gleiche Reihen heraus, mit den gleichen alten Autoren, die alle das gleiche sagen. Eines Tages kam einer der angesehensten Verleger zu mir und erbat sich von mir Vorschläge für die neue Paperbackreihe seines Verlages. Ich fragte ihn, warum er, wie alle anderen, die gleiche Zusatzreihe herausbringen wollte. Seine Antwort war: »Wissen Sie, da kann man nichts machen, das bringt eben Geld. Alle Verlage unserer Größe haben bereits mit der Herausgabe einer solchen Reihe begonnen.« Und er erzählte mir weiter, daß die Verlage den gegenwärtigen Trend fördern, Bücher zu Massenartikeln werden zu lassen, die jeder kaufen und nach Gebrauch wegwerfen kann, um dann sogleich mit Nachschub versorgt zu werden. Es hat den Anschein, als ob Autoren zu bloßen Angestellten im Sold der Verleger geworden sind. Andernfalls läuft ein Verlag Gefahr, nicht als »modern« zu gelten.

Diese Art von Verschwendung ist offenbar ein Aspekt des Fortschritts im modernen Japan. Indes halten die Unternehmen an ihrer traditionellen Praxis fest, durch Konkurrenz ihre Leistung zu steigern, ohne an eine mögliche Diversifikation zu denken. Sie scheinen nur zufrieden zu sein, wenn alle das gleiche machen. Sie tun dies, weil ja keiner das Rennen verlieren oder den Anschluß verpassen darf. Aber obwohl sich Japan zweifellos in einer besseren Lage befindet als Entwicklungsländer mit einer Tradition so absoluter Arbeitsteilung wie beispielsweise der indischen, muß doch ein Weg gefunden werden, diese unverantwortliche Verschwendung der Ressourcen des Landes einzuschränken.

Der Konkurrenzkampf, der offensichtlich die Unabhängigkeit und Isolation jeder Institution zur Folge hat, führt zugleich zur Etablierung einer hierarchischen Ordnung unter vergleichbaren Institutionen. Auf diese Weise bilden sie trotz ihrer gegenseitigen Feindschaft eine eigene soziale Welt, in die sie fest eingebunden sind. In Wirklichkeit sind sie auch gar nicht völlig unverbunden; es ist vielmehr eher so, daß eine Anzahl ähnlicher Institutionen einander anziehen, wenn auch durch negative Elemente. Sie zerfallen in Gruppen wie etwa Schwerindustrie, Dienstleistungsbetriebe, Behörden, Verlage, Universitäten u. ä. In jeder einzelnen derartigen Welt ist das Interesse einer Institution an allen anderen mit ähnlichem Arbeitsgebiet so groß, daß sie alle erstaunlich gut über einander informiert sind, obgleich eine jede versucht, ihre eigenen Geschäfte vor den anderen verborgen zu halten.[13] Jeder, den man fragt, könnte auf der Stelle die hierarchischen Strukturen in seinem Bereich beschreiben, denn die Rangordnung der einzelnen Unternehmen ist wohlbekannt. Selbst außerhalb der Gruppe ist man über die Rangordnung recht genau im Bilde.

Diese hierarchische Rangordnung läßt sich in allen Bereichen feststellen; ist eine Ordnung erst einmal etabliert, so bleibt sie trotz allem durch die jeweiligen äußeren Umstände bedingten Auf und Ab recht lange erhalten. Dies liegt im wesentlichen daran, daß eines der Hauptkriterien für die Rangeinstufung das jeweilige Alter einer Institution ist. Eine Institution mit einer langen Geschichte, die ihren vergleichsweise hohen Rang gehalten hat, besitzt gewöhnlich eine Reihe von Handlungsvorteilen gegenüber jenen, die niedriger eingestuft sind. Ist einer Institution erst einmal die Spitzenposition eingeräumt, so bleibt dieser Status erhalten, selbst wenn ihre tatsächlichen Leistungen hinter denen jener zurückbleiben, die rangniedriger eingestuft sind. Zeit, gestützt durch nackte Fakten, ist nötig, ehe sich etwas ändert. So braucht beispielsweise ein Unternehmen, das nach japanischer Einschätzung an der Spitze steht, in den letzten Jahren nicht unbedingt den größten Gewinn erwirtschaftet zu haben; es kommt vielmehr darauf an, daß der Name des Unternehmens und seine Produkte über einen längeren Zeitraum allgemein bekannt waren.

Die ranghöchsten Institutionen werden *ichi-ryū* (»erstrangig« bzw. »erste Klasse«) genannt, ein Lieblingswort der Japaner von großer soziologischer Bedeutsamkeit. *Ichi-ryū gaisha* bedeutet »ranghöchstes Unternehmen«, und *ichi-ryū-kō* ist die ranghöchste Bildungsanstalt. Solche Institutionen genießen ihrer Spitzenstellung in der Hierarchie eines bestimmten Bereichs wegen höchstes Ansehen. Normalerweise ist mehr als nur eine einzige Institution *ichi-ryū*, doch herrscht auch unter diesen wiederum eine Rangordnung, so daß nur eine einzige wirklich ganz oben steht. Organisationen eines Bereichs, die als *ichi-ryū* eingestuft werden, stehen einander normalerweise nahe, wobei es zwischen dieser Kategorie und jenen, die als *ni-ryū* (»zweitrangig«) gelten, eine tiefe Kluft gibt. *Ni-ryū* und *san-ryū* (»dritte Klasse«) sind jedoch keine selbständigen Kategorien, sondern umfassen vielmehr all die, die nicht zur *ichi-ryū*-Gruppe gehören. *Ichi-ryū* bedeutet soviel wie »über allen anderen« oder »Ideal«. Die Rangordnung der einzelnen Institutionen innerhalb der Kategorien der *ni-ryū* und *san-ryū* ist nicht immer klar; einen Anhaltspunkt für die Einstufung der einzelnen Institutionen bietet die Höhe finanzieller Spenden für gemeinnützige Zwecke. Wenn das Spitzenunternehmen A eine bestimmte Summe spendet, werden sich die übrigen bei ihren Spenden entsprechend ihrem jeweiligen Rang daran orientieren, das heißt, B gibt ein Drittel, C ein Zehntel usw. Entsprechend wird jeder Haushalt eines Dorfes einen Beitrag zur gemeinschaftlichen Finanzierung eines Schreinfestes leisten, wobei die Berechnungen auf dem *kotōhyō* beruhen, der allgemein anerkannten sozialen und wirtschaftlichen Rangordnung aller Haushalte in einer dörflichen Gemeinschaft.

Ni-ryū- und *san-ryū*-Organisationen befinden sich in ständigem Konkurrenzkampf miteinander und streben stets danach, zum *ichi-ryū*-Status aufzusteigen. Dieses allgegenwärtige Rangbewußtsein fördert also den Wettbewerb zwischen Gleichrangigen. Tatsächlich scheint es, daß dieser soziale Impetus tiefer empfunden und höher bewertet wird als der Wunsch nach höherem Profit: Es ist eher das erstere, was zur Expansion und zu höheren Investitionsraten oder zum Bau attraktiver, moderner Bürogebäude und Fabriken anspornt. In diesem Sinne orientiert sich das japanische Wertempfinden eher an soziologischen als an ökonomischen Zielen. Diesen Schluß läßt auch die Betrachtung der Sozialpsychologie des einzelnen zu.

Die Rangordnung unter den Institutionen ist auch für die einzelnen von unmittelbarer Bedeutung, denn ihr Status und Prestige hängen sowohl von dieser Rangordnung ab wie von ihrer jeweiligen Stellung innerhalb ihrer Institution. Selbst Schreibkräfte und Fahrer sind stolz darauf, einem ranghohen Unternehmen anzugehören, denn sie können sich Schreibkräften und Fahrern rangniedrigerer Unternehmen selbst dann überlegen fühlen, wenn diese genauso viel verdienen wie sie.

Für Japaner ist weniger der soziale Hintergrund eines Menschen wichtig als vielmehr seine Zugehörigkeit zu bestimmten Institutionen. Da man sich der Hierarchie in jedem Bereich so deutlich bewußt und diese allgemein bekannt ist und da die interne Hierarchie einzelner Institutionen auch über diese hinausreicht, bieten diese Elemente zusammengenommen ein recht genaues Bild, in das sich der einzelne einfügen läßt. Der Status von Firmendirektoren entspricht dem Rang ihres jeweiligen Unternehmens; einem Abteilungsleiter einer großen, ranghohen Firma kommt ein Rang zu, der ungefähr dem eines Direktors eines kleineren Unternehmens entspricht; ein Professor an einer weniger bedeutenden Universität könnte mit einem Dozenten oder Assistenzprofessor einer ranghohen Universität gleichgesetzt werden usw. In dieser Hinsicht hat das Rangsystem, das der Struktur der japanischen Gesellschaft zugrunde liegt, eine ähnliche Funktion wie eine Einteilung nach Kasten oder Klassen, durch die der einzelne seinen Platz zugewiesen bekommt. Dies, so meine ich, ist der Grund dafür, daß die Japaner sich so wenig um Klassenunterschiede kümmern. Sie interessieren sich mehr für ihren eigenen relativen Rang, und daher gilt ihre Aufmerksamkeit vor allem der eigenen Person und ihrer unmittelbaren Umgebung. Japaner sind im allgemeinen faktisch unfähig, sich die Gesellschaft als nach Schichten gegliedert vorzustellen, innerhalb deren man seinen eigenen Platz bestimmen kann, und dennoch bedienen sie sich fein abgestufter Kriterien, um selbst die allergeringsten Unterschiede zwischen sich und anderen festzustellen.

Der Aufbau einer auf der Rangordnung von Institutionen basierenden Hierarchie wird weiter kompliziert dadurch, daß eine Gruppe von Institutionen dazu neigt, sich ∧-förmig zu organisieren, das heißt auf genau dieselbe Weise, wie Individuen eine Gruppe bilden. So ist es beispielsweise für große Geschäftsunternehmen oder Industriebetriebe üblich, eine Vielzahl von Tochterunternehmen und abhängigen Firmen an sich zu binden, von denen viele dann deren »Kind-Firmen« genannt werden. Die Art der Beziehung wie auch der Grad der Abhängigkeit zwischen »Eltern-« und »Kind-Firmen« können ganz unterschiedlich sein. Eine »Kind-Firma« kann beispielsweise durch Abtrennung eines Teiles der ursprünglichen Firma oder durch Investition eines Teiles von deren Kapital geschaffen werden; oder eine unabhängige kleinere Firma geht mit einer großen eine »Eltern-Kind«-Beziehung ein. Personal und finanzielle Mittel können von der einen an die andere übertragen bzw. an sie überwiesen werden. Einige »Kind-Firmen« besitzen jedoch eine erhebliche Unabhängigkeit von der »Eltern-Firma« und ein Maß an Selbständigkeit, wie es dies beispielsweise bei einer amerikanischen Tochterfirma nicht gäbe. In der Tat existieren sogar Beispiele für »Kind-Firmen«, die sich so entwickelten und so erfolgreich wurden, daß sie einen mit dem ihrer »Eltern-Firma« vergleichbaren Status erreichten. Andererseits kann eine »Kind-Firma« eng an die »Eltern-Firma« gebunden sein und zusammen mit anderen, ihnen auf verschiedenen Ebenen verbundenen Firmen eine einzige hierarchisch gegliederte Organisation bilden. Gewöhnlich entsteht auf diese Weise eine hierarchische Organisation mit einem Großunternehmen von beispielsweise mehr als 10000 Angestellten an der Spitze, während sich auf der untersten Ebene Kleinbetriebe finden können, deren Belegschaft lediglich aus den Mitgliedern einer einzigen Familie besteht.

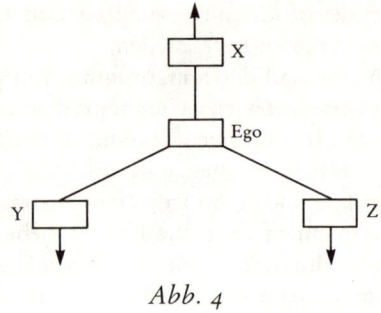

Abb. 4

Das Ganze ähnelt eher einem aus Segmenten gebildeten System im Sinne der Sozialanthropologie. Für die verschiedenen Einzelunternehmen, die eine solche Gruppe bilden, ist es jedoch nicht wichtig, daß sie das Gesamtsystem erkennen; was wichtig ist, ist die Verbindung zu den beiden nächsten Kettengliedern: zu dem einen (X), von dem Informationen und Weisungen zum *Ego* (zur eigenen Institution) kommen, sowie zu dem anderen (Y oder Z), an die das *Ego* Informationen und Weisungen erteilt (vgl. Abb. 4). Von den letzteren (Y, Z) kann es mehr geben als nur zwei, doch ist die Beziehung mit jedem einzelnen festgelegt und existiert unabhängig von der anderen. Auf ähnliche Weise kann es mehr als ein X geben, aber es gibt stets ein bestimmtes X, zu dem die Beziehung enger ist und das gegenüber den anderen Priorität besitzt.

Dieses segmentäre System ist daher nicht der Kern der Gruppenbildung; es resultiert vielmehr aus der Anhäufung oder der sukzessiven Erweiterung einer einfachen Verbindung zwischen zwei Institutionen. Die Verbindung zwischen zwei bestimmten Einzelinstitutionen ist von großer Bedeutung: Für die auf der unteren Ebene ist sie der wichtigste Weg für Geschäftsaufträge, während diejenige auf der höheren Ebene auf diese Weise mit einem wichtigen Unterlieferanten

verbunden ist. Die Verbindung beinhaltet also feste wechselseitige wirtschaftliche Interessen. Die Beziehung schafft Kredit; und je länger sie andauert, desto höher ist der Kredit.

Da eine Organisation aus einer Vielzahl solcher Beziehungen besteht, kann es oft geschehen, daß man auf der unteren
Ebene die Quelle der Information oder des Auftrags nicht
kennt. Die Spitze schenkt den Verbindungen auf der untersten Ebene nur geringe Aufmerksamkeit, und der Verantwor-
tungsbereich reicht nicht weiter als bis zu jenen, die mit dem
Ego in unmittelbarer Beziehung stehen. Es ist klar, daß das
Geschäft um so größer und das Risiko um so geringer ist, je
höher ein Unternehmen in einer derartigen Hierarchie angesiedelt ist. Im Falle eines Bankrotts sind es jene am untersten
Ende, die zu leiden haben; die Firmen weiter oben bleiben davon unberührt und beenden lediglich ihre Beziehungen zu
dem bankrotten Unternehmen und den Firmen weiter unten,
die von dem Bankrott betroffen sind. Sind zwei Firmen unmittelbar miteinander verbunden, dann kann die ranghöhere
anbieten, den Bankrott abzuwenden.

Derartige Firmengruppen, die es in Japan in allen Geschäfts-
bereichen gibt, sind am ausgeprägtesten in Bereichen wie der
Automobilindustrie und dem Baugewerbe. Toyota Motor
Corporation, eines der größten Automobilunternehmen Japans, ist dafür ein gutes und aufschlußreiches Beispiel. Um
die Toyota Motor Corporation herum sind zwölf Firmen
konzentriert, die als »Toyota-Gruppe« bekannt sind. Diese
Firmen sind durch ihre Geschäfte wie Verkauf, Export, Produktion von Einzelteilen und Materiallieferungen eng mit der
Toyota Motor Corporation verbunden. Sie stehen also in unmittelbarer Beziehung zur zentralen Toyota Motor Corporation (der japanische Ausdruck dafür, *chokkei kigyō*, bedeutet
»Unternehmen, die in direkter linearer Verbindung miteinander stehen«). Spitzenmanager werden häufig zwischen diesen
Firmen der Toyota-Gruppe ausgetauscht; Angehörige der
Familie Toyota – Brüder, Söhne, Enkel, Neffen und Schwie-
gersöhne – sitzen in den Spitzenpositionen, wenngleich die

Präsidenten- und Direktorenposten nicht unbedingt das exklusive Monopol von Familienmitgliedern sind (s. S. 149ff.). Auch kann im Notfall zwischen diesen unmittelbar miteinander verbundenen Unternehmen ohne weiteres Kapital hin- und herbewegt werden.

Über diese Gruppe unmittelbar verbundener Firmen hinaus gibt es ungefähr weitere zweihundert in gerader Linie mit der Toyota Motor Corporation verbundene Betriebe und Fabriken *(keiretsu)*. Die meisten davon sind Hersteller von Spezialteilen, doch wie die Beziehungen im einzelnen gestaltet sind und in welchem Umfang diese Betriebe für die Muttergesellschaft tätig sind, kann ganz unterschiedlich sein. Einige sind mit ihr durch Kapitalinvestitionen verbunden, während es sich bei anderen wiederum eher um eigenständige Firmen handeln kann. Die Fabrik K beispielsweise beschäftigt 50 Leute in einem Werk von 330 m², das verschiedene Arten von Federn herstellt. Die gesamte Produktion von K wird ausschließlich an die Firma C geliefert, von wo aus sie an die Muttergesellschaft von C, die Toyota Motor Corporation, sowie andere große Fahrzeughersteller geht. Unterhalb von K gibt es eine Reihe weiterer Tochterfirmen, die für K arbeiten, die aber zumeist reine Heimbetriebe sind und nur den Haushaltsvorstand und dessen Familienangehörige beschäftigen.

Interessanterweise sind diese Beziehungen – Japaner nennen sie *oyako* (»Eltern-Kind«) – zwischen modernen Industrieunternehmen strukturell identisch mit jenen zwischen traditionellen landwirtschaftlichen Haushalten im ländlichen Japan, die auf einem Grundherr-Pächter-Verhältnis beruhen.[14]

Es scheint also, daß die Grundstruktur der japanischen Gesellschaft auf einem Organisationsprinzip beruht, das Eltern-Kind-Beziehungen entspricht. Dieses Prinzip findet sich bei fast allen japanischen Institutionen: Eine Spitzenuniversität beispielsweise bindet eine Anzahl kleinerer Universitäten und Colleges am Ort an sich, die sie mit ihren Graduierten als Lehrpersonal versorgt. Ein weiteres typisches Beispiel für dieses segmentäre System bieten die Religionsgemeinschaften; Tempel (im Buddhismus) und Schreine (im Shintoismus) sind diesem hierarchischen System entsprechend organisiert, wobei jede Sekte ihr eigenes Einstufungsverfahren hat. Die hierarchische Organisation religiöser Institutionen erfordert mehr Verwaltungsfunktionen als Industrieunternehmen, da mit Ausnahme einiger weniger unabhängiger Sekten die meisten religiösen Institutionen durch Abspaltung von einem älteren Orden entstanden sind. Die diversen buddhistischen Sekten zeigen dieses Organisationsmuster im Verlaufe der gesamten japanischen Geschichte. Jede Sekte hat einen Haupt-(Ursprungs-)Tempel oder ein Haupt-Kloster, die ganz an der Spitze der Organisation stehen und andere Zweig- oder Nebentempel und -klöster kontrollieren. Sie alle haben innerhalb der Gesamtorganisation ihren Platz, der bestimmt ist durch den Zeitpunkt und die Art und Weise ihrer Etablierung innerhalb der ∧-förmigen Hierarchie. Die Sekte entwickelt so nach innen eine ausgeprägte Zentralisierung und nach außen weitgehende Autonomie. (Es ist außerordentlich interessant, dies mit monastischen Organisationen in Tibet, Thailand, Burma usw. zu vergleichen, wo sich eine so komplizierte und perfekte hierarchische Ordnung wie in Japan nie entwickelt hat.) Diese traubenartigen Gruppierungen in Japan sind so mächtig, daß buddhistische Priester verschiedener Sekten sich kaum je zusammenfinden und es für ziemlich unvorstellbar halten, gemeinsam an religiösen Zeremonien teilzunehmen. Auch die Laien werden klar nach Tempeln eingeteilt: Die Angehörigen eines bestimmten Haushalts sind immer einem bestimmten Tempel verbunden, niemals zweien oder gar mehreren. Es wäre gänzlich undenkbar, einen Priester einer anderen Sekte zu rufen oder für einen anderen Tempel als den eigenen zu spenden, wenn es sich nicht gerade um einen wohlhabenden und alteingesessenen aristokratischen Haushalt handelt, der schon immer mehreren Tempeln zu spenden pflegte.

Genau das gleiche Grundmuster zeigt sich deutlich bei der

Organisation neuer religiöser Gruppierungen wie Tenrikyō und Sōka-gakkai, die besonders in der Zeit nach dem Zweiten Weltkrieg Erfolg hatten. Tenrikyō entstand viel früher als Sōka-gakkai und hatte sich bereits vor dem Krieg erfolgreich entwickelt. In ihrem System steht der Haupt- bzw. Ursprungs-Tempel an der Spitze und beherrscht eine Anzahl von Zweigtempeln, die ihrerseits wiederum in Haupt- und Nebentempel unterteilt sind und über ganz Japan sowie große japanische Gemeinschaften im Ausland wie etwa auf Hawaii und in Brasilien verstreut sind. Diesen Tempeln (wie auch dem Haupttempel) sind zahlreiche Einzeltempel angeschlossen, von denen einige kaum größer sind als ein privater Haushalt. Die einzelnen Mitglieder, die auf die eine oder andere Weise einem dieser Tempel angehören, bilden so zusammen die eine große Tenrikyō-Gemeinschaft. Die Tempelzugehörigkeit des einzelnen wird bestimmt durch die Tempelzugehörigkeit dessen, durch den er zur Tenrikyō-Sekte bekehrt worden war. Das System der Organisation durchbricht daher die Grenzen lokaler Gemeinschaften. Ein größerer Zweigtempel kann beispielsweise unter dem Namen der Präfektur bekannt sein, in der er sich niedergelassen hat, aber seine Mitglieder müssen nicht unbedingt in dieser Präfektur ansässig sein. Nachdem in einem späteren Stadium der Entwicklung die Zahl der Mitglieder so sehr gewachsen war, daß sehr viele am selben Ort wohnten, wurde eine neue, regionale Gliederung eingeführt, die quer durch die bestehenden vertikalen Linien geht. Diese horizontale Gruppierung hat jedoch nur komplementären Charakter. Die Hauptadern der Organisation bleiben die vertikalen Linien.

Eine Institution hat neben ihren Bindungen an größere und kleinere der eigenen Art auch ständig mit einer Fülle verschiedenartiger Institutionen zu tun, beispielsweise mit solchen, die notwendige Hilfsdienste leisten. Zusammen bilden sie alle nochmals eine weitere funktionelle Gruppe. Eine Bank, eine Versicherungsgesellschaft, ein Industriebetrieb, eine Handelsfirma, eine Schiffahrtsgesellschaft und zahlreiche andere untereinander verbundene Unternehmen können gemeinsam eine Gruppe bilden. (Genau dies waren die Bestandteile der *zaibatsu*. Die *zaibatsu* strebten nicht nach einer Monopolstellung in einem bestimmten Geschäftsbereich, sondern deckten weitere Interessenfelder in der Industrie ab.[15] Obwohl die *zaibatsu* unter der amerikanischen Besatzung aufgelöst wurden, überlebte ihre Organisationsstruktur unter der Oberfläche.)

Innerhalb der Gruppe sind Aufgaben und Pflichten so genau verteilt, daß es für Außenstehende kaum eine Möglichkeit zum Einstieg gibt. Dazu ein Beispiel: Ein berühmter französischer Modeschöpfer war von einem der größten Warenhäuser Tokyos eingeladen worden, seine Kollektion zu zeigen. Für einige seiner Modelle benötigte er aber ein bestimmtes Material. Unglücklicherweise stellten jedoch die Textilfirmen, die dieses Warenhaus belieferten, dieses Material nicht her. Also bat er, den Stoff von einem anderen Textilunternehmen zu besorgen, doch mußte er am Ende darauf verzichten, weil das Warenhaus sich mit der Begründung dagegen sperrte, daß die Firma, die diesen speziellen Stoff herstellte, keine etablierten Geschäftsbeziehungen mit dem Warenhaus unterhalte.

Ein allgemeiner Grundsatz japanischer Ethik ist es, daß eine einmal eingegangene feste Beziehung aufrechterhalten werden sollte, auch wenn man dafür wirtschaftliche Nachteile in Kauf nehmen muß. Diese Nachteile können jedoch auf lange Sicht möglicherweise ausgeglichen werden, weil eine so stabile Beziehung ein hohes Maß an Vertrauen schafft, das den Interessen beider Seiten nützt. Das Maß an Unabhängigkeit einer Einzelinstitution in Japan ist minimal, das einer Gruppe hingegen ist außerordentlich groß. Jede Gruppe ist informell als »zur A-Linie gehörig« oder »von A abstammend« bekannt, und das Wort *kei*, das soviel bedeutet wie »Abstammung« oder »genealogische Beziehung«, ist geradezu ein Symbol für das japanische Sozialsystem.

Eine Untersuchung der Beziehungen zwischen den Institutionen einer beliebigen Gruppe zeigt, daß hier der gleiche strukturelle Mechanismus wirksam ist wie in der einzelnen Institution: innerhalb der Gruppen wie zwischen ihnen herrscht Immobilität. Aus diesem Grunde sind Gruppen auf allen Ebenen vertikal organisiert und bewahren ihre Solidarität und Exklusivität. Aus demselben Grund ist ein in das System der Gruppe integriertes Element praktisch nicht austauschbar. Auf diese Weise trägt die einfache Bindung der Eins-zu-eins-Beziehung zur Aufrechterhaltung der Ordnung in der Gesamtstruktur der Gesellschaft bei. Dies ist nicht einfach eine Frage von »Loyalität«, denn das Entscheidende ist die Gruppenstruktur. Eine Gesellschaft mit einer derartigen Sozialordnung sammelt nicht von sich aus alle ihre Mittel in einem gemeinsamen Fonds, aus dem sich dann jede Gruppe je nach Bedarf bedienen kann. Vielmehr neigen in einem solchen System die einzelnen Gruppen dazu, Autarkie zu entwickeln, um auf sich allein gestellt funktionieren zu können. Täten sie das nicht, könnten sie nicht überleben.

Der Zwang zur Autarkie und der noch größere Zwang zum Erfolg im Konkurrenzkampf führen unter Institutionen mit ähnlichen Tätigkeitsbereichen und Geschäftsinteressen zu einer typischen strukturellen Gleichförmigkeit. Die Aktivitäten und der Geschäftsbereich der *zaibatsu* und der größeren Unternehmensgruppen von heute sind sich verblüffend ähnlich. Diese strukturelle Ähnlichkeit ist die Folge des Konkurrenzdrucks, der jede Institution oder Gruppe von Institutionen dazu zwingt, das Beispiel einer ähnlichen Institution nachzuahmen, die ganz oben in der Hierarchie steht: Rivalen und Konkurrenten suchen die Quelle des Erfolgs der Spitzeninstitution in deren Funktionsstruktur. Daher existiert in jedem Bereich gewöhnlich ein »Standardmodell«.

Das hervorstechendste Merkmal des Standardmodells besteht darin, daß es ein weites Feld von Geschäftsinteressen mit einer Vielfalt verschiedenartiger Produkte oder Dienstleistungen abdecken sollte, um so einen »one-set«-Service anbieten zu können, der sämtliche Bedürfnisse eines Kunden zu befriedigen vermag. Ein gutes Beispiel für einen solchen »one-set«-Service bieten die japanischen Tageszeitungen. Jede der drei größten Zeitungen hat eine Auflage von etwa fünf Millionen Exemplaren. Jede hat eine Morgen- und eine Abendausgabe. Im Inhalt und in der Aufmachung sind sie sich erstaunlich ähnlich. Neben den üblichen Sparten einer Tageszeitung wie Auslands- und Lokalnachrichten, Sportmeldungen, der Seite für die Frau und Anzeigen bringt jede noch Beiträge von Wissenschaftlern, Kritikern, Künstlern und Schriftstellern zu diversen Themen sowie Buchbesprechungen. Jede Zeitung hat eine Comicserie und ein oder zwei Fortsetzungsromane, die gewöhnlich über mehrere Monate laufen. Diese Zeitungen wollen jeden ansprechen, den führenden Intellektuellen ebenso wie den Arbeiter. In Stil, Layout und Inhalt sind alle drei so zum Verwechseln ähnlich, daß man meinen könnte, anders könnten Zeitungen gar nicht sein. Die Unterschiede sind so gering, daß man kaum mehr als eine zu abonnieren braucht, will man nicht jedes Detail in den Nachrichten mitbekommen oder minimale Unterschiede in der Berichterstattung genießen.

Das »one-set«-Muster zeigt sich auch bei den Bildungsinstitutionen. Die neuen, seit Kriegsende entstandenen Universitäten – und es gibt inzwischen über achthundert Universitäten und Colleges in Japan – folgen dem Muster der alten etablierten Spitzenuniversitäten. Sie haben alle Fachbereiche – Natur-, Ingenieur-, Geistes- und Sozialwissenschaften – und entwickeln daher auf keinem bestimmten Gebiet eine besondere Stärke. Die Folge ist, daß die Spitzenuniversitäten mit ihren größeren Geldmitteln und ihrem höheren Prestige alle Gebiete monopolisieren, was die Mobilität sowohl der Lehrkräfte wie der Studenten zwischen den Institutionen begrenzt. Dies führt zu einer offenen und allgemein anerkannten Rangordnung unter den Universitäten, wobei die ranghöchsten in allen Fächern eine Monopolstellung haben und die Absolventen dem Rang ihrer Universitäten entsprechend eingeschätzt werden. Dies hat natürlich unmittelbaren Einfluß auf die Einstellungschancen der Absolventen, und in der Tat tendieren Spitzenunternehmen dazu, ausschließlich Absolventen der Spitzenuniversitäten einzustellen; in einigen Fällen wird Absolventen weniger renommierter Universitäten nicht einmal die Möglichkeit gegeben, sich bei einem solchen Unternehmen zu bewerben. Die Rangordnung der Unternehmen entspricht also ziemlich genau der der Universitäten, und in vielen Fällen gibt es so etwas wie einen direkten Zugang von einer bestimmten Universität zu einem bestimmten Unternehmen.

Die Entwicklung dieses Grundmusters nach dem »oneset«-Prinzip läßt sich auch in nebensächlichen Bereichen beobachten. Ein treffendes Beispiel ist das Essenpaket, das jeder Bahnhof in Japan verkauft. Eine kleine Essenschachtel, *makunouchi* genannt, enthält von allem etwas, was an gekochten Speisen als notwendig und seinem Geschmack nach als typisch japanisch gilt: kleine Fisch- und Rindfleischhäppchen, gebacken oder gebraten, mit Soyasauce zum Würzen; Omelettstückchen; fein zubereiteter Seetang und Gemüse, eingelegte Gurken- oder Rettichscheibchen sowie ein Stückchen Apfel oder eine Mandarine. Das alles nimmt die Hälfte oder ein Drittel der Schachtel ein; der Rest ist mit gekochtem Reis gefüllt. An jedem Bahnhof in ganz Japan ist dieses abgepackte Essen zu kaufen, und man kann mit fast absoluter Sicherheit den Inhalt exakt vorhersagen, bevor man die Schachtel öffnet. Der Unterschied liegt in der Qualität der Zutaten und der Zubereitung; Form und Inhalt hingegen sind überall gleich.

Wie bei der Zusammenstellung der japanischen Imbißschachtel bemüht sich in Japan jede Gruppe um ein nahezu identisches Angebot, so daß es der Dienste anderer Gruppen nicht bedarf. Die fehlende wechselseitige Abhängigkeit zwischen Gruppen – d. h. Arbeitsteilung im soziologischen Sinne – tritt auch in der Struktur einer traditionellen Dorfgemeinschaft zutage (wiederum in scharfem Gegensatz zum hinduistischen Kastendorf). In einem vormodernen japani-

schen Dorf war kaum ein Haushalt auf etwas anderes spezialisiert als auf die Landwirtschaft; die einzigen Ausnahmen waren beispielsweise der Schmied, der Kaufladen und der Dorf-
priester. Jeder bäuerliche Haushalt lebte von seinen eigenen
landwirtschaftlichen Produkten und webte die Stoffe für
seine Kleidung selbst; sogar Trauerfeiern organisierte man allein mit nachbarschaftlicher Hilfe, wobei der einzige bestellte
Spezialist der Priester war. Kaum jemals benötigte ein Dorf
die Hilfe anderer Dörfer oder von Leuten, die keine Bauern
waren.

Dies steht in völligem Gegensatz zur Kastenideologie, in der
Arbeitsteilung und Interdependenz der Gruppen die Grund-
prinzipien der sozialen Ordnung sind. In einer Kastengesellschaft bilden sich Gruppen aus homogenen Elementen, während sie in Japan aus heterogenen Elementen bestehen. Daraus folgt, daß in der Kastengesellschaft jede Gruppe irgendeine spezielle Fähigkeit besitzt und ihre Funktion von keiner
anderen Gruppe übernommen werden kann. Durch das In-
einandergreifen dieser Spezialfunktionen kann sich die Gesellschaft von sich aus zu einer Einheit zusammenfügen. In
einer solchen Gesellschaft muß jede Gruppe positive Beziehungen mit anderen Gruppen unterhalten, die andere Funktionen und Aufgaben haben. Zwischen homogenen Gruppen
bedarf es gegenseitiger Hilfe. Dieser Mechanismus dient
dazu, mehrere heterogene Gruppen zu einem großen sozialen
System zusammenzufügen. Demgegenüber erscheint eine japanische Gruppe mit ihrer internen Heterogenität nach außen hin nicht anders als viele andere Gruppen. Daher bedarf
sie keiner positiven Beziehungen zu anderen Gruppen; die
Beziehungen pflegen vielmehr feindselig und von Konkur-
renzdenken geprägt zu sein. Wie groß der Teil der Bevölkerung in Japan auch sein mag, der von einer »one-set«-Gruppe
versorgt wird, so sind ihr ihrer Funktionsweise wegen doch
automatisch Grenzen gesetzt. Die Gesellschaft als Ganzes ist
eine Art Ansammlung zahlreicher unabhängiger konkurrie-
render Gruppen, die von sich aus keine Verbindungen mit-

einander herstellen: Es fehlt ihnen der soziologische Rahmen, auf dem eine alle soziale Gruppen umfassende integrierte Gesellschaft aufgebaut werden könnte.

Diese Eigentümlichkeiten der japanischen Gesellschaft tragen auch zur Entwicklung der staatspolitischen Ordnung bei. In Anbetracht ihrer Schwierigkeiten, untereinander zu einer Verständigung zu kommen oder einen Konsens zu erzielen, haben die miteinander konkurrierenden Gruppenkonglomerate bei staatlichen Behörden nur begrenzten Einfluß. Konkurrenzverhalten und feindselige Beziehungen zwischen den privatrechtlichen Mächten erleichtern die Anerkennung der staatlichen Autorität. Der vertikalen Struktur der Gruppenorganisation wegen kann zudem der Einfluß der staatlichen Verwaltung, ist er erst einmal akzeptiert, entlang den vertikalen Linien der internen Organisation einer Gruppe ungehindert nach unten wirken. Auf diese Weise ist das Netz der staatlichen Verwaltung in Japan wahrscheinlich sehr viel enger mit der Gesellschaft verwoben als in irgendeinem anderen Land der Welt.

Tatsächlich war in der Tokugawa-Zeit die Wirksamkeit des alle umfassenden Netzes von Vorschriften und Verordnungen, die vom Shogunat und den Hoheitsgebieten der Feudalherren ausgingen und jedes Dorf und jeden Haushalt selbst in den entferntesten Gebirgsgegenden erreichten, in Wirklichkeit nicht bloß ein Spiegel der Macht des Shogunats; man muß dies vielmehr weitgehend als Resultat der besonderen Struktur der sozialen Gruppen sehen. China und Indien beispielsweise boten zur selben Zeit ein völlig anderes Bild; diese Länder hatten eine starke horizontal gegliederte soziale Organisation, und ihre Zentralverwaltungen konnten – behindert durch die tiefen, auf horizontalem Fundament errichteten Beziehungen (wie das Geflecht patrilinearer Clanorganisationen, Grundherrenvereinigungen, Gilden und Kasten) – lediglich die obersten Schichten der Gesellschaft erreichen, unfähig, ihre Machtbasis auf die gesamte Bevölkerung auszudehnen.

Die Entwicklung des höchst wirksamen und komplexen japanischen Verwaltungssystems, dessen Einfluß alle Bereiche der Gesellschaft durchdringt, fördert die Effektivität der Zentralmacht dafür um so mehr. Überdies impft die alles beherrschende Stellung der Obrigkeit den Japanern Bereitschaft zur Unterwürfigkeit ein, gepaart mit Angst und Feindseligkeit. Sie haben Angst, der Obrigkeit offen Widerstand zu leisten, und vertrauen sich statt dessen ihrer Fürsorge an, wobei sie sich gegenseitig ermuntern, »sich in eine warme große Decke zu hüllen« oder »sich in den Schatten eines großen Baumes zu stellen«. Gehorsam nimmt in Japan die Gestalt totaler Unterwürfigkeit an. Kritik an oder Widerstand gegen die Obrigkeit wird immer leicht als Heroismus verstanden (und einige der führenden Intellektuellen sind stets geneigt, für den scheinbaren Helden Partei zu ergreifen, der nur selten sein Ziel erreicht). Und interessanterweise wird solches Tun heute mit dem Etikett »demokratisch« versehen. Oft ist es jedoch bloß Opposition um der Opposition willen; seinem Wesen nach ist es eher emotionaler Widerspruch als rationaler Widerstand, von dem eine vernünftige Weiterentwicklung ausgehen könnte.

Welches die psychologischen oder emotionalen Wirkungen dieser alles durchdringenden Autorität der Zentralregierung auch immer sein mögen, deren wesentliche Elemente bereits in der Tokugawa-Zeit voll ausgebildet waren, so war diese doch eine wesentliche Voraussetzung für die rasche Modernisierung des Landes seit der Meiji-Zeit. Das bürokratische System dieser zentral organisierten Verwaltung zeigt ein Organisationsmuster, das mit der traditionellen japanischen Sozialstruktur übereinstimmt – nämlich das vertikale ∧-förmige Organisationsprinzip. Das moderne bürokratische System in Japan entwickelte sich zwar anfänglich in Anlehnung an westliche Vorbilder, doch war der Boden dafür in Japan schon lange vor allem westlichen Einfluß bereitet, und aus dieser lebendigen japanischen Tradition erwuchs dann die moderne Bürokratie. Es zeigt sich in der ganzen japanischen

Geschichte, daß alles, was in Japan Erfolg hat und Macht besitzt, dieselben vertikalen Linien aufweist, die auch die Struktur des zentralisierten Verwaltungsapparats kennzeichnen.

Viertes Kapitel

Eigentümlichkeiten und Wertorientierung der Japaner

1. Von der Schule zum Beruf

In den vorangegangenen Kapiteln wurde die Struktur der japanischen Gesellschaft analysiert. Nun richten wir unser Augenmerk darauf, wie der einzelne mit dem System fertig wird, um dadurch die Eigentümlichkeiten und Wertorientierung der heutigen Japaner zu untersuchen.

Eine Gesellschaft mit gering ausgeprägten Klassenunterschieden bietet mehr Möglichkeiten für freien Wettbewerb auf dem Weg zum Erfolg als Klassen- oder Kastengesellschaften. Im allgemeinen zählen in Japan persönliche Tüchtigkeit und tatsächliche Leistungen erheblich mehr als Familie und Herkunft. Ob jemand aus einer angesehenen und reichen oder aus einer armen bäuerlichen Familie stammt, hat wenig zu sagen, sobald er Zugang zu einer erfolgreichen Gruppe gefunden hat oder ihm die Chance geboten wurde, sich an einen erfolgreichen und vielversprechenden Mann zu binden. Ein Mensch wird in erster Linie nach der Gruppe eingestuft, zu der er gehört (oder nach dem einzelnen, mit dem er verbunden ist); seine Einschätzung erfolgt aufgrund seiner gegenwärtigen Tätigkeit, weniger aufgrund seiner Herkunft. Ist er erst in die Gruppe aufgenommen, ist es – vorausgesetzt seine Fähigkeiten und Leistungen liegen nicht unter dem Durchschnitt – so gut wie sicher, daß er die vertikale Stufenleiter der internen Hierarchie wird aufsteigen können. Zwar wird er, je höher er in der Hierarchie aufsteigt, um so stärkere Konkurrenz durch seine Kollegen bekommen, doch ist der Spielraum für Erfolg und Mißerfolg in einem solch begrenzten Rahmen nur gering, unabhängig von seinen Gefühlen und der mit ihm Gleichrangigen seiner Gruppe. Der entscheidende Faktor für den Erfolg des einzelnen ist daher die Gelegenheit, Mitglied einer bestimmten Gruppe zu werden.

Da eine Gruppe auf einer starren hierarchischen Ordnung beruht, darf der einzelne nur am unteren Ende der Hierarchie eintreten; der Einstieg an irgendeiner anderen Stelle würde die Ordnung stören und die Bindungen zwischen den alteingesessenen Mitgliedern zerreißen. In diesem System ist es vorteilhafter, in derselben Gruppe zu bleiben, als von einer Gruppe zur anderen zu wechseln. In derselben Gruppe zu bleiben bedeutet, im Laufe der Zeit die Stufenleiter aufzusteigen, da die Gruppe immer wieder neue Mitglieder aufnimmt, die unter einem selbst eingestuft werden, während ältere Mitglieder weiter oben durch das Erreichen der Altersgrenze oder durch Tod ausfallen; so kann man im Laufe der Zeit eine Art soziales Kapital anhäufen, indem man einfach in derselben Gruppe bleibt. Dieses soziale Kapital kann man natürlich nicht mitnehmen, wenn man zu einer anderen Gruppe wechselt.

In der Industrie kommt es gelegentlich vor, daß ein berühmter und hochqualifizierter Mann das Angebot erhält, mit einem wesentlich höheren Gehalt zu einem anderen Unternehmen zu gehen. Wer aber erst einmal auf der Stufenleiter der Hierarchie die Sprosse beispielsweise eines Abteilungsleiters erklommen hat, zögert normalerweise, ein solches Angebot anzunehmen, selbst wenn dies eine Verdoppelung oder eine Verdreifachung seines gegenwärtigen Gehalts bedeuten würde. Er wird den ökonomischen Gewinn sorgfältig gegen den Verlust an angehäuftem sozialen Kapital abwägen: Seine Firma verfügt über Prestige und bezahlt ihm ein für seine Stellung in Japan übliches Gehalt, obwohl es seinen tatsächlichen Fähigkeiten und Leistungen keineswegs entspricht; die Firma hat ihm regelmäßige Beförderung zugesagt, solange er bleibt (und selbst ohne eine entsprechende vertragliche Vereinbarung kann er sich darauf verlassen). Andererseits ist die andere Firma, die ihm seiner besonderen Fähigkeiten wegen dieses Gehaltsangebot gemacht hat, möglicherweise nicht in der Lage, ihm ähnliche Beförderungsaussichten zu garantieren – oder zumindest kann er keine solche Beförderung erwarten, da er ja in der neuen Firma keine lange Dienstzeit aufweist. Er denkt an die Zeit, in der seine Leistung einmal nachlassen wird. Bleibt er bei seiner derzeitigen Firma, ist seine Zukunft gesichert, und er wird selbst dann noch in ein höheres Amt in der Verwaltung befördert, wenn seine Fähigkeiten und seine Nützlichkeit nachzulassen beginnen. Auch würde ein Wechsel der Firma den Verlust von Kollegen und Freunden bedeuten und ihn in eine völlig unbekannte Umgebung mit ungewissen zwischenmenschlichen Beziehungen bringen – und dies ist für einen Japaner ein entscheidender Gesichtspunkt, wie im nächsten Abschnitt gezeigt wird. Diese Überlegungen, Sicherheit und Prestige betreffend, wiegen schließlich schwerer als der Reiz eines wesentlich höheren Einkommens und bringen ihn letzten Endes dazu, das Angebot abzulehnen. Er kennt genug tragische Geschichten von Leuten, die mitten in ihrer Laufbahn die Stellung gewechselt haben.

Nun gibt es in Japan in der Tat viele immer wieder erzählte Geschichten von dem Neuling, der in einem fortgeschrittenen Stadium seiner Karriere in seiner neuen Umgebung selbst dann auf Schwierigkeiten stößt, wenn er einen verhältnismäßig hohen Posten hat und offensichtlich viel für seine neue Firma leistet. Ein außerordentlich fähiger Mann mittleren Alters beschrieb seine Erfahrungen unlängst wie folgt:

Wissen Sie, das läßt sich nicht logisch erklären. Es gab alle möglichen unerfreulichen Bemerkungen über mich; sie fielen nicht bei der normalen Arbeit, sondern bei den informellen Gelegenheiten, wo ich nicht dabeisein konnte. Es war so, wie wenn eine alte Schwiegermutter in einem traditionellen japanischen Haushalt über ihre Schwiegertochter herzieht, weil sie das eingelegte Gemüse nicht richtig gesalzen habe. Sie kann es der Schwiegermutter nie recht machen. Entweder nimmt sie zu viel, dann verschwendet sie Salz, oder sie nimmt zu wenig, dann hat sie keine Ahnung, wie es schmecken soll. Was ich auch tat, immer war es Anlaß zu Kritik und Beschwerden. Nie gab es irgendeinen realen oder faßbaren

Grund. Alles kam aus reiner Bosheit – aus dem Gefühl: hier ist ein Neuer, der nicht wie sie von Anfang an in der Firma gearbeitet hat. In einer solchen Situation kann nur der etwas leisten, dessen Chef mächtig genug ist, ihn vor seinen Kollegen zu schützen. Und wenn sein Chef in den Ruhestand tritt oder etwa kündigen sollte, befindet er sich in einer ganz unerträglichen Lage.

Dieser Fall ist keineswegs eine Ausnahme. Einmal wechselte ein leitender Angestellter nach zehn Jahren die Firma. Obwohl er dann zwanzig Jahre bei seiner neuen Firma blieb und zum Leiter von deren Londoner Filiale aufstieg, wurde er nie ganz akzeptiert. (Es sollte vielleicht darauf hingewiesen werden, daß es hier nicht um einen Wechsel der Arbeitsstelle nach dem Erreichen der Altersgrenze geht.)

Es ist aber nicht nur schwer, die Stelle zu wechseln und sich den neuen Verhältnissen anzupassen, sondern auch, nach einigen Jahren wieder in die alte Stellung zurückzukehren. Verläßt jemand seine Stelle, wird sie umgehend von dem besetzt, der als nächster an der Reihe ist, und es ist dann außerordentlich schwierig, eine freie Stelle für ihn zu finden, wenn er zurückzukehren wünscht. Dies ist der Grund, warum es so schwer ist, jemanden zu finden, der einen Posten in einer internationalen Organisation wie etwa der UNESCO oder ECAFE annimmt. Zwar lassen sich fähige Leute finden, die an solchen Positionen interessiert sind, doch wären sie nicht bereit, das Risiko einzugehen, da sie wissen, daß sie nicht sicher sein können, nach Ablauf eines auf kurze Zeit befristeten Vertrages in Japan wieder eine Stelle zu finden, die gleichwertig ist oder besser als die Stelle, die sie aufgeben würden. In der Zwischenzeit würde man bei anstehenden Beförderungen übergangen, denn diese stehen nur dem zu, der dableibt. Das japanische System wirkt so als Hindernis beim Wechsel zu internationalen Organisationen; es schreckt auch die wirklich kompetenten Leute von der Beteiligung an einem neuen, unabhängigen Projekt ab, selbst wenn es nur eine begrenzte Laufzeit hat. Solche neuen Projekte werden deshalb in die Hände von Leuten gelegt, die entweder schon fast etabliert sind, oder werden jenen überlassen, die bereits im Ruhestand sind. Wie man aus der personellen Zusammensetzung schließen kann, ist die Effizienz eines solchen Unternehmens gering im Vergleich mit der einer etablierten Institution mit einem ständigen, über lange Zeit beschäftigten Personal.

Die Schwierigkeiten, die einem Stellenwechsel in Japan im Wege stehen, führen zu der Praxis, zahlreiche Posten gleichzeitig zu bekleiden. Zwar mag dies zur Erhöhung des Prestiges des einzelnen beitragen, aber es erhöht nicht die Effizienz. Beispielsweise läßt sich häufig beobachten, daß eine japanische Firma mehr Personal hat, als von der anfallenden Arbeit her gerechtfertigt wäre. Und im Falle eines Gemeinschaftsprojekts werden sich die Organisationen bemühen, bekannte Persönlichkeiten von hohem Status als Mitglieder des Komitees zu gewinnen, um sich größere gesellschaftliche Anerkennung und höheres Ansehen zu sichern, obwohl diese Persönlichkeiten anderweitig viel zu beschäftigt sind, um an dem Projekt auch tatsächlich aktiv mitzuwirken. Die Immobilität innerhalb des japanischen Systems fördert also die Ineffizienz.

Es ist in jüngster Zeit häufig behauptet worden, in Japan gewinne die Beförderung nach dem Leistungs- statt nach dem Senioritätsprinzip nach amerikanischem und westeuropäischem Muster an Attraktivität und allmählich gehe das moderne Management auch tatsächlich dazu über. In Wirklichkeit jedoch hat die Mobilität unter den Angestellten der ranghöheren Institutionen nicht zugenommen, wo Management wie Belegschaft dem traditionellen System der lebenslangen Anstellung weiterhin den Vorzug zu geben scheinen. Für einen Stellenwechsel wurden in Japan schon Worte gebraucht wie »Besudelung des eigenen Lebenslaufs«; und zweifellos ist diese urjapanische Einstellung eng damit verbunden, daß die Gruppenidentifikation des einzelnen sich während recht früher Stadien seiner Laufbahn bildet und daß seine Loyalität gegenüber einer Gruppe (und es ist immer eine einzige bestimmte Gruppe, die für den einzelnen Vorrang hat) sich ebenfalls früh entwickelt.

Es gibt aus jüngerer Zeit ein ausgezeichnetes Beispiel für diese soziologische Orientierung. Zwei führende Unternehmen, A und B, die beide teilweise auf demselben industriellen Sektor tätig sind, gründeten ein neues Unternehmen, indem sie beide jeweils gleiche Teile der Muttergesellschaft verschmolzen, beide die gleiche Menge Kapital beisteuerten, beide dieselbe Zahl von Leuten im Management und bei der Arbeiterschaft stellten usw. Die innere Struktur der neuen Gesellschaft wurde mit äußerster Sorgfalt geplant, damit alle, die von den beiden Muttergesellschaften zu dem neuen Unternehmen wechselten, gleiche Rechte und Pflichten bei der Arbeit hatten. So wurde jemand von A Leiter der Abteilung X und jemand von B sein Stellvertreter, während der Leiter von der Abteilung Y von B kam und dessen Stellvertreter von A usw. Die Funktionsfähigkeit des neuen Unternehmens war jedoch äußerst gering, denn es wurde von der Loyalität eines jeden einzelnen zu seiner alten Firma buchstäblich zerrissen. Allen in Anbetracht der Anstrengungen der führenden Organisatoren aus beiden Unternehmen glänzenden Erwartungen zum Trotz schien jedoch nur geringe Hoffnung zu bestehen, daß sich ein neuer Geist der Gemeinsamkeit entwickeln könnte. Der Sinn der Leute richtete sich statt dessen vielmehr zurück auf ihre ursprüngliche Firma, und ihre Anstrengungen galten immer ihrem alten Betrieb in der Hoffnung, daß es ihnen eines Tages erlaubt würde, als Dank für ihre während ihrer Zeit in dem neuen Unternehmen für das alte vollbrachten Leistungen dorthin zurückzukehren. Die Spitzenmanager beider Unternehmen waren sich über die beiderseitigen wirtschaftlichen Vorteile aus der Gründung der neuen Firma völlig einig, doch hatten sie die tiefgehende soziologische und psychologische Orientierung ihrer Angestellten übersehen bzw. versäumt, sie zu berücksichtigen. Für diese bedeutete dies eine Versetzung auf einen weniger vorteilhaften Posten, denn in ihren Augen hatte die neue Firma ein viel niedrigeres Prestige als die alte. Zudem war es für sie schwer, Seite an Seite mit Leuten zu arbeiten, die so lange eine andere Luft geatmet hatten, und anstelle eines Geistes der Zusammenarbeit entwickelte sich ein Geist gegenseitiger Feindschaft. Es wird nun damit gerechnet, daß das neue Unternehmen frühestens in zwanzig Jahren optimal funktionieren wird – nachdem jene, die von den jeweiligen Muttergesellschaften gekommen sind, die Altersgrenze erreicht haben und die Mehrheit der Belegschaft aus Leuten besteht, die ihre berufliche Laufbahn in der neuen Firma begonnen haben.

Die feste Bindung an eine Gruppe, bei der man im frühen Stadium seiner Laufbahn beschäftigt war, trägt wesentlich bei zur sozialen Anerkennung eines Menschen. Loyalität gegenüber der eigenen und Feindseligkeit gegenüber anderen Gruppen sind die Folge. Ist eine andere Gruppe kleiner und niedriger eingestuft, blickt man gemeinhin auf ihre Mitglieder herab. Dies zeigt sich deutlich bei Unternehmenszusammenschlüssen. Ein Fall aus jüngerer Zeit war die Fusion von Nissan, einem führenden Automobilunternehmen, mit Prince, einer kleineren Firma. Von den Betroffenen wurde offen zugegeben, daß in dem neuen fusionierten Unternehmen die Nissan-Leute auf die Prince-Leute herabblickten und daß die ausgezeichneten Ingenieure und Manager der alten Prince Company unerträglichen Demütigungen ausgesetzt waren. Angesichts der Neigung zu derartigem Sozialverhalten ist es für jemanden wichtig, bereits in einem frühen Stadium seiner Laufbahn in eine angesehene Gruppe oder Institution einzutreten. Es ist nicht übertrieben, zu behaupten, daß der Status des Unternehmens, in dem jemand beschäftigt ist, den Spielraum seiner Möglichkeiten bestimmt. Der Zugang zu einer solchen Stellung hängt weitgehend vom Glück und den eigenen Anstrengungen in jungen Jahren ab, weniger von Herkunft oder Vermögen.

In der ganzen Sozialgeschichte Japans waren zufällige Bekanntschaften und enge persönliche Beziehungen in einem frühen Stadium in vielen Fällen von großer Bedeutung für den Erfolg eines Menschen. Oft hat es jemand aus den unteren Schichten, der das Glück hatte, die Bekanntschaft eines vielversprechenden Mannes zu machen, weit gebracht, während jemand aus einer Familie der Oberschicht gänzlich erfolglos blieb. In anderen Worten: Liebe und Hoffnungen eines Mannes richten sich oft mehr auf seinen *kobun* als auf seine eigenen Söhne und Verwandten. Soziale Stellung oder Status sind also nicht von einer bestimmten Familie oder Statusgruppe monopolisiert, denn die Stellung bzw. der Status des einzelnen auf der vertikalen Linie beruht auf den direkten persönlichen Beziehungen zu anderen, und eine Position wird nur selten an jemanden übergeben, der nicht unmittelbar dem ursprünglichen Stelleninhaber beruflich verbunden ist. Es hat viele Fälle gegeben, wo ein Vater in hoher Position einen seiner unmittelbaren Untergebenen über den Kopf des eigenen Sohnes hinweg zu seinem Nachfolger bestimmt hat. Der so übergangene Sohn mag gezwungen sein, seinen Weg außerhalb des väterlichen Betriebes zu finden, oder er mag vom väterlichen Geschäft eine Art Rente beziehen oder aber als Untergebener des Nachfolgers seines Vaters in der Firma bleiben. In der Tat werden viele Betriebe von Leuten geführt, die den traditionellen Amtstitel *bantō* tragen, was wörtlich übersetzt soviel heißt wie »Wächter« oder »Wärter«. Im heutigen System hat ein *bantō* etwa die Position eines Präsidenten oder Direktors einer Firma: Gewöhnlich ist er der ranghöchste Untergebene des Verstorbenen und ist oft über die Köpfe von dessen Söhnen oder Neffen hinweg Nachfolger im Geschäft geworden.

Dieses Nachfolgeschema fand sich in vielen traditionellen Geschäftsunternehmen und ist keine Besonderheit der modernen Industriegesellschaft. Es gab viele Fälle, in denen der Nachfolger die Tochter seines Vorgesetzten heiratete und damit zum Schwiegersohn und Rechtsnachfolger wurde (s. S. 16f.). Selbstverständlich geht die Spitzenposition auch oft vom Vater auf den eigenen Sohn über, nachdem dieser dafür ausgebildet worden ist und mit seinem Vater zusammengearbeitet hat – aber dabei spielt nicht nur die Verwandtschaft eine Rolle. Doch in solchen Fällen wird der Sohn vermutlich mit schwierigen persönlichen Beziehungen zu jenen fertig werden müssen, die dienstälter sind als er, unmittelbar seinem Vater verbunden waren und deren Loyalität gegenüber dem Vater sich nicht einfach auf den Sohn übertragen läßt. Der Sohn muß, selbst wenn er den Betrieb seines Vaters übernimmt, seine eigenen *kobun* haben, was zu Veränderungen im Machtgefüge an der Spitze der Gruppe führt und so einem neuen Mann den Weg zur Macht öffnet.

Selbst in dem scheinbar so stabilen und starren System des Tokugawa-Shogunats gab es infolge dieses Mechanismus unter den führenden Samuraifamilien ein hohes Maß an Mobilität. Oft gelang es dem Sohn eines einflußreichen Ministers nicht, Nachfolger in Status oder Amt des Vaters zu werden; dagegen konnte der Sohn eines Mannes von niedrigerem Status großen Erfolg haben und zu einer hohen Stellung im Shogunat aufsteigen. Solche Mobilität war weniger das Ergebnis von Intrigen unter einflußreichen Familien, sondern teils Resultat eigener Leistung aufgrund persönlicher Eigenschaften und Fähigkeiten, teils möglicherweise auch Folge irgendeines glücklichen Zufalls wie etwa dem, zu einem der Spielkameraden des Nachfolgers des Shōgun gewählt worden zu sein. Wenn ein junger Shōgun von seinem Vater das Amt übernahm, bestimmte er gewöhnlich seine persönlichen Gefährten für wichtige Posten im Shogunat, während die alten Männer, die durch seines Vaters Gnaden an der Macht gewesen waren, allmählich verschwanden.

Genau das gleiche Schema der sozialen Mobilität von Generation zu Generation läßt sich heute in der politischen Elite Japans feststellen. Dieses Grundmuster gilt weitgehend auch in verschiedenen Berufssparten, wenngleich die Methoden und Bräuche personeller Erneuerung natürlich anders sind und unpersönlicher. Diese bemerkenswerte Mobilität bestätigt häufig die stereotype japanische Vorstellung einerseits vom Sohn des reichen Mannes, der töricht und unfähig ist und dazu neigt, das vom Vater erworbene Vermögen zu verschwenden, und andererseits vom fleißigen und erfolgreichen

Sohn des armen Mannes. Ein Sprichwort sagt, daß die erste Generation Vermögen erwirbt, die zweite den Status des Vaters genießt und dessen Vermögen durchbringt und die dritte in Armut zurückfällt. Aus einer ganz armen Familie kommend es gesellschaftlich und wirtschaftlich zu etwas zu bringen, gilt in Japan viel.

Das moderne japanische Bildungssystem trägt erheblich zu dieser Art Mobilität bei. Der Wunsch der Eltern: »Weil ich nicht studieren konnte und auf der untersten Sprosse der sozialen Leiter gelandet bin, will ich, daß wenigstens aus meinen Kindern etwas wird« ist in Japan vermutlich stärker als in jeder anderen Gesellschaft. Eine Universität zu besuchen, und vor allem eine gute, gilt als wichtigste Voraussetzung für sozialen Aufstieg. Die entscheidende Bedeutung, die dem japanischen Bildungssystem zukommt, rührt von seinen schwerwiegenden sozialen Implikationen her.

Im traditionellen Beschäftigungssystem Japans, das die allgemeine japanische Haltung gegenüber der Bildung widerspiegelt, wird das Können des einzelnen unmittelbar mit seiner Ausbildung erklärt. Dauer und Art der Ausbildung sind dabei wichtige Kriterien. Solche Maßstäbe machen es jemandem, der nur die Oberschule besucht hat, ungeachtet allen Könnens und aller Erfahrung unmöglich, bei der Stellungssuche oder beim beruflichen Aufstieg mit einem Akademiker zu konkurrieren. Drei oder vier Jahre in der Jugend machen in Japan einen großen Unterschied. In der Tat betrachtet die Gesellschaft im allgemeinen die Ausbildung als einen der wichtigsten Gradmesser für Können und soziale Bedeutung. Was jemand außerhalb von Schule und Universität geleistet hat, findet wenig Beachtung. Diese Haltung wurzelt im selben Boden wie das Senioritätssystem, das weiter oben im einzelnen dargestellt wurde. Durch Ausbildung erworbene Qualifikationen sind klar und leicht verstehbar und können als eindeutiger Maßstab und offener Hinweis dienen, während über allgemein akzeptierte und anerkannte Normen zur Beurteilung außerschulischer Erfahrungen und Leistungen einzelner nur schwer allgemeine Übereinstimmung zu erzielen ist. (In Gesprächen mit Managern, die sich durch den Wechsel vom Senioritäts- zum Leistungssystem vor Probleme gestellt sahen, wurde dieser Punkt immer wieder betont.) Wie bereits erwähnt, zielen japanische Beurteilungsmethoden auf eine säuberliche Klassifizierung nach Institutionen; klar erkennbare Kriterien wiegen schwerer als individuelle Leistung. Innerhalb dieses Rahmens spielen die Bildungsinstitutionen eine äußerst wichtige Rolle, da sie dem einzelnen soziale Anerkennung bieten und seinen künftigen gesellschaftlichen Einfluß bestimmen.

Solche Überlegungen führen nicht nur zu einer klaren Unterscheidung zwischen Universitätsabsolventen und Nichtakademikern, sondern auch zur Entwicklung einer Rangordnung innerhalb der einzelnen Kategorien von Bildungsinstitutionen. Dieser Mechanismus ist bereits dargestellt worden. Am deutlichsten hat sich die Hierarchie auf der Ebene der Universitäten herauskristallisiert, da es hier eine unmittelbare Beziehung zum Einstieg ins Berufsleben gibt.

Auf welche Weise die Universität bei der Bestimmung der sozialen Stellung des einzelnen in der japanischen Gesellschaft eine wichtige Rolle spielt, zeigt deutlich der normale Studienverlauf. Die Universitätsaufnahmeprüfung ist ein jedermann offenstehender, freier Wettbewerb, und die Universitäten, besonders die ranghöchsten, sind für Bestechung oder Gefälligkeiten jeder Art unzugänglich. Vermögen, Status der Eltern oder ähnliches bleiben vollkommen unberücksichtigt (wenngleich nicht immer bei den zweitklassigen Universitäten). Die Zulassung zu einer Universität aufgrund einer bestandenen Aufnahmeprüfung weist dem einzelnen einen festen Platz innerhalb eines kastenähnlichen Systems zu. Unter den Studenten der Tokyo-Universität beispielsweise gibt es Söhne von Bauern, Arbeitern, wohlhabenden Geschäftsleuten und Professoren, aber sie sind einander alle völlig gleichgestellt, eben weil sie den Eintritt in die Tokyo-Universität geschafft haben; und sogar danach bilden sie als »Absolventen der Tokyo-Universität« weiter eine Art geschlossener sozialer Gruppe. Das akademische Cliquenwesen in Japan ist so stark entwickelt, daß es mitunter eine dem Kastenwesen in Indien vergleichbare Funktion erfüllt, das heißt, diese Cliquen besitzen eine Art Monopol für gewisse Privilegien, indem sie, um ihren Mitgliedern zu helfen, Freundschaften und persönliche Beziehungen einsetzen, die quer durch Abteilungen und über institutionelle Grenzen hinweg zu wirken vermögen. Es handelt sich dabei nicht um klar nach außen abgegrenzte Gruppen; daß es sich um Cliquen handelt, empfinden mehr die Außenstehenden als die Gruppenmitglieder selbst. Daß den Angehörigen dieser Cliquen jedoch versteckt gewisse Vorteile erwachsen, zeigt sich darin, daß sie nach dem Examen verhältnismäßig leicht eine Stellung finden.

Der Rang der Universität, an der jemand seinen Abschluß gemacht hat, determiniert mehr oder weniger seinen Tätigkeitsbereich, seine sozialen Aufstiegsmöglichkeiten sowie den beruflichen Erfolg, mit dem er im weiteren Verlauf seines Lebens rechnen kann. In jüngster Zeit zeigt sich immer deutlicher, daß die ranghöchsten Industrieunternehmen und Handelsgesellschaften dazu neigen, ihren Bedarf an jungen Akademikern mit Absolventen der ranghöchsten Universitäten zu decken. Diese Tendenz verstärkt sich, wie oben bereits erwähnt, gegenwärtig so sehr, daß die ranghöchsten Unternehmen Bewerbungen überhaupt nur noch von Absolventen der ranghöchsten Universitäten entgegennehmen.

Wer einmal eingestellt ist, bleibt in der Regel bis zur Erreichung der Altersgrenze in ein und derselben Institution. Nur wenige Akademiker verlassen die Institution, bei der sie ihre erste Anstellung gefunden hatten; sie klettern einfach auf der internen Karriereleiter. Im Vergleich zum generationsbedingten Wechsel ist die horizontale Mobilität (der Wechsel von einer Institution zur anderen) extrem begrenzt. Mit anderen Worten: Möglichkeiten, etwas für die eigene Karriere zu tun, gibt es nur in der Zeit vor dem Eintritt in eine Universität. Demzufolge stellt der Eintritt in die angesehensten Universitäten die Weichen für einen mühelosen Aufstieg; dies gilt heute noch mehr als zur Zeit unserer Eltern und Großeltern, da mit wachsendem Wohlstand auch die Zahl derer steigt, die sich ein Studium leisten können, was wiederum zu verschärfter Konkurrenz zwischen und einer noch strengeren hierarchischen Ordnung unter den Universitäten führt. Dies trägt auch zur Erklärung der Härte des Konkurrenzkampfes um Aufnahme in die Spitzenuniversitäten bei. Die Chancen für den Eintritt in eine der ranghöchsten Universitäten steigen zudem noch, wenn man von einer angesehenen Oberschule kommt – und so weiter bis hinab zur Grundschule. [*]

In der Schule herrscht in Japan also ein härterer Konkurrenzkampf als in den meisten anderen Gesellschaften. Hier liegt einer der Gründe dafür, daß die Zeitungen jedes Jahr berichten, ein oder zwei Schüler hätten Selbstmord verübt, nachdem sie bei der Aufnahmeprüfung für die Tokyo-Universität durchgefallen waren. Obgleich solche Schüler möglicherweise psychisch nicht ganz gesund sind, wird dies doch als ein Zeichen für den außerordentlich starken sozialen Druck interpretiert, der auf den Knaben lastet. Es ist auch nicht schwer zu verstehen, weshalb Japaner, die im Ausland einen akademischen Grad erworben (oder gar promoviert) haben, keine guten Posten in japanischen Spitzeninstitutionen finden. Solche ausländischen Produkte wirken irgendwie fremd und werden beiseite geschoben, da sie nicht in die Hierarchie des japanischen Gesellschaftssystems passen. Gewiß bringen zusätzliche Ausbildung oder Erfahrung in ausländischen Hochschulen Vorteile und Prestige mit sich, wichtiger aber ist, daß man auf dem sicheren japanischen Weg zum Erfolg Tritt gefaßt hat.

[*] Alle japanischen Schüler gehen sechs Jahre auf die Grundschule und anschließend drei Jahre auf die Mittelschule; danach endet die Schulpflicht. Neun Jahre wird also nicht nach Schularten differenziert, und Sitzenbleiben gibt es nicht. Weit über 90 Prozent besuchen danach drei Jahre lang die Oberschule, womit – siehe Text – eine notwendige, aber nicht hinreichende Voraussetzung zum Besuch der Universität erfüllt ist. Die fehlende Differenzierung nach Schularten zeigt erneut die Wirkungsweise des vertikalen Prinzips. (Anm. d. Übers.)

In den verschiedensten Bereichen, vor allem aber im Handel, nehmen die internationalen Verbindungen Japans rasch zu und schaffen Bedarf an entsprechend geschultem und erfahrenem Personal. Alle Institutionen lösen dieses Problem auf dieselbe Weise – indem sie vielversprechende junge Angestellte, die das japanische Bildungssystem bis zur Universität durchlaufen haben, für eine Zusatzausbildung an westliche Bildungseinrichtungen schicken. Man zieht diesen Weg der Einstellung von Leuten vor, die aus eigener Initiative schon vorher im Ausland studiert oder Auslandserfahrung erworben haben. Die Manager behaupten, daß die von ihnen gewählte Methode höher qualifiziertes Personal produziere. Interessanterweise war dies die seit dem Beginn der Modernisierung Japans übliche Form des Auslandsstudiums. Prüft man die Listen der japanischen Auslandsstudenten der letzten hundert Jahre, so zeigt sich, daß diejenigen, die nach einem Auslandsstudium bei der Entwicklung des modernen Japan eine entscheidende Rolle gespielt haben, im allgemeinen jene waren, die aus einem bestimmten Grund auf Staatskosten oder mit Unterstützung eines Geschäftsunternehmens ins Ausland geschickt worden waren.

Dies ist ein weiterer Beweis dafür, daß die soziale und politische Grundordnung des modernen Japan bereits zu Beginn des Modernisierungsprozesses fest etabliert war. Man kann sogar behaupten, daß die Grundordnung des modernen Japan von dem vorhergehenden Tokugawa-Regime übernommen wurde und daß die scheinbar so tiefgreifenden Neuerungen der Meiji-Zeit ohne jede Veränderung in der staatlichen Grundstruktur erfolgten. Dies ist einer der Gründe dafür, daß Japan in so kurzer Zeit einen so hohen Grad der Industrialisierung zu erreichen vermochte. Wenn man erst die Strukturen hätte ändern müssen, hätte das durch die Umstrukturierung des Grundgefüges verursachte Durcheinander den Modernisierungsprozeß verlangsamt und viel mehr Leid und Not mit sich gebracht. Anders gesagt: Fahrgestell und Motor waren schon lange vor der Modernisierung gebaut, und es bedurfte nur anderer Fahrgäste und einer Änderung der Richtung. Von Anfang an betrachteten die Japaner die Modernisierung gerne als einen Prozeß, der aus einer Kombination aus japanischem Geist und westlichem Wissen *(wakō-yōsai)* beruhte (oder beruhen sollte) und durch diese Verbindung bewirkt wurde. Die Modernisierung sollte jedoch weniger idealistisch gesehen und statt dessen von der politischen und sozialen Struktur her betrachtet werden: Die Modernisierung erfolgte nicht durch eine Änderung der überlieferten Struktur, sondern indem man sich ihrer bediente. Konkret besteht diese Struktur aus dem hochzentralisierten Verwaltungssystem, der vertikalen Organisation von Gruppen usw.

Einen wesentlichen Beitrag zu der extrem einheitlichen Organisation der unterschiedlichsten Institutionen im heutigen Japan liefert die Erziehung und Ausbildung. Eine Stelle bei einer ausländischen Firma anzunehmen, wird in Japan als irgendwie außerhalb des Systems stehend betrachtet. Trotz der sehr hohen Gehälter sind nur äußerst wenige hochqualifizierte Leute bereit, in diesen Firmen zu arbeiten. Der Grund dafür ist in erster Linie ein Unsicherheitsgefühl in bezug auf die Zukunft. Zweitens stehen ausländische Firmen irgendwie außerhalb der Grenzen des japanischen sozialen Rangordnungssystems, so daß ihre Angestellten leicht als nicht zur japanischen Gemeinschaft gehörig betrachtet werden können, und dies ist etwas, was ein Japaner nicht ohne weiteres erträgt. Da die japanische Gesellschaft so wohlstrukturiert ist, ordnet sich der einzelne in dieses System ein, wobei er wohl ähnliches empfindet wie die Angehörigen westlicher Gesellschaften in bezug auf die Staatsbürgerschaft. Das System weist höchst komplizierte und feine Verästelungen auf, aber das Grundmuster wird von jedem einzelnen deutlich empfunden, und zumindest den Teilbereich, der ihn umgibt und in den er eingebettet ist, kennt der einzelne sehr genau. Mit der fortschreitenden Industrialisierung Japans und der wachsenden Zahl derer, die die Japaner *sarariman* nennen (vom englischen »salaried men«, was nach Whyte soviel heißt wie »organization men«, auf deutsch etwa »Büroangestellter«) und die heute alle wichtigen und beherrschenden sozialen Positionen besetzt halten, trat diese soziologische Systematisierung immer deutlicher zutage. In einem solchen fest gegebenen soziologischen Rahmen empfinden sich diese Angestellten schwerlich im selben Sinne als ein neuer Menschentyp, als neue Klasse, wie ihre amerikanischen Kollegen es tun. Soziologen werfen gerne mit Begriffen wie »white-collar« oder »Mittelklasse« um sich, und die japanischen Büroarbeiter bezeichnen sich selbst als *sarariman*, doch zögern sie oder sind zumindest noch nicht bereit, sich als eine eigene soziale Gruppe oder Schicht zu betrachten. Für sie ist vor allem die Firma wichtig, für die sie arbeiten, und ihren eigenen Vorstellungen nach sind sie in verschiedene hierarchisch geordnete, geschlossene Gruppen gegliedert.

Die Gruppe bietet ihren Mitgliedern mit ihrem hohen Grad an Isolierung nach außen und ihrer starren internen Hierarchie zwar lebenslang Sicherheit, doch neigt sie dazu, die Kräfte zu ignorieren, welche zwischen den unterschiedlichen Fähigkeiten der einzelnen einen Ausgleich herbeiführen könnten. Dieses System eignet sich daher am besten für eine Gruppe, deren Mitglieder alle ungefähr denselben Anforderungen genügen und wo die Arbeit kein hohes Maß an individuellen Spezialkenntnissen erfordert. Der japanische Staatsdienst erfüllt diese Bedingungen. Die Beamten werden einer staatlichen Auswahlprüfung unterzogen und genießen den Ruf, die Spitzengruppe zu bilden, jedenfalls im Rahmen der Möglichkeiten des japanischen Bildungssystems. Die meisten von ihnen sind Absolventen der Juristischen Fakultät der Tokyo-Universität, die informell als ranghöchste Fakultät von Japans angesehenster Universität gilt. Das Beförderungssystem gleicht einer Rolltreppe, und es gibt genügend Posten für häufige und parallele Beförderungsmöglichkeiten.

Innerhalb dieses Systems weisen japanische Beamte die typischen Merkmale des japanischen Gruppenbewußtseins auf. Anders als die Angehörigen des Indian Administrative Service bilden sie keine kastenähnliche Gruppe, die die gesamte Beamtenschaft in gleicher Weise umfaßt, sondern entwickeln sehr starke Eigengruppengefühle, die ein Ministerium vom anderen und sogar einzelne Abteilungen innerhalb eines Ministeriums voneinander trennen. Tatsächlich sind die Beziehungen zwischen Ministerien und selbst zwischen Abteilungen desselben Ministeriums oft ausgesprochen schlecht. Es gibt ein hochentwickeltes Senioritätsbewußtsein, das sich nach dem Jahr der Aufnahmeprüfung richtet. Auch gibt es eine anerkannte, allgemein bekannte Rangordnung der verschiedenen Ministerien. Der Rangordnung unter den einzelnen Beamten, Abteilungen und Ministerien wird eine derartige Bedeutung beigemessen, daß dadurch das Gefühl für die privilegierte Stellung der Beamtenschaft als ganzer geschwächt wird. In der Ministerialbürokratie sind fähige Leute versammelt, selbstsicher und erfolgsgewiß, wobei das Selbstvertrauen um so größer ist, je höher der Rang eines Ministeriums ist.

Die Beamtenlaufbahn ist die bequemste Karriere für Japaner. Man erreicht in ihr die höchstmögliche Position und tritt wenig später in den Ruhestand. Je höher man aufsteigt, beispielsweise zum Vizeminister, um so kleiner wird die Zahl der zu vergebenden Posten. Es ist Brauch, daß alle Angehörigen derselben Jahrgangsgruppe (gebildet nach dem Jahr der Aufnahmeprüfung) eines Ministeriums zurücktreten, wenn einer von ihnen Vizeminister wird. Kaum älter als fünfzig Jahre, sind sie nun wie hübsche Mädchen im heiratsfähigen Alter offen für zahlreiche attraktive Angebote. Diese kommen meist von Firmen, mit denen sie als Beamte zu tun hatten, denn es zahlt sich für ein Privatunternehmen in Japan aus, einen guten Draht zur Regierung zu haben; ein frisch pensionierter Beamter, der gerade noch einen hohen Posten innehatte, ist daher gewissermaßen eine gute Partie.

Die Akademikerlaufbahn ist demgegenüber alles andere als leicht. Es gibt erhebliche Unterschiede in den individuellen Leistungen, und die Zahl an angesehenen Spitzenpositionen ist begrenzt. Um beispielsweise als Gelehrter erfolgreich zu sein, muß man erst einmal eine Stelle an einer Universität bekommen, und zwar an einer von hohem Rang. Die Zahl solcher Stellen ist begrenzt, und dies vor allem deshalb, weil, wer einmal berufen wurde (in der Regel vor dem dreißigsten Lebensjahr), bis zum Eintritt in den Ruhestand Angehöriger seiner Abteilung bleibt, und abhängig vom Umfang oder der Qualität seiner Forschungsarbeit. Durch Emeritierung freiwerdende Stellen werden normalerweise nur durch Absolventen derselben Universität besetzt; und da die Kandidatenauswahl auf Abteilungsebene erfolgt, erhalten die Stimmen einer kleinen Gruppe an der Spitze starkes Gewicht. Sofern ein Professor oder Abteilungsleiter nicht selbst berühmt ist und zugleich liberal, wird er kaum jemanden wählen, der fachlich besser und auch eine stärkere Persönlichkeit ist.

Mithin verfügen die Abteilungen oder Institute der ranghöchsten Universitäten nicht unbedingt auch über die besten Wissenschaftler; tatsächlich bekommen gerade die fähigen Wissenschaftler oft nicht die höchsten Posten. Dieses Phänomen ist nicht nur an den Universitäten, sondern in fast allen Berufen zu beobachten. Überall gibt es informelle hierarchische Gruppierungen, die dem auf individuellen Leistungen beruhenden freien Wettbewerb entgegenwirken.

Am schlimmsten ist die Lage wohl in den Bereichen der modernen Kunst und der Musik, gerade dort also, wo die Arbeit ihrem Wesen nach den freien Wettbewerb des Geistes verlangt. Die Gründe dafür liegen im Überleben des *iemoto*-Systems (vgl. S. 85 f.), denn die jungen Künstler werden in dasselbe System integriert, das versteckt auch im modernen Bildungswesen wirkt. Die soziale Anerkennung des Könnens eines Menschen richtet sich eher nach seiner Bindung an einen bestimmten Lehrer als nach seinem Talent. Dieses System neigt dazu, individuelle Leistungsunterschiede zu verwischen, da ein Lehrer, ist erst einmal eine Lehrer-Schüler-Beziehung begründet, seine Schüler kaum mehr entläßt, denn Prestige wie Einkommen des Lehrers wachsen proportional zur Zahl seiner Studenten. Die demselben Lehrer verbundenen Schüler wetteifern untereinander um dessen Gunst – für sie ist dies die einzige Möglichkeit, berühmt zu werden –, wobei sie sich oft anderer als künstlerischer Fertigkeiten bedienen. Ein wirkliches Talent mag daher allein deshalb keine Karriere machen, weil es mit seinem Lehrer oder den Kollegen schlecht auskommt oder weil seine eigene Gruppe im Vergleich zu anderen konkurrierenden Gruppen verhältnismäßig schwach ist. Darüber hinaus kann das *iemoto*-System auch einer guten Ausbildung im Wege stehen, da ein Schüler sich nicht an Lehrer aus anderen Bereichen oder Gruppen wenden darf. Theoretisch ist das zwar möglich, doch kann dies leicht zum Verlust der Gunst des Lehrers führen, mit der Begründung, daß seine Loyalität zu Zweifeln Anlaß gäbe.

Eine Gruppe zeigt oft Geringschätzung gegenüber ihrem besten oder vielversprechendsten Mitglied; und die Beziehungen und die Kommunikation zwischen den Gruppen sind oft so schlecht, daß die besten Vertreter eines Fachs völlig voneinander isoliert sein können und damit das allgemeine Niveau sinkt. Diese Faktoren haben in Japan die fachlichen Leistungen beeinträchtigt, da die Bedeutung, die dem institutionellen Rahmen zugemessen wird, von der Beachtung ablenkt, die dem beruflichen Können geschenkt werden sollte. Ein Fachmann gilt seinem sozialen Rang nach in Japan weniger als im Westen, und tatsächlich ist die Vorstellung von dem, was ein »Fach« ist, alles andere als klar. Statt dessen betrachtet man einen Fachmann als Angehörigen einer bestimmten Institution. Ansehen genießt er nur, wenn seine Institution bekannt ist und einen hohen Status besitzt. Ist beispielsweise ein Wissenschaftler geachtet und von Ruf, dann liegt das eher daran, daß er Lehrstuhlinhaber an einer renommierten Universität ist, als an seiner wissenschaftlichen Leistung.

Diese Faktoren haben oft schwerwiegende Folgen. Beispielsweise gibt es praktisch keine »freien« Journalisten. Ein Journalist ist bekannt als Mitarbeiter der A-Zeitung oder der Z-Presse; in die ist er nach seinem Studium eingetreten, und er bleibt dort bis zum Erreichen der Altersgrenze. Neulinge arbeiten erst einmal ungefähr zehn Jahre als Reporter und beginnen dann in leitende Stellungen aufzusteigen und zum Stammpersonal ihres Unternehmens zu zählen. Selbst Artikel zu schreiben gilt in Japan nicht als angemessene Beschäftigung für einen etablierten Journalisten, und so werden solche Arbeiten entweder an Anfänger delegiert oder berühmten Wissenschaftlern, Schriftstellern oder Gesellschaftskritikern überlassen. Ältere und maßgebliche Journalisten schreiben oder zeichnen Artikel selten selbst, denn der höhere Status oder größere Bekanntheitsgrad des Wissenschaftlers oder Kritikers bringen Wettbewerbsvorteile für die Zeitung, die sie verpflichtet. Ein japanischer Journalist hat nicht den Status seines westlichen Kollegen: Er wacht eher über das, was andere schreiben, als daß er selbst ein Mitglied der schreibenden Zunft wäre.

Eine Angestelltenkarriere in Handel und Industrie – der Weg in die Unternehmensleitung also – ist eine Art Mittelding zwischen Beamtenlaufbahn und freiberuflicher Tätigkeit. Zwar fehlen einerseits die Vorteile des Staatsdienstes, da es weder konsistente Verhaltensnormen gibt noch eine festgelegte Hierarchie, denen man gehorchen und der man folgen muß, andererseits gibt es aber auch nicht so viel Unordnung wie in der Welt der freien Berufe. Zudem ist, da es darum geht, Gewinn zu machen, das Management effizienter als in der staatlichen Verwaltung, und die Leistung des einzelnen wird höher bewertet. Dennoch gibt es, wie bereits gezeigt, erhebliche Schwierigkeiten bei der Anwendung eines Leistungssystems; neu eingestellt werden in der Regel nur Schul- bzw. Studienabgänger, ungern dagegen Leute, die schon woanders gearbeitet haben. Ausnahmen gibt es nur bei neuen oder rasch expandierenden Unternehmen. Da leitende Angestellte einen hohen Status haben, leiden japanische Organisationen unter einem aufgeblähten Verwaltungsapparat. In der Tat ist eines der Hauptanliegen vorausschauender Manager das Problem der Reduzierung des Verwaltungspersonals.

Die japanische Gesellschaft gibt dem institutionalisierten System den Vorzug gegenüber individuellem Können. Dieses System produziert zwar gleichmäßige Qualität und kann helfen, das Leistungsniveau jener zu heben, die in einem anderen System untergingen, aber es versagt bei Spitzenbegabungen. Dies steht im Einklang mit der Neigung des Japaners, von sich selbst nur im Sinne seiner Gruppe zu denken und zu vergessen, daß er ein autonomes Individuum ist. Seit Beginn der Modernisierung Japans haben Sozialkritiker immer wieder betont, daß Japan so lange nicht den Anspruch erheben könne, eine moderne Gesellschaft zu sein, wie die Autonomie des einzelnen nicht größere Anerkennung gefunden habe. Es ist jedoch interessant zu beobachten, daß das traditionelle System, wie es in der Gruppenorganisation zum Ausdruck kommt, sowohl als Hauptimpuls für eine hochgradige Industrialisierung wirkte wie auch als Bremse für die Entwicklung individueller Autonomie.

2. Das Netz der Kameradschaft

Da ein Japaner nach dem Abschluß seiner Ausbildung sein Leben in ein und derselben Gruppe oder Institution verbringt, kommen seine Freunde und Kameraden begreiflicherweise aus dem Umkreis seines Arbeitsplatzes. Von wenigen Ausnahmen abgesehen, hat der Japaner einen Kreis von ihm nahestehenden Personen, die er »meine Gruppe« oder »meine Freunde« nennt, im Unterschied zu seinen engsten Familienangehörigen, mit denen er sein tägliches Leben teilt. Wie schon im ersten Kapitel erläutert, empfindet er die Institution oder soziale Einheit, der er angehört, die Gruppe, auf die sich sein erweiterter Haushaltsbegriff bezieht, und normalerweise gehört allein dieser Gruppe seine Loyalität. Seine Vorstellung von der »eigenen« Gruppe erhält schärfere Konturen, wenn er andere Leute trifft. Wenn man beispielsweise einer Unterhaltung zwischen Japanern zuhört, braucht man nicht lange zu warten, bis man die Wörter *uchi no* oder *uchi de wa* hört, womit die eigenen Leute und die eigene Arbeitsstätte gemeint sind. *Uchi* kann sich auf die Institution als ganze oder auf die Abteilung oder Unterabteilung beziehen, zu welcher der Sprecher gehört. Der einzelne gehört gewöhnlich zu einer bestimmten informellen Gruppe (oft eine Faktion innerhalb einer größeren Gruppe), und das ist die Gruppe, die für sein gesellschaftliches Dasein von primärer und unmittelbarer Bedeutung ist. Die Grundlage für die Bildung einer solchen Gruppe kann Freundschaft aus persönlicher Zuneigung sein oder auch eine lange und stete gemeinsame Arbeit, aber auch eine gemeinsame persönliche Vergangenheit, wie der Besuch derselben Oberschule oder Universität, kann in Verbindung mit Freundschaft ein wichtiger Faktor sein.

Die sozialen Beziehungen des einzelnen sind gewöhnlich auf den Kreis seiner täglichen Kontakte am Arbeitsplatz beschränkt. Der institutionelle Rahmen ist damit von grundlegender Bedeutung für die Bestimmung der sozialen Welt des einzelnen. Bei einer derart begrenzten sozialen Umwelt werden die gruppeninternen Beziehungen des einzelnen entsprechend intensiver. Die Verpflichtungen der Gruppenmitglieder und die Erwartungen, die in sie gesetzt werden, stellen an den einzelnen hohe Anforderungen. Die Mitglieder einer Gruppe kennen sich außerordentlich gut: Familienleben, Liebschaften, ja selbst die Grenzen der Trinkfestigkeit – über alles sind die anderen bestens informiert. Im Umgang miteinander genügt ein einziges Wort statt eines ganzen Satzes. Diese Feinfühligkeit füreinander ist so groß, daß ein jeder sofort auch nur die geringfügigste Änderung im Verhalten oder in der Stimmung des anderen bemerkt und entsprechend reagiert.

Wie sehr ein Japaner von seinen Freunden abhängig ist und wieviel er von ihnen erwartet, ist für einen Außenstehenden kaum vorstellbar. Zwischen den Verantwortungsbereichen der einzelnen gibt es keine scharfe Trennungslinie, und die

Empfindungen, die in einem Satz wie »Das geht dich (bzw. mich) nichts an« zum Ausdruck kommen, erscheinen einem Japaner kalt. Vertraut und willkommen sind ihm dagegen Worte wie »Ich verstehe deine Lage« oder »Überlaß das mir, ich werde es für dich tun, so gut ich kann«.

Die engen persönlichen Bindungen innerhalb der eigenen Arbeitsgruppe können all denen soziale und psychologische Sicherheit bieten, die aus einer traditionellen dörflichen Gemeinschaft in die Stadt gezogen sind. In der Regel gehören die meisten von ihnen außerhalb ihrer Arbeitsstelle keiner engen sozialen Gruppe an, doch fühlen sie sich weder so einsam und verlassen noch so entfremdet wie ein Arbeiter im Westen unter ähnlichen Bedingungen, denn in Japan reichen Freundschaften unter Arbeitskollegen gewöhnlich auch ins Privatleben.

Eine solche, auf der gemeinsamen Arbeitsstelle beruhende Gruppe, hat eine ganz ähnliche Funktion wie ein *mura*, die traditionelle ländliche Dorfgemeinschaft. Ein eng geknüpftes Netz gemeinschaftlichen Tuns bietet den Menschen Sicherheit. Dafür müssen sie sich jedoch stets den Forderungen der Gruppe unterordnen und die Meinung der Gruppe akzeptieren, selbst wenn sie in jeder Hinsicht unvernünftig erscheinen mag. Wer auf seiner abweichenden Meinung besteht, riskiert, selbst wenn seine Ansicht durchaus vernünftig und richtig ist, aus der Gruppe ausgestoßen zu werden. Innerhalb der eigenen Gruppe ist man sicher, aber diese Sicherheit geht auf Kosten der Autonomie des einzelnen.

Ein Japaner entwickelt also freundschaftliche Beziehungen hauptsächlich mit seinen Arbeitskollegen innerhalb der eigenen Abteilung oder Unterabteilung einer Institution. Innerhalb oder außerhalb einer solchen institutionellen Gruppe hat er noch eine Reihe besonders enger Freunde, die seine *sempai*, *kōhai* oder *dōryō* an seinem gegenwärtigen oder früheren Arbeitsplatz sein können. Das Netz auf diese Weise gewachsener Freundschaften geht oft quer durch die formelle Abteilungsgliederung einer Institution, da der einzelne von einer

Abteilung zur anderen versetzt werden kann, wenngleich eine Gruppe dieser Art im allgemeinen aus Leuten des eigenen *uchi* innerhalb einer Institution gebildet wird. Gehören einzelne Mitglieder der Gruppe nicht zur selben Arbeitsstelle, so sind sie doch zumindest über alles, was mit der Arbeit eines jeden zusammenhängt, genau informiert, so daß sie einander gegebenenfalls jederzeit behilflich sein können. An der eigenen Arbeitsstelle kann der einzelne mit *sempai, kōhai* und *dōryō* zu tun haben, die er nicht mag oder mit denen er Ärger hat. Gegen sie ist seine enge Freundesgruppe gewissermaßen ein Bundesgenosse und Schutz. Nicht nur in Zeiten der Krise geht ein Mann zuerst zu seinen Freunden, um Trost zu suchen, sondern auch in einsamen Momenten und Tiefpunkten des täglichen Lebens. Solange also ein Mann solche Kameraden hat, ist er sozial und emotional geborgen.

Wenn jemand bei seiner Arbeit einen Fehler macht, so werden ihn seine Freunde in der Gruppe decken. Selbst in einem äußerst schwerwiegenden Fall, wo es auch beim besten Willen keinen Entschuldigungsgrund mehr gibt, wird die Gruppe ihn mit allen ihr zur Verfügung stehenden Mitteln schützen und irgendeine gänzlich irrationale und emotionale Rechtfertigung erfinden. Sie halten fest zu ihm, und zwar nicht unbedingt, weil er recht hat, sondern weil er einer der Ihren ist. Seine Freunde wissen genau, daß er einen Fehler begangen hat und im Unrecht ist, und dennoch bleiben sie ihm gegenüber erstaunlich nachsichtig und entziehen ihm nicht ihre Zuneigung. Eine Anschuldigung, die ernst genug wäre, um das Ende der Karriere zur Folge zu haben, kann eher in schlechten Beziehungen zu Kollegen wurzeln als in der Schwere eines aktuellen Vergehens. Es ließen sich viele Beispiele nennen, in denen jemand einen schweren Fehler begangen und sogar Gesetze gebrochen hat (und in jeder anderen Gesellschaft dafür seine Stelle verloren hätte), aber dennoch allen öffentlichen Angriffen zum Trotz auf seinem Posten blieb. Schlimmstenfalls könnte er an eine andere Stelle versetzt werden, bis sich die öffentliche Meinung wieder beruhigt hat. Rationales Denken und allgemeine Regeln beugen sich persönlichen Beziehungen. Selbst modernes Recht und eine vernünftige öffentliche Meinung müssen solch starken Gruppeneinflüssen Zugeständnisse machen. Dies ist auch die Ursache für unbegreifliche und verheerende Intrigen und faktionelle Rivalitäten.

Die Existenz eines so starken, emotional gefärbten Eigengruppengefühls, das einer objektiven und vernünftigen Beobachtung und Beurteilung individueller Fähigkeiten keine Beachtung schenkt, scheint mit den Schwierigkeiten zusammenzuhängen, in Japan ein Leistungssystem einzuführen. Wie bereits gesagt, ist die Einführung eines Leistungs- anstatt des Senioritätssystems kein leichtes Unterfangen; derartige Versuche, die in jüngster Zeit vor allem in Industriebetrieben unternommen wurden, führten im allgemeinen zu recht enttäuschenden Ergebnissen. Eines der Probleme liegt offenbar in der Schwierigkeit, die Fähigkeiten des einzelnen gerecht und objektiv zu beurteilen, denn die Neigung, den einzelnen aufgrund subjektiver Eindrücke zu bewerten, bedeutet, daß Japaner mehr dem Wesen und Charakter eines Menschen Beachtung und Interesse schenken als seinem Können. Subjektive Eindrücke von der Person beeinflussen oft die Beurteilung seiner tatsächlichen Leistung, so daß ein Vorgesetzter seine Untergebenen in einem Leistungssystem willkürlich begünstigen oder benachteiligen könnte. Dies mag teilweise der Grund dafür sein, daß das Senioritätssystem, zusammen mit der hierarchischen Ordnung u. a. im Schulsystem und im japanischen Beschäftigungssystem so tiefe Wurzeln geschlagen hat.

Die starke Einbindung in sowohl positive (freundschaftliche) wie negative (feindselige) zwischenmenschliche Beziehungen in solchen kleinen Gruppen steht gewiß, wenn auch vielleicht nicht ursächlich, in Zusammenhang mit der Entwicklung der äußerst fein abgestuften Verhaltensweisen, (oft praktisch unübersetzbaren) sprachlichen Formulierungen, Gesichtsausdrücken und Körperhaltungen der Japaner.

Heikle Dinge werden zur Vermeidung offener Konfrontation, zur Selbstverteidigung und zur Vertuschung von Feindseligkeit meist indirekt und undeutlich zum Ausdruck gebracht. Um sich Vorteile zu verschaffen, schmeichelt man anderen, lächelt und schleicht sich ein, während man gleichzeitig den wahren Charakter seiner Wünsche und Gefühle verbirgt. Andererseits verhält man sich irrational und boshaft, um anderen eins auszuwischen. (Diese hochentwickelten Praktiken feinsten Intrigenspiels sind vergleichbar mit der italienischen Kunst der Schmeichelei und den Techniken des englischen »cunning«.)

Die Erlernung dieser höchst subtilen Methoden im persönlichen Umgang erfordert erhebliche soziale Übung, doch eignen die meisten Japaner sie sich von Kindesbeinen ganz von selbst im gesellschaftlichen Leben an. Nicht nur Ausländer, sondern auch jene Japaner, die als Jugendliche oder im frühen Erwachsenenalter im Ausland leben, haben beträchtliche Schwierigkeiten, all die komplizierten Techniken zwischenmenschlicher Beziehungen zu beherrschen, die keiner besonderen intellektuellen Kunstgriffe bedürfen, sondern eines hochsensiblen und einfühlsamen Verhaltens. In der Tat bringt dies ein Maß an nervlicher Erschöpfung und emotionaler Verausgabung mit sich wie in kaum einer anderen Gesellschaft.

Dies mag ein wenig verständlich machen, warum der japanische *sarariman* ein so großes Bedürfnis nach Kneipen- und Barbesuchen hat. In den Nebenstraßen und Seitengäßchen der Geschäftsviertel japanischer Städte gibt es mehr Bars als in jedem anderen Land. Nach Büroschluß statten in Tokyo ungezählte Angestellte auf dem Nachhauseweg erst einmal einer Bar einen Besuch ab, und manche bleiben dort und trinken, bis der letzte Zug längst weg ist. Dabei ist es weniger das Trinken selbst, was sie so lockt, als die Möglichkeit, sich nach all der Spannung und Konkurrenz im Büro zu zerstreuen, denn Barbesuche, so glaubt man, sind gut für die Nerven. Einrichtung und Atmosphäre dieser Bars sind ganz anders als beispielsweise die eines Londoner Pub, das für japanisches Empfinden riesig, unpersönlich, laut und allzu öffentlich ist. Japanische Bars sind meist klein, schwach beleuchtet (wenn auch nicht so duster wie in Amerika), mit leiser Hintergrundmusik und hübschen Barmädchen, welche die Getränke servieren und immer verständnisvoll und bereitwillig mitfühlend allem zuhören, was der Gast sagen mag. Hier herrscht eine sehr menschliche Atmosphäre; man kann so dumm sein, wie man will, man wird akzeptiert. Zur Beruhigung seiner Nerven sehnt ein Mann sich zunächst einmal nach der »Mutter des Lokals« (Japaner nennen sie *mama-san,* sie befriedigt also wohl den Mutterkomplex des Durchschnittsjapaners), nach Barmädchen (mit dem Hauch vorübergehender Liebchen) und nach Trinkkumpanen, die alles wichtig nehmen, was er sagt und wonach es ihn im Innersten verlangt. In den meisten Bargesprächen geht es um – und in der Regel gegen – die Leute am eigenen Arbeitsplatz. Andere wichtige Themen sind List und Intrigen, Liebschaften, Familienprobleme und prahlerische Erlebnisberichte – vieles, was da gesprochen wird, ist so dumm, daß man sich wundert, wie es aus dem Mund erwachsener Männer kommen kann. Erstaunlicherweise sind viele von ihnen Intellektuelle; Erziehung und Ausbildung scheinen in diesem Zusammenhang keine Rolle zu spielen.

Es ist eine japanische Tradition, daß alles zu entschuldigen und zu vergessen ist, was unter Alkoholeinfluß gesagt wird. Die Bar ist deshalb wichtig als ein Ort, wo man alle seine Enttäuschungen offen aussprechen kann. Viele Japaner geben ohne Zögern zu, ohne ihre Bar nicht auskommen zu können. Solche Bars mit ihrer *mama-san* und ihren Mädchen erscheinen regelmäßig in Hunderten von japanischen Trivialromanen und Groschenheftchen. Irgendein westlicher Journalist, der dieses Phänomen der »Bar-Kultur« beobachtet hatte, schrieb einmal, die Japaner verbrächten wohl deshalb so viel Zeit in Bars, weil ihre Wohnungen so klein seien. Das ist falsch. Richtig ist vielmehr, daß dies mit der Größe der Wohnung nichts zu tun hat. Eine Bar hat eine ganz eigene Funktion, die weder durch das Zuhause noch durch eine Geliebte zu ersetzen ist.

So haben die Bargespräche in der Tat eine wichtige Funktion für japanische Männer, die sich bei formellen Anlässen nur zögernd zu Wort melden und sich von dem starren vertikalen System erheblich unter Druck gesetzt fühlen. Wenn man sich auf einer Konferenz festgefahren hat oder wenn in den zwischenmenschlichen Beziehungen Probleme auftauchen, hilft oft ein Gespräch beim Trinken. Für japanische Männer gehört es zu den schönsten Dingen, mit engen Jugendfreunden zum Trinken zusammenzukommen, da können sie sich völlig entspannen und so recht von Herzen reden und lachen. Bei solchen Zusammenkünften, wo Alkohol die Stimmung hebt, wird kein Satz zu Ende gesprochen, die Unterhaltung springt ohne erkennbaren inneren Zusammenhang von einem Thema zum anderen, und die Themen werden dabei von allen so willkürlich und rasch gewechselt, daß ein Außenstehender vielleicht gar nicht recht mitbekommen kann, worum es überhaupt geht. Es ist ein rasches und geistesgegenwärtiges Spiel, in das hier und da Witze eingestreut werden, auf die sofort brüllendes Gelächter folgt. Das eigentliche Vergnügen bei der Unterhaltung liegt für Japaner also nicht in der Diskussion selbst (in einem logischen Spiel also), sondern im Wechselspiel der Emotionen, und für Leute mit anderen Vorstellungen und von anderer Herkunft ist es nicht leicht, sich mit Gewinn und Erfolg daran zu beteiligen.

Japanische Männer führen solche ungezwungenen Unterhaltungen mit Freunden lieber in Bars und Restaurants als zu Hause. Ihr Lebensrhythmus ist ein ganz anderer als der des amerikanischen »organization man« beispielsweise, der oft Parties gibt, bei denen er seine Freunde mit ihren Frauen zu sich nach Hause einlädt. Ein japanischer »organization man« findet es lästig, lange im voraus den Termin für eine solche Einladung festzulegen; lieber verbringt er ganz spontan einen zwanglosen Abend mit seinen Freunden, wenn des Tages Arbeit getan ist. Auch fühlt er natürlich eine gewisse Verlegenheit, sich mit seinen Freunden in Gegenwart von deren Ehefrauen zu unterhalten.

Man pflegt mit immer derselben Gruppe zum Trinken zu gehen. Sie besteht aus *sempai* und *kōhai,* die alle ungefähr im gleichen Alter und von ähnlichem Rang sind; nahe *dōryō,* mit denen man rivalisiert, sind gewöhnlich ausgeschlossen. Ziemlich konstant ist auch die Beziehung eines Mannes zu seiner Bar; er ist Stammgast, wo er trinken kann, ohne bar zahlen zu müssen. Ein Mann verbringt also nicht nur seine Dienststunden mit seinen Kollegen, sondern auch viele Abende der Entspannung. Eine solche Vertrautheit unter Arbeitskollegen führt zur Cliquenbildung und macht die Entscheidungsprozesse kompliziert. Wenn ein Japaner überhaupt andere zu sich nach Hause einlädt, dann sind es diese Arbeitskollegen. Ebensowenig würde ein japanischer Bauer seinen Freundeskreis jemals über die Grenzen der Dorfgemeinschaft hinaus erweitern. Nachbarn werden nur selten zu Freunden, es sei denn, die Ortsgemeinschaft besteht schon sehr lange und Jugendfreunde und ehemalige Schulkameraden bleiben in der unmittelbaren Umgebung. Bloße Nachbarschaft oder die Ähnlichkeit in der Lebensweise als »organization men« böte keine ausreichende Grundlage für Freundschaft. Die neuentstandenen Vorstädte bieten nicht die notwendigen Voraussetzungen für Freundschaften (s. o. S. 88 f.); ein Mann ist zu sehr mit den Dingen an seinem Arbeitsplatz beschäftigt, als daß er Zeit oder Lust haben könnte, in seiner Nachbarschaft Freundschaften zu schließen. Sein Zuhause ist der Ort, wo er sich ausruht, und nicht Mittelpunkt irgendwelcher gesellschaftlicher Aktivitäten. Frauen schließen durchaus Freundschaften mit Nachbarinnen, aber da sich ihre Ehemänner diesen Freundschaften nur zögernd anschließen, bleiben diese nebensächlich und oberflächlich. Lebensstandard und Einkommen mögen ähnlich sein, aber die unterschiedlichen Arbeitsstellen der Männer behindern die Vertiefung solcher Freundschaften zwischen Ehefrauen.

In einer derartigen Gesellschaft ist die Ehefrau im allgemeinen von jeglichen gesellschaftlichen Aktivitäten ausgeschlossen, und ihre Aufmerksamkeit richtet sich auf ihre Kinder. Die übertriebene Sorge der Mütter für ihre Kinder wird oft von Gesellschaftskritikern angegriffen. Dieses Phänomen hat jedoch unmittelbar mit der Situation der Frauen in den neu entstandenen oder noch im Entstehen begriffenen Siedlungen zu tun, wo die meisten *sarariman* wohnen. Diesen Ehefrauen und Müttern fehlt jede Möglichkeit, ihre gesellschaftlichen Aktivitäten zu erweitern. Sie leben weit weg von ihren Eltern, Geschwistern und Schulfreundinnen. Für sie müßte der ideale Ehemann sofort nach Dienstschluß nach Hause kommen und sonntags mit Frau und Kindern einen Ausflug machen. Diese neue Familienideologie heißt auf Japanisch *mai-hōmushugi* (*mai-hōmu* ist eine Übernahme von englisch »my home«; *shugi* bedeutet etwa »Ideologie« bzw. hat die Funktion des deutschen Suffixes »-ismus«). Ihr zufolge sollte für den Ehemann seine Familie das Wichtigste sein und er sollte mit ihr so viel Zeit verbringen wie irgend möglich. Dennoch hat diese neue Entwicklung keine neue, auf der Beziehung zwischen Mann und Frau beruhende Familienstruktur entstehen lassen. Den inneren Kern der Familie, an den sich der Ehemann (bzw. Vater) nur anfügt, bilden vielmehr die Mutter und die Kinder. Der Ehemann kümmert sich eher um seine Familie als Ganzes als um seine Frau und seine Kinder als Einzelwesen. Dies entspricht ganz dem traditionellen Begriff von *ie* und *uchi*, wobei der Bereich des »Haushalts« heutzutage gewöhnlich eingeschränkt ist und nur noch Frau und Kinder umfaßt.

Die *mai-hōmu*-Ideologie bindet Ehegatten und Kinder aneinander, die Beziehungen zwischen einzelnen Familien aber sind sehr schwach entwickelt. Daher hat der Ehemann von seiner Rolle als Haushaltsvorstand her nur sehr wenige soziale Verpflichtungen, was es ihm erleichtert, sich auf seine Aufgaben am Arbeitsplatz zu konzentrieren. Die Beachtung, die ein Mann seiner Frau und seinen Kindern schenkt, nimmt in dem Maße ab, wie er die Karriereleiter aufsteigt und zunehmend von seinem Beruf in Anspruch genommen wird – sowie von Bar- und Restaurantbesuchen nach Dienstschluß. Der japanische Ehemann, so scheint es, ist viel freier als sein Kollege im Westen, was dazu führt, daß japanische Ehefrauen im Westen ordentlich bemitleidet werden. Die japanische Durchschnittsfrau mittleren Alters scheint dieses Mitleid jedoch nicht zu brauchen, oft würde sie wohl etwa sagen: »Wie gut ist es, einen Mann zu haben, der gesund ist und eine Stelle hat« (mit anderen Worten: nicht zu Hause ist). Tatsächlich übernehmen japanische Frauen ihren Männern gegenüber eher die Rolle einer Mutter als die der Gattin. Es ist dies das traditionelle Verhaltensmuster, das von den Wandlungen der Nachkriegszeit kaum berührt worden ist. Der Kern der japanischen Familie ist, früher wie heute, die Eltern-Kind-Beziehung, nicht die zwischen Mann und Frau. So spiegelt sich auch in der modernen Familie die Vorherrschaft der vertikalen Beziehung.

Der japanische Mann hat nur gelegentlich Kontakt mit seinen Verwandten, und auch dann normalerweise nur auf Drängen seiner Frau. Deren Eltern und Geschwister besucht er häufiger als seine eigenen, und wenn er in Schwierigkeiten ist (Geldnot, Arbeitslosigkeit usw.), geht er gewöhnlich eher zu diesen (oder er schickt seine Frau) als zu seinen eigenen Eltern oder Brüdern. Die Beziehungen zu den Verwandten der Frau sind im allgemeinen enger, wenngleich bei offiziellen Anlässen den Verwandten des Mannes der Vorrang eingeräumt wird.

Außer den Beziehungen, die sich am Arbeitsplatz entwickeln, schaffen auch Erziehung und Ausbildung wirkungsvollere Bindungen als Verwandtschaft. Die »Schulclique« (*gakubatsu*, ein sehr gebräuchliches Wort) ist Ausdruck des Gruppenbewußtseins, das sich hauptsächlich aufgrund des Besuchs derselben Universität oder desselben Colleges bildet. Absolventen derselben Hochschule haben das Gefühl, zu einer Gruppe zu gehören, und werden in Gegenwart Dritter schnell miteinander vertraut. Der gemeinsame Ausbildungs-hintergrund kommt dem Grad seiner Wirkung nach gleich nach der Institution oder der Arbeitsstelle und ist wichtiger, als woher oder aus welcher Familie jemand stammt. Die »Schulclique« spielt etwa bei einer Bewerbung eine Rolle, wo bei gleicher Qualifikation die Wahl zwischen den Kandidaten sonst schwierig wäre. In der Frühzeit der Modernisierung Japans, im späten 19. Jahrhundert, war beispielsweise der Ort – im Sinne des Territoriums eines ehemaligen Feudalherren – von entscheidender Bedeutung bei der Entwicklung von Cliquen mit all ihren Vorteilen; heutzutage spielt zwar die Tatsache, woher jemand stammt, noch immer eine Rolle, doch ist sie bei weitem nicht so entscheidend wie die »Schul-clique«. Dies gilt vor allem auf der Ebene der *sarariman*.

Das Netz der »Schulcliquen« bietet Vorteile innerhalb wie außerhalb des Bereichs der Arbeitsstelle. Ist die Institution groß und umfaßt eine Anzahl von Akademikern, können sich latent interne »Schulcliquen« bilden. Ferner herrscht inner-halb jeder Clique die anerkannte Ordnung von *sempai-kōhai* und Klassenkameraden, was wiederum eine Art von Grup-pengefühl bewirkt und die Mitglieder aneinander bindet, so daß sie eine Art gegenseitiger Vertrautheit empfinden, die an-deren verwehrt wird. Zählt die eigene Schule oder Hoch-schule zu den ranghöheren, kann man damit rechnen, daß auch die Klassenkameraden in anderen Institutionen die Stu-fenleiter des Erfolgs hinaufklettern, so daß man sich gegebe-nenfalls gegenseitig einen Gefallen erweisen kann. Die Wirk-samkeit des »Schulcliquen«-Netzes ist jedoch auch von den unterschiedlichen Berufen und dem unterschiedlichen Status der Institutionen abhängig, in denen seine Mitglieder be-schäftigt sind. Selbst unter Klassenkameraden wird jemand, der in einer kleineren Firma arbeitet, eine Art Minderwertig-keitskomplex einem Freund gegenüber entwickeln, der in ei-nem bekannten Großunternehmen arbeitet, so daß die Bezie-hung mit der Zeit schwächer wird als eine zwischen Klassen-kameraden, die auf ähnlichen Gebieten gleich erfolgreich sind. Eine »Schulclique« ist daher keine klar umgrenzte funktionale Gruppe, in der alle Mitglieder ähnliche und feststehende Rechte besitzen; sie bietet vielmehr den Vorteil, daß man bei Bedarf Beziehungen spielen lassen kann. Diese Beziehungen sind oft sehr wirksam, ähnlich wie unter Angehörigen derselben Kaste bei den Hindus oder derselben Familie wie bei den Chinesen. Die Wirksamkeit dieser Beziehungen zeigt sich besonders deutlich bei Graduierten derselben Abteilung einer Fakultät, da sie leicht Bindungen untereinander feststellen und den relativen Status von *sempai* und *kōhai* eindeutig erkennen können. Wenn wir die Abteilung einer Universität mit einer Stammbaumgruppe gleichsetzen, so ist die Universität als ganze einem Clan vergleichbar (in struktureller Hinsicht, weniger auf organisatorischer Ebene).

Wenn jemand über ein Netz von Freundschaften außerhalb seines unmittelbaren Arbeitsplatzes verfügt, so ist dies gewöhnlich das seiner »Schulclique«. Was ihren Wirkungskreis, ihre Nutzbarkeit und ihre Dichte betrifft, so sind »Schulcliquen« wirksamer als verwandtschaftliche Beziehungen. Dies ist ein weiterer Grund dafür, warum Leute, die ihre Ausbildung außerhalb Japans erhalten haben, in ihrer Karriere behindert sind. Andererseits wird ein in Japan erzogener und ausgebildeter Ausländer durchaus als Gruppenmitglied akzeptiert und kann die Eigengruppengefühle für sich nutzbar machen. Herkunft und Hautfarbe rufen in Japan weniger Vorurteile hervor als die Institution, an der man ausgebildet wurde oder bei der man arbeitet. Die Tatsache, daß man in den entscheidenden Jahren des zweiten und dritten Lebensjahrzehnts gemeinsam Erfahrungen gemacht hat, ist für das ganze weitere Leben von Bedeutung.

Hier gibt es eine enge Verbindung mit dem Begriff des »Haushalts« *(ie)*. Die *de-iure*-Mitgliedschaft in einer traditionellen bäuerlichen Dorfgemeinschaft erwirbt man vor allem durch den »Haushalt«, dem man angehört, und der einzelne wird eher als Sohn des Haushalts X betrachtet denn als Sohn der Eltern X. Hatte ein Haushalt keinen Sohn, war es üblich, einen zu adoptieren; war er einmal adoptiert, genoß er, unabhängig davon, ob er mit dem Haushaltsoberhaupt verwandt war oder nicht, die vollen Rechte eines Haushaltsangehörigen, ganz so, als wäre er dessen leiblicher Sohn. Der »Schulclique« liegt die gleiche Vorstellungswelt zugrunde wie dem traditionellen *ie*. Auch besteht ein enger Zusammenhang mit den Prinzipien, nach denen Angehörige derselben Arbeitsstelle oder Institution ihre Gruppen bilden. Um Mitglied zu werden, sollte man längere Zeit gemeinsam mit den anderen in derselben Institution gearbeitet haben. Damit wird klar, warum die Arbeitsstelle für die Entstehung von Kameradschaften so wichtig ist: Im japanischen Beschäftigungssystem nämlich ist es die Institution, bei der man arbeitet, an die man sich nahezu unwiderruflich von den frühen Zwanzigern an bindet.

3. »Emotional-wirkliche« und »lokal« gebundene zwischenmenschliche Beziehungen

Die soziale Organisation, die dazu führt, daß der einzelne so tief in ein Netz persönlicher Beziehungen eingebunden ist, begrenzt zugleich deren Feld. Er ist gut informiert über seine eigene Gruppe und Institution sowie – in einem etwas geringeren Grade – über die Konkurrenz. Aber seine Aktivitäten und sein Interesse reichen nur selten über diese Welt hinaus.

Die oben erwähnte extrem feine Abstufung der Verhaltensweisen findet Anwendung und funktioniert vor allem innerhalb der »eigenen« Gruppe. Die Japaner haben keinen Verhaltenskodex für den Umgang mit Fremden, mit Leuten von »draußen«, entwickelt. Der Bestand der japanischen Umgangsformen verfügt eigentlich über nur zwei Grundmuster: eines, das gegenüber einem »Ranghöheren«, und ein anderes, das gegenüber einem »Rangniederen« Anwendung findet, oder, anders gesagt, es gibt Ausdrucksformen der Vertraulichkeit und solche der Feindseligkeit, jedoch keine für den Umgang mit Gleichgestellten oder um Indifferenz zu zeigen. Dies führt dazu, daß Japaner sich im Umgang mit Fremden, seien es nun Ausländer oder Japaner, irgendwie unbehaglich fühlen.

Ausländer halten Japaner oft für äußerst zurückhaltend. Treffender wäre es zu sagen, daß Japaner im allgemeinen *nicht ungezwungen* sind. Dies liegt zum Teil daran, daß ihnen, sobald sie sich außerhalb ihres engeren Kreises befinden, die angemessenen Ausdrucksmittel fehlen. Sie haben keine Techniken entwickelt, um mit Leuten von »draußen« umzugehen, weil sich ihr Leben so stark auf ihre »eigenen« Gruppen konzentriert. Innerhalb dieser Gruppen kann man die Japaner keineswegs zurückhaltend nennen. Kraft des durch die Aktivitäten und Emotionen der Gruppe geförderten Gefühls, eine Einheit zu sein, erfährt jedes Mitglied mehr oder weniger dieselbe Prägung sowie gezwungenermaßen den zusammenschweißenden Effekt gruppeninterner Wechselwirkung, egal ob der einzelne dies nun mag oder nicht. Der einzelne Japaner hat nur wenig Gelegenheit, Ungezwungenheit im Umgang zu lernen. Das Gefühl der Sicherheit rührt für ihn immer von seiner Einfügung in und Anpassung an Interessen und Ziele seiner Gruppe her; das einzige, was er kennt, ist seine Gruppe, so daß bloße Umgänglichkeit kaum einen echten funktionalen Wert besitzt. Ein Japaner mag sein Leben verbringen, ohne die Freuden und Leiden des Wettstreits »außerhalb der eigenen Mauern« gekostet zu haben. Selbst wenn die persönliche Eigenart auf diese Weise nicht völlig unterdrückt wird, sind doch zumindest die Möglichkeiten, sie weiterzuentwickeln, äußerst begrenzt.

Solche Verhältnisse prägen das Wesen zwischenmenschlicher Beziehungen; diese sind also gleichermaßen »emotionalwirklich« wie stark »lokal« gebunden. Diese »lokale« Bindung kennzeichnet alle Tätigkeitsbereiche. Ein Politiker beispielsweise, der einer Faktion beitritt, bleibt dort sein ganzes Leben Mitglied; hat er sich einmal einer Faktion angeschlossen, ist sein persönlicher Erfolg oder Mißerfolg untrennbar mit deren Erfolg oder Mißerfolg verbunden. Ein Wechsel zu einer anderen Faktion ist ausgeschlossen, ja selbst die Kommunikationskanäle zwischen den Faktionen sind sehr schlecht, so schlecht, daß es heißt, das einzige Medium für den Informationsaustausch sei der erfahrene politische Nachrichtenkorrespondent, der daher eine wichtige Vermittlungsposition einnimmt. Die politische Gruppe hat ihre eigene Welt geschaffen, in die kaum jemand eingelassen werden könnte oder möchte (es sei denn, er wäre bereit, ganz unten in die Hierarchie einzutreten); Politiker gelten als ein irgendwie besonderer Menschenschlag.

Im heutigen Japan kommt es höchst selten vor, daß ein Professor beispielsweise Minister wird. Jede institutionelle Gruppe ist gleichsam von einer hohen Mauer umgeben, die der einzelne nicht einfach überwinden kann. Seit den Anfängen der Modernisierung Japans ist diese Tendenz immer stärker geworden. Die Institutionalisierung der heutigen japanischen Gesellschaft ist so tiefgreifend und vollständig, daß Leute mit verschiedenen Berufen sich bereits bei einer gewöhnlichen Unterhaltung unsicher fühlen, weil sie so sehr in ihrer eigenen Gruppe befangen sind und über andere so gut wie nichts wissen. Ein Gespräch etwa zwischen einem Wissenschaftler und einem Diplomaten würde von beiden als langweilig, oberflächlich und wenig anregend empfunden werden. Die frühzeitige Spezialisierung des einzelnen, seine Isoliertheit durch die Zugehörigkeit zu seiner Gruppe – ergänzt durch das System lebenslanger Anstellung, das den einzelnen gleichsam in einem hermetisch abgeschlossenen Raum hält und ihm keine Möglichkeit bietet, einmal frische Luft zu atmen –, diese und ähnliche Faktoren zerstören oder verringern die gemeinsame Basis für das geistige Gespräch über berufliche und institutionelle Grenzen hinweg.

Es gibt nur wenig Kommunikation zwischen Intellektuellen aus unterschiedlichen Berufen und Institutionen. Es gibt nicht einmal eine Zeitung oder Zeitschrift, die von der japanischen Intelligenz in ihrer Gesamtheit gelesen würde, und obgleich es nicht an Versuchen gefehlt hat, eine Tageszeitung ins Leben zu rufen, die sich speziell an Intellektuelle richtet, sind sie alle gescheitert. Zwar gibt es eine Reihe von Zeitschriften, die sich an Intellektuelle wenden, aber anders als im Westen ist es keiner einzigen gelungen, ein breites Spektrum der japanischen Intelligenz anzusprechen. Tatsächlich liefern Artikel und Diskussionsbeiträge in solchen Zeitschriften Intellektuellen nur selten brauchbare Gesprächsthemen, denn bei diesen Artikeln handelt es sich im allgemeinen einfach um die Darstellung eines Sachverhalts, um eine Art bloßer Belehrung, die bewußt oder unbewußt nur darauf abzielt, das allgemeine geistige Niveau zu heben. Daher sind solche Zeitschriften nicht das ideale Forum für intellektuelle Spiele, an denen Autor und Leser gleichermaßen ihre Freude haben könnten. Sie haben vielmehr eine erzieherische Funktion. Da sie es jedoch versäumen, intellektuelles Vergnügen zu bereiten, versäumen sie es zugleich, eine breite Schicht von Intellektuellen anzusprechen und deren Erwartungen zu erfüllen.

In Wirklichkeit ist es schwierig, zwischen Intellektuellen und der großen Masse der Bevölkerung zu unterscheiden, denn die Schicht der Intellektuellen läßt sich nicht klar abgrenzen. Die Tatsache, daß den japanischen Intellektuellen eine gemeinsame Basis fehlt, mag mit dazu beitragen, daß diese in zahlreiche exklusive und geschlossene Gruppen zersplittert sind.

Gruppen bilden sich nicht nur auf der beruflichen Ebene, sondern auch in verschiedenen untergeordneten Bereichen; zudem können sich innerhalb einer Untergruppe wiederum kleinere Gruppen bilden. Unter Wissenschaftlern können sich Spezialisten eines Fachgebietes entsprechend ihrer Zugehörigkeit zu den verschiedenen Schulen in Gruppen gliedern. Diese Gruppen können wiederum in Untergruppen zerfallen, die sich auf der Grundlage noch engerer und vertrauterer Beziehungen bilden. Diese kleinste Gruppe ist es, der die wichtigste Funktion zukommt, denn im Kern besteht sie vielleicht aus ein paar Wissenschaftlern, die dieselbe Auffassung und Methode vertreten, abgeleitet von einer einzigen herrschenden Theorie. Eine Gruppe hat gewöhnlich ihre zentrale Persönlichkeit, der die anderen Mitglieder oft auch emotional verbunden sind aufgrund ehemaliger Beziehungen etwa zwischen Professor und Student oder zwischen Klassenkameraden. Eine Gruppierung dieser Art dient wie in der Politik dem Schutz der Schwächeren, die möglicherweise vergessen würden oder unproduktiv wären, wenn sie auf sich allein gestellt wären. Aber diese Gruppenstruktur hat auch Nachteile, wie etwa bei der wissenschaftlichen Forschung, denn zwar treffen sich die Gruppenmitglieder sehr häufig, mit Außenstehenden aber sprechen sie nur selten über irgendwelche anstehenden Probleme. Mit der Zeit entwickelt und verbreitet jede Gruppe ihre eigene spezielle Ausdrucksweise und beschränkte Terminologie, die ein Außenstehender selbst dann nicht versteht, wenn er auf demselben Gebiet arbeitet. Infolge solcher Hemmnisse für den produktiven Meinungsaustausch fällt es Gruppen japanischer Wissenschaftler schwer, sich auch nur untereinander zu verständigen.

Wenn japanische Spezialisten selbst untereinander Kommunikationsschwierigkeiten haben, dann sind ihre Probleme auf internationaler Ebene noch viel komplizierter. Einer der bekanntesten Politologen, der führende Kopf einer großen Gruppe von Schülern, gestand unlängst nach seiner Rückkehr aus Europa und Amerika, daß die Probleme, über die die Ausländer arbeiten, von den unseren so gänzlich verschieden seien, daß es schwierig für ihn war, mit diesen zu kommunizieren. (Nach meiner eigenen Überzeugung kann er nur für sich und seine Gruppe sprechen, nicht für japanische Spezialisten im allgemeinen. Dennoch ist dies jedoch in der Tat ein Problem für viele japanische Wissenschaftler, vor allem der Sozialwissenschaften.)

Lehrpläne und Unterrichtsniveau in den höheren Bildungsanstalten Japans unterscheiden sich nicht wesentlich von den westlichen Ländern. Die Schwierigkeiten, denen sich die

Wissenschaftler gegenübersehen, rühren von ihrer isolierten Lage her, die sie selbst mitverursacht haben. Die Japaner unterliegen als Nation derselben Beschränkung, weil ihnen der unmittelbare Austausch mit anderen wissenschaftlich führenden Nationen fehlt und weil die japanische Sprache den Austausch ohnehin schon erschwert. Diese Probleme rühren, so merkwürdig das ist, auch von dem hohen Bildungsniveau in Japan her. Wäre Japan ein rückständigeres Land, dann hätte sich eine große Zahl seiner Intellektuellen um ein Studium im Ausland bemüht und könnte so dazu beitragen, den begrenzten Horizont anderer japanischer Intellektueller zu überwinden. Tatsächlich waren unsere Vorgänger in der Meiji-Zeit, die in großer Zahl im Ausland studiert haben, sehr viel weltoffener als die heutigen Intellektuellen. Diese Beschränktheit, der die Japaner bis zu einem gewissen Grad nicht entfliehen können, haben die Intellektuellen kraft ihrer künstlichen Isolierung und aufgrund ihrer Außenstehende ausschließenden, auf die eigene Gruppe beschränkten Fachsprache selbst noch weiter verstärkt und verschärft.

Die hauptsächlich in der japanischen Sozialstruktur wurzelnde Neigung, sich nach außen abzukapseln, kommt auf diese Weise den emotionalen Bedürfnissen des einzelnen entgegen, der innerhalb der Gruppe Sicherheit sucht, und bietet ihm einen Ausgleich für mangelnde individuelle Autonomie. Die Mehrheit der Japaner neigt, wie sich bei den heutigen Intellektuellen so deutlich zeigt, eher dazu, nach Sicherheit zu streben als nach Selbständigkeit.

Die Ferienreisen, um ein Beispiel zu nennen, die in den letzten Jahren bei Japanern so beliebt geworden sind, sind grundsätzlich Gruppenreisen mit dreißig bis fünfzig Teilnehmern, die alle der gleichen Handelsgesellschaft, Firma, Dorfgemeinschaft o. ä. angehören. Kleinere Gruppen können von Freunden oder aus den Mitgliedern einer Familie gebildet werden. Daß ein einzelner allein reist, ist außer bei Geschäftsreisen äußerst selten. Ein Einzelreisender gilt als ungewöhnlich und irgendwie seltsam.[16]

Die meisten Japaner reisen zudem nicht gerne alleine, weil ihnen das ein Gefühl von Einsamkeit und psychologischer Unsicherheit gibt. Das ist nicht unrealistisch, denn ein Einzelreisender kann, wenn er in Schwierigkeiten gerät, kaum erwarten, daß ihm »Außenstehende« helfen, die ihn nicht kennen. Daß Fremde einander helfen, wie man das in England leicht finden kann, gibt es in Japan kaum. Daher umgeben sich die Japaner auch auf Urlaubsreisen mit Freunden oder Arbeitskollegen und nehmen so ihre Identität als Gemeinschaft überallhin mit. Selten mischen sie sich unter die Einwohner der Gegenden, die sie bereisen, oder unter die Leute, denen sie unterwegs begegnen.

Dasselbe gilt für Japaner, die im Ausland leben. Ob im Westen oder in Südostasien – eine japanische Gemeinde neigt dazu, sich sowohl von Einheimischen wie von anderen Ausländern fernzuhalten. Umgekehrt würde einer der wenigen Japaner, der einen engen Kontakt zu den Einheimischen entwickelt, sich damit selbst von den anderen Japanern in der Gemeinde isolieren. Damit hat sich die Richtung seiner Isolation einfach umgekehrt, und das war sicher zu erwarten, denn es steht in vollem Einklang mit der Neigung des japanischen Wesens, sich nur in einer Richtung zu binden.

Die »lokale« Gebundenheit und Beschränktheit, die persönliche Beziehungen zu »Außenstehenden« verhindert, bewirkt nach innen deren ausgeprägt »emotional-wirklichen« Charakter. Die strukturelle Voraussetzung für die Überwindung der Instabilität, die von der Verschiedenartigkeit der einzelnen, die Gruppe konstituierenden Elemente herrührt, ist, wie schon gesagt, die Förderung eines Gruppenbewußtseins. Da dieses im allgemeinen durch einen Appell an die Gefühle entfacht wird, bedarf es eines realen emotionalen zwischenmenschlichen Kontakts. Ein derartiger Kontakt muß dann durch ständige gemeinsame Aktivitäten aufrechterhalten werden, um die Gefühle nicht abkühlen zu lassen.

In der japanischen Gesellschaft trifft man sich häufig mit seinen Freunden und Bekannten. Die häufigste Redewendung, deren sich japanische Bekannte bedienen, wenn sie sich nach längerer Zeit wiedersehen, lautet: »Entschuldige bitte, daß ich dich nicht früher habe treffen können.« Die Häufigkeit, mit der man sich trifft, gilt als Gradmesser dafür, wie eng und fest die Beziehung ist.

Die relative Festigkeit einer zwischenmenschlichen Beziehung ist gewöhnlich proportional zur Dauer und Intensität des wirklichen Kontakts. Der Grund für die Einordnung von Neulingen am untersten Ende der Hierarchie japanischer Gruppen liegt einfach darin, daß sie den kürzesten Kontakt von allen haben. Dieser Aspekt des Gruppenlebens ist ein weiterer Nährboden für das Senioritätssystem, das in Japan eine größere Rolle spielt als in anderen Gesellschaften der Nepotismus. Und wenn die Stellung des einzelnen innerhalb seiner Gruppe ausschließlich von der Dauer seines tatsächlichen Kontakts mit der Gruppe abhängt, wird allein der Kontakt selbst zum persönlichen sozialen Kapital des einzelnen. Da dieses Kapital auf keine andere Gruppe übertragbar ist, kann der einzelne nicht ohne erhebliche soziale Einbußen die Gruppe wechseln. Selbst wenn seine Firma das Senioritätssystem aufgäbe und er auf eine neue Stelle mit demselben oder einem höheren Gehalt wechseln könnte, so daß für ihn ein Wechsel keinen finanziellen Verlust zur Folge hätte, bliebe für ihn doch der soziale Nachteil (s. o. S. 144 f.).

In Verbindung mit dem Faktor der tatsächlichen Dauer des unmittelbaren Kontakts kann noch ein weiteres Moment eine Rolle spielen: zeitweilige Abwesenheit. Ein Gruppenmitglied, das vorübergehend abwesend ist, kann innerhalb der Gruppe leicht an Boden verlieren, denn eine Zeit der Trennung führt oft zur Entfremdung. Wenn jemand, der in Tokyo arbeitet, anderswo eine Stelle antritt, bedeutet sein Weggang nicht nur eine physische Trennung von der Stadt, sondern auch einen anwachsenden sozialen Abstand von seinem Kreis. In der Redewendung »Wer weggeht, entfernt sich Tag für Tag ein Stückchen mehr« ist dies alles enthalten; von daher kommt das stark tragische Element, das Japaner beim

Abschied empfinden.

Kein Gefühl der Entfremdung, der Einsamkeit oder des Schmerzes aber ist dem vergleichbar, das ein Japaner empfindet, wenn es ihn beruflich ins Ausland verschlägt. »Sie haben mich gewiß völlig vergessen« und »Jener Kollege daheim wird seine Trümpfe wohl so geschickt ausgespielt haben, daß er bald Direktor ist« – solche Befürchtungen deuten auf die unglückliche Stimmung hin, in die sich Japaner im Ausland versetzen. Um das Gefühl der Trennung ein wenig zu mildern, schreibt er emsig Briefe. Aber für jene, die er verlassen hat, entfernt er sich Tag für Tag ein Stückchen mehr. So werden die Antworten allmählich immer seltener und lassen immer länger auf sich warten, und schließlich schlafen alle nicht-geschäftlichen Verbindungen gänzlich ein; er wird es langsam überdrüssig, auf die Anweisung zur Rückkehr zu warten, und wenn endlich die langersehnte Erlaubnis kommt und er auf seine alte Stelle zurückkehrt, ist alles irgendwie anders. Es ist offensichtlich ein soziales Minus, im Ausland gewesen zu sein. Er wird eine unangenehme Zeit verbringen müssen, bis er sich wieder an seine alte Gruppe gewöhnt und ihr angepaßt hat, in der sich seit seinem Fortgang durchaus die Atmosphäre verändert haben mag. Tatsächlich kommt es oft vor, daß jemand, der eine gewisse Zeit im Ausland war, länger auf seine Beförderung warten muß als seine Kollegen (*dōryō*), die ständig im Hauptbüro gearbeitet haben. Natürlich ist dies nicht unbedingt auch bei Unternehmen der Fall, deren Geschäfte es verlangen, daß tüchtige Leute im Ausland wohnen; in diesen Fällen kann man auch in den Zweigniederlassungen im Ausland mit der regulären Beförderung rechnen. Dennoch ist es für jemanden auf einem Auslandsposten schwer, sich nicht vom Hauptstrom der geschäftlichen Entwicklung seiner Firma ausgeschlossen zu fühlen. Die meisten Japaner im Ausland haben ziemliches Heimweh und denken mit Besorgnis an die Personalangelegenheiten in der Zentrale. Daher ist es nicht überraschend, daß ein Japaner seine Gruppe nicht gern für lange Zeit verläßt. Er hegt leicht die Befürchtung, daß eine zu lange Abwesenheit es ihm automatisch unmöglich machen wird, auf dem laufenden zu bleiben und seine Stellung in der Firma zu halten. Dies bedeutet, von den Aktivitäten seiner alten Gruppe ausgeschlossen zu sein.

Im Gegensatz zum japanischen Ideal der Mitwirkung in einer Gruppe bewahrt eine auf der Grundlage des Attributs gebildete Gruppe die Verbindung zu einem Mitglied, unabhängig davon, wo es lebt oder arbeitet, weil deren Geflecht von Beziehungen räumliche und zeitliche Trennung zu überwinden vermag. Dieses Netz erlaubt es einem Inder oder Chinesen, im Ausland ruhig seiner Arbeit nachzugehen und sorgenfrei zu leben. Ja, ein in Afrika oder irgendwo sonst im Ausland geborener Inder könnte sogar in das Dorf seines Großvaters zurückkehren, um dort zu leben, und seine Anwesenheit würde als selbstverständlich betrachtet. Die Dorfbewohner würden ihn ohne weiteres aufnehmen, obwohl sie ihn und vielleicht sogar nicht einmal seinen Vater oder Großvater je zuvor gesehen haben. Sie würden ihn akzeptieren, weil er väterlicherseits verwandtschaftlich mit dem Dorf verbunden ist.

Ein Japaner jedoch befände sich unter ähnlichen Umständen in einer sehr unangenehmen Lage und würde wohl kaum den Mut aufbringen, in das Dorf seines Großvaters zurückzukehren, um dort zu leben. Es hieße: »Das ist ein Neuer, den kennen wir nicht«, und zu ihm würden die Dorfbewohner sagen: »Niemand kann sich an deinen Großvater erinnern; die Leute seiner Generation sind alle tot. Die Dinge hier haben sich sehr verändert.« Er würde als Außenseiter behandelt, und selbst wenn man ihn schließlich akzeptierte, würde er wahrscheinlich ganz unten in der Hierarchie plaziert, ohne daß ihm die vollen Rechte eines Mitglieds der Dorfgemeinschaft gewährt wurden. Man würde von ihm wie von irgendeinem Neuankömmling ohne verwandtschaftliche Beziehungen erwarten, daß er eine stattliche Summe für die Gemeindekasse stiftet. Im täglichen Leben wäre er allein gelassen und bliebe vom gesellschaftlichen Leben der Gemeinschaft ausgeschlossen. Da er ganz andere Gewohnheiten und Interessen hätte als die

Dorfbewohner, wäre es schwer, zu irgendeiner Art gegenseitigen Verständnisses zu kommen. Hier genügt die unsichtbare verwandtschaftliche Bindung nicht, um die Beziehung zwischen ihm und den Dorfbewohnern zu legitimieren. In einer Hindu-Gemeinschaft jedoch überdauert die Gültigkeit verwandtschaftlicher Bindungen zeitliche und räumliche Unterbrechungen und bewahrt so die persönliche Beziehung.

Einem Japaner, der lange von seinem Heimatdorf abwesend war, widerstrebt es zurückzukehren, obwohl er meist eine sentimentale Liebe zu ihm empfindet. Er wird sagen: »Meine Eltern sind schon tot, meine Geschwister sind sehr alt, jetzt sind nur noch meine Neffen da. Aber von denen kann man nichts erwarten.« Oder: »Jetzt lebt dort eine andere Generation, die ich kaum kenne.« Die Wirksamkeit verwandtschaftlicher Beziehungen mag wohl im umgekehrten Fall größer sein, das heißt, wenn ein Cousin, ein Neffe oder eine Nichte aus dem Dorf in die Stadt zieht, wo bereits ein Verwandter aus demselben Dorf wohnt, und diesen dann um Hilfe bittet.

Bande der Verwandtschaft, Freundschaft oder der Gruppenmitgliedschaft tendieren alle dazu, durch physische Trennung schwächer zu werden. Bereits wenn man sich seltener mit einem Freund trifft, führt dies zu einer entsprechenden Reduzierung der eigenen Rechte und der eigenen Stimme in der Beziehung. Es ist eine alte Tatsache, daß Japaner, die Chinesen oder Engländer gut kennen, tief beeindruckt sind von der Dauerhaftigkeit und Beständigkeit von deren zwischenmenschlichen Beziehungen über lange Zeiten der Trennung hinweg und sie sogar darum beneiden. Unmittelbarer Kontakt in einer persönlichen Beziehung ist ein entscheidender Faktor, wenn es darum geht, Einigkeit zu schaffen, vor allem innerhalb einer Gruppe, die keine allgemeingültigen Regeln kennt, doch es gibt kaum einen Schutz gegen Brüche infolge zeitlicher und räumlicher Trennung. Selbst für jemanden, der in der Gruppe physisch anwesend ist, kann ein emotionaler Konflikt zum Verlust einer Freundschaft führen. Der real-emotionale Kontakt ist eine sehr unsichere Stütze für den Zusammenhalt einer Gruppe. Zugleich fördert er jedoch das Zustandekommen von Bedingungen, unter denen das untere Ende der Hierarchie prinzipiell für jedermann offensteht. Obwohl also dieses Prinzip zur Instabilität beiträgt, bietet es doch die Möglichkeit, sich wandelnden Verhältnissen anzupassen.

Wir fassen zusammen: Während ein Japaner den konkreten Umständen große Bedeutung beimißt und die Bereitschaft zu schätzen weiß, sich veränderten Verhältnissen anzupassen, vertraut er keiner allgemeingültigen Regel und würde eine solche auch nicht aufstellen, da sie, wenn auch jeder Situation anzupassen, ihrem Wesen nach von der unmittelbaren Wirklichkeit zu lösen wäre. Japan besitzt keine eigenständige, vom konkreten Menschen abstrahierte oder getrennte Vorstellung von »Organisation« oder »Beziehungsgeflecht«. »Organisation« bedeutet für einen Japaner eine Art Kette von direkten und real faßbaren Beziehungen von Mensch zu Mensch. Das ganz konkrete Dasein eines Menschen ist selbst Teil der »Organisation«. Das läßt sich beispielsweise an der Entwicklung der Wohnviertel in den Vororten einer Großstadt deutlich ablesen. Zunächst werden da und dort vereinzelte Privathäuser errichtet, dann werden die Lücken gefüllt, und wenn sich auf diese Weise im Laufe der Zeit Häusergruppen bilden, stellen deren Bewohner fest, daß man ja auch Straßen braucht, und so werden schließlich schmale Sträßchen gebaut, die sich so durch die Häusergruppen schlängeln, daß jedes Haus eine Zufahrt bekommt. Diese Regellosigkeit beschränkt sich nicht auf das Straßennetz, sondern findet sich auch bei der Numerierung der Häuser, die sich weniger nach der geographischen Anordnung der Häuserblocks oder nach dem Standort der einzelnen Häuser richtet als danach, wann sie gebaut wurden. Entsprechend sieht das Ergebnis aus: Die Numerierung der Häuser folgt keiner erkennbaren Logik, und ein Fremder ist schlichtweg nicht in der Lage, ein Haus zu finden, wenn er nur die Nummer kennt.

Es ist in der Tat erstaunlich, wie wenig Mühe sich Stadtplaner und Anwohner beim Bau von Straßen oder bei der Planung von Wohnblöcken oder ganzen Wohngebieten geben, bevor mit dem Bau der Häuser begonnen wird. Die riesigen Wohnviertel in Tokyo sind das eindrucksvollste Beispiel für den japanischen Begriff von »Organisation«: Sie breiten sich geradezu amöbenartig aus! Es ist erstaunlich, wie wenig sich in solchen Dingen während der letzten hundert Jahre gebessert hat, ganz im Gegensatz zu der verblüffenden industriellen Entwicklung. Gewiß, es gibt auch das eine oder andere sorgfältig geplante Wohnviertel, gebaut von einer der großen Wohnungsbaugesellschaften, aber das sind Ausnahmen; die Stärke der traditionellen Kräfte der japanischen Gesellschaft angesichts des gewaltigen technischen Fortschritts läßt sich eher daran ablesen, was die Regel ist. Technologie läßt sich leicht importieren und verbessern, aber es ist sehr schwer, das der gesellschaftlichen Organisation inhärente Gefüge zu verändern.

Emotional-wirkliche zwischenmenschliche Beziehungen, das für die Japaner entscheidende Element jeder »Organisation«, haben wohl auch einen gewissen Einfluß auf ihre religiösen Vorstellungen. In der japanischen Kultur gibt es nicht die Vorstellung von einem völlig von der Welt der Menschen getrennt existierenden Gott. Genau genommen erwächst das, was sich die Japaner als Gegenstand religiöser Verehrung vorstellen, aus dem unmittelbaren zwischenmenschlichen Kontakt. Es wird als eine Verlängerung dieses vermittelnden Bandes empfunden. Was in Japan Ahnenverehrung heißt, ist etwas ganz anderes als bei den Chinesen: Es veranschaulicht eine ganz konkrete Vorstellung von den Ahnen in einer Abfolge von Generationen, die in direkter Linie vom verstorbenen Vater zum Gründer der Wohnstätte der Familie zurückgeht. Die Reihe der Ahnen, die man wirklich kennt, ist ziemlich kurz und geht kaum weiter zurück als bis zu jenen Vorfahren, die noch in der Erinnerung als recht reale Persönlichkeiten leben. Selbst den Kaiser und dessen Ahnen stellt man sich vor als das letzte Glied einer ununterbrochenen

Kette solch realer Bande, die alle Japaner durch ihre jeweiligen Vorfahren miteinander verbinden: Der Kaiser ist keine von seinem Volk getrennte Sakralfigur.

Schlußbemerkung

Die in den vorausgegangenen Kapiteln gelieferte Analyse verschiedener japanischer Gruppenorganisationen läßt das vertikale Strukturprinzip sichtbar werden, dessen Kern die grundlegende soziale Beziehung zwischen zwei Individuen ist. Dieses Strukturmuster, das sich im Laufe der Geschichte des japanischen Volkes herausgebildet hat, ist zu einem der Wesenszüge der japanischen Kultur geworden.

Verschiedene Faktoren haben diese Entwicklung begünstigt. Der erste ist die Homogenität der japanischen Gesellschaft. Wie die archäologische Forschung gezeigt hat, hat sich im Laufe der Jōmon-Zeit (etwa 3000 bis 250 v. Chr.) eine einzige Kultur über ganz Japan ausgebreitet; von da an bis zum Beginn der historischen Überlieferung (5. Jahrhundert n. Chr.) mag zwar die Kultur des asiatischen Kontinents zusammen mit dem Naßreisanbau vor allem in Westjapan erheblichen Einfluß hinterlassen sowie die Entstehung eines japanischen Staatswesens gefördert haben, doch scheint die Zahl der Einwanderer vom Festland in Wirklichkeit sehr klein gewesen zu sein. Diese wurden von der einheimischen Bevölkerung schnell und problemlos aufgesogen, so daß wir keine Anzeichen dafür finden, daß diese neuen Elemente eine von den Japanern getrennte soziale Schicht gebildet hätten. Für eine nennenswerte Einwanderung von Nichtjapanern auf die japanischen Inseln nach dieser Zeit gibt es keinen Beweis.

Zwar bildeten sich während des Mittelalters Lokalmächte und Regionalkulturen, aber sie waren lediglich Varianten der einheimischen Grundstruktur. Während der Tokugawa-Zeit förderte das zentralisierte Feudalsystem unter dem Shogunat gleichsam über der homogenen kulturellen Basis noch die Entwicklung institutioneller Homogenität. Im Japan der Tokugawa-Zeit waren mehr als 80 Prozent der Bevölkerung Bauern, und die Samurai, die Gruppe mit dem höchsten Status, zählten weitere 6 Prozent, während Kaufleute, Handwerker, Priester und die nicht registrierten kleineren Gruppierungen den Rest bildeten. Zu den Samurai zählten fast zweihundert Feudalherren mit ihrer Gefolgschaft sowie die Gefolgsleute des Tokugawa-Shogunats. Sie waren insofern den modernen Bürokraten vergleichbar, als sie von einem Einkommen lebten, das in Form von Reis ausgezahlt wurde und je nach Status abgestuft war. Vom Bauernstand waren sie scharf getrennt. Anders als die oberen Schichten im neuzeitlichen England, in Kontinentaleuropa, Indien und China waren sie weder grundbesitzende Aristokraten noch Kaufleute.

Die soziale Schichtung in Samurai und Bauern beruhte auf der Politik des Tokugawa-Shogunats und war gesetzlich verankert; die gesellschaftliche Differenzierung war jedoch nicht das Produkt der ökonomischen Entwicklung. Zudem war die Gruppe der Samurai zahlenmäßig so unbedeutend, daß diese Art der Schichtung keine soziologische Relevanz hinsichtlich des Gesamtbildes hatte. Richtiger wäre es, die Samurai als eine Art Bürokraten anzusehen, obwohl ihr Status erblich war. Dies ist der Grund dafür, daß die Trennungslinie zwischen Samurai und Bauern so rasch nach der »Modernisierung« Japans und der Einführung eines modernen Erziehungs- und Verwaltungssystems verwischte. Als Verwaltungsbeamte oder Intellektuelle trugen die Samurai unter dem zentralistischen System zur Verbreitung einer einheitlichen nationalen Kultur bei.

Bäuerliche Gemeinschaften waren außerordentlich homogen, und die Bauern waren lokal von den anderen Berufsgruppen getrennt. Obwohl es natürlich Arme und Reiche gab, waren die Unterschiede nur relativ und nicht entscheidend (die meisten waren Kleinbauern), so daß sich innerhalb ein und derselben Dorfgemeinschaft keine unterschiedlichen Statusgruppen herausbildeten, wie Landadel und arme Bauern ohne Grundbesitz. Im Gegenteil entwickelte sich ein starkes Zusammengehörigkeitsgefühl innerhalb jeder einzelnen Dorfgemeinschaft; Rangabstufungen in höher und niedriger oder nach reich und arm gab es zwar in jeder Gemeinde, aber diese Unterschiede schufen keine unveränderlichen Statusgruppen, die über den Rahmen des einzelnen Dorfes hinausgegangen wären und sich über verschiedene Dörfer erstreckt hätten. Das aber heißt letztlich, daß die Mehrheit der Japaner aufgrund ihrer Geschichte nicht darauf vorbereitet ist, in einer nach sozialen Schichten gegliederten Gesellschaft zu leben, in der die einzelnen Gruppen streng voneinander getrennt sind. Sie sind es gewöhnt, eher Rangstufe als Schichtenzugehörigkeit als ein soziales Ordnungsprinzip zu betrachten.

Jemand, der in einer Gesellschaft mit dieser organisatorischen Grundlage und einem solchen kulturellen Hintergrund lebt, glaubt an die grundsätzliche Gleichheit aller Menschen und an allen gemeinsame Rechte; zwar ist er sich der feinabgestuften Rangunterschiede unter seinen Mitmenschen bewußt, eine offene Schichtung aber wird er in seiner Welt nicht anerkennen. Eine derartige Mentalität offenbart sich in allen Gruppenaktivitäten. Das gilt auch, um ein geeignetes Beispiel zu nennen, für den japanischen »Demokratie«-Begriff. Will der Außenstehende diesen Begriff verstehen, muß er die zugrundeliegende Mentalität kennen.

»Demokratie« hat als Symbolbegriff in Japan unmittelbar nach dem Ende des Zweiten Weltkrieges Wurzeln geschlagen, zusammen mit der Hochschätzung einer Reihe von kulturellen Elementen aus Amerika. Sein Gebrauch, der in Japan und anderen Teilen Asiens so zur Mode geworden ist, hat hier jedoch nicht dieselbe Bedeutung wie im Westen; in Japan beispielsweise bezieht sich der Begriff nicht auf eine bestimmte Regierungsform, sondern auf eine bestimmte Art zwischenmenschlicher Beziehungen. Dieser Gebrauch erscheint dem Westen fremd. Dazu ein Beispiel:

Zugleich muß man darauf achten, daß man das, was die Japaner unter »Demokratie« verstehen – ein Wort, das sie ständig im Munde führen –, nicht fehlinterpretiert. Es bedeutet nicht soziale Gleichheit; der Respekt beispielsweise, mit dem man Gleichgestellten und Vorgesetzten begegnet, wird nicht auch jenen entgegengebracht, die im Rang unter einem stehen. »Demokratie«, so scheint es, bedeutet, daß man seine Pflicht auf eine Art und Weise erfüllt, die Zuverlässigkeit mit Prinzipientreue verbindet und zugleich Faktionalismus und vernichtende Konflikte vermeidet. »Undemokratisch« nennt man es, wenn es keine Harmonie oder keinen Konsens gibt. Demokratie und Politik scheinen demzufolge entgegengesetzte Begriffe zu sein. (David Riesman, *Conversations in Japan*, New York, 1967, S. 202)

Der Grund dafür, weshalb »Demokratie« nach dem Kriege ein solches Modewort wurde, scheint zu sein, daß die Japaner den Begriff nützlich fanden, um die alte »feudale« oder »autoritäre« Struktur der sozialen und politischen Systeme Japans herabzuwürdigen. »Demokratie« steht für die Ablehnung der Funktionsweise des Vorkriegssystems, das die Macht in die Hände eines oberen organisatorischen Bereichs legte. Im japanischen System konnte eine höhere Stelle innerhalb einer hierarchischen Organisation einer untergeordneten Stelle gegenüber unbeschränkte Macht und Privilegien besitzen, da es keine klar abgegrenzte Rollenverteilung zwischen oben und unten gab.

Auf diesem soziologischen und psychologischen Boden hat der importierte Begriff »Demokratie« seine spezifisch japanische Bedeutung erhalten. Er wird vor allem gebraucht, um das Machtmonopol eines privilegierten Bereichs oder einer stärkeren Faktion innerhalb einer Organisation zu attackieren. Interessanterweise erfolgt dieser Angriff jedoch auf genau die gleiche Art und Weise, wie früher autoritäre Herrschaft ausgeübt wurde. Der Wechsel von »Feudalismus« zur »Demokratie« ist weder struktureller noch organisatorischer Art: Er ist eher ein Richtungswechsel der derselben Quelle entströmenden und von derselben Art Leute genutzten Energie.

Was die Japaner unter »Demokratie« verstehen, ist ein System, das für die Schwächeren oder die unteren sozialen Schichten Partei ergreifen oder auf sie Rücksicht nehmen sollte; in Wirklichkeit sollte jede Entscheidung aufgrund eines Konsenses getroffen werden, der auch die miteinbezieht, die einen niedrigeren Rang in der Hierarchie einnehmen. Ein solcher Konsens – erzielt durch, wie man es nennen könnte, ein Höchstmaß an Konsultation – könnte wie ein Nebenprodukt der »demokratischen« Nachkriegszeit erscheinen; für die Japaner ist das jedoch alles andere als neu, handelt es sich dabei doch um eine ganz grundlegende, traditionelle Funktionsweise einer Gruppe. Machtausübung oder einseitige Entscheidungen durch die Spitze einer Gruppe gab es neben der Entscheidungsfindung aufgrund größtmöglicher Konsultation. Der Unterschied zwischen diesen beiden Verfahrensweisen rührt meiner Meinung nach von Unterschieden in der internen Struktur einer Gruppe (wie etwa hinsichtlich der Größe oder der Beschaffenheit), nicht aber von der Art der Gruppe her – nicht also von beruflichen Unterschieden oder solchen zwischen Stadt und Land oder Jung und Alt.

Eine kleine Gruppe von weniger als zwölf Mitgliedern ohne große Status- oder Einkommensunterschiede funktioniert wohl am ehesten »demokratisch« im japanischen Sinne. Gute Beispiele für solche Gruppen lassen sich in vielen alten Dörfern finden, wo es schon immer Tradition war, keine Entscheidung zu treffen, ohne sich zuvor gründlich zu beraten. Über die regelmäßigen Versammlungen hinaus kommt man sofort zusammen, wenn es ein wichtiges oder dringendes Problem gibt. Zu einer solchen Zusammenkunft entsendet jeder Haushalt einen Vertreter, in der Regel den Haushaltsvorstand; ist dieser nicht da, vertritt ihn seine Frau oder sein erwachsener Sohn. Im Idealfall kommen dabei etwa zehn Leute zusammen. Ein Dorf ist immer in Untergruppen (Ortsgruppen) gegliedert, die aus ungefähr zehn Haushalten bestehen, und hier, in diesen für das Funktionieren der Dorfgemeinschaft entscheidenden Gruppen, finden häufig die wichtigsten Versammlungen statt.

Zusammenkünfte dieser Größe sind für Japaner die angenehmsten und erfreulichsten. Dabei ist es üblich, daß jeder Teilnehmer eine Meinung äußert – ob er arm oder von niederem Rang ist, spielt keine Rolle. Eine entspannte und zwanglose Unterhaltung zu Beginn bewirkt eine freie Atmosphäre, gewissermaßen als Einstimmung auf die eigentliche Beratung. Es ist von größter Bedeutung, daß die Versammlung zu einer einstimmigen Entscheidung gelangt; sie sollte niemanden enttäuscht oder unbefriedigt lassen, da dies die Einigkeit und das Zusammengehörigkeitsgefühl des Dorfes oder der Gruppe schwächt. Dem liegt das Gefühl zugrunde: »Schließlich sitzen wir alle in einem Boot, und wir sollten friedlich miteinander auskommen, ohne jemanden auszuschließen.« Es spielt keine Rolle, wieviel Zeit und Mühe erforderlich sind, um Einmütigkeit zu erzielen; worauf es ankommt, ist, daß alle ihren Teil dazu beitragen sollten, am Ende einen Konsens zu erreichen.

Der Diskussionsverlauf ist nicht notwendigerweise logisch. Man spricht über dies und das, und oft mit viel Rücksicht auf die Gefühle der einzelnen. Eine Konferenz kann vertagt werden, wenn man sich festgefahren hat, um später, wenn sich die Stimmung gebessert hat, fortgesetzt zu werden. Im Laufe der Zeit verringern sich die Meinungsunterschiede, und die Übereinstimmung wächst. Wenn der Punkt erreicht ist, an dem sich etwa 70 Prozent der Teilnehmer einig sind, ist dies ein Zeichen, daß der Konsens nahe ist. In der Schlußphase gibt die Minderheit dann nach, indem sie sagt: »Wir schließen uns euch an, da ihr alle zugestimmt habt. Obwohl wir in diesem einen Punkt anderer Meinung sind, sind wir doch gern bereit, mit euch zusammenzuarbeiten, und jedenfalls haben wir alles sagen können, was wir sagen wollten.«

Der Ablauf der Versammlungen großer Gruppen läßt jedoch nicht genug Zeit für ein solches Verfahren, und natürlich sind auch die Status- und Interessenunterschiede viel größer: Die Folge ist, daß die Mitglieder viel weniger voneinander wissen, und viele zögern, offen ihre Meinung zu sagen. Solche Faktoren tragen dazu bei, den Entscheidungsprozeß unter diesen Umständen »undemokratisch« werden zu lassen; er wird von den Leuten an der Spitze oder einer dominierenden

Clique beeinflußt und erfolgt nach dem Prinzip der Mehrheitsentscheidung, wobei es genügend Spielraum für den wirksamen Einsatz hierarchischer Machtbeziehungen gibt.

Der dringende Wunsch nach einem Höchstmaß an Beratung, ungeachtet welcher Art und wie groß die Gruppe ist, führt häufig zu schier endlosen, im Namen der »Demokratie« in die Länge gezogenen Konferenzen. Japan ist heute das Land der Konferenzen, und es ist ein leichtes, Leute zu finden, die mehr Zeit in Sitzungen verbringen als an ihrem Schreibtisch. Für die Arbeitsweise der Gruppen nach dem japanischen System gibt es nur wenige festgelegte Regeln, und die Funktionen der einzelnen sind weder klar definiert noch deutlich voneinander unterschieden, so daß in einer Konferenz nicht nur Fragen von entscheidender Bedeutung zur Sprache kommen, sondern auch solche, die nicht unmittelbar zur Sache gehören. Eine derartige »demokratische« Verfahrensweise trägt natürlich nicht zu effizientem modernen Management bei, doch können sich jene, die in den Spitzenpositionen sind, ihrer als eines bequemen Vorwands bedienen, nach außen hin »Demokratie« zu praktizieren, während die Entscheidung in Wirklichkeit von einem »Boß« oder von einflußreichen Mitgliedern der Gruppe getroffen wird, wobei selbst auf die Rolle des Vorsitzenden keine Rücksicht genommen wird. »Demokratie« zu fordern mag populär sein, doch die alte hierarchische Struktur wirkt noch immer latent hinter der »demokratischen« Fassade.

Wie sieht nun ein Japaner seine Organisation, abgesehen von dem, was er die »demokratische« Verfahrensweise nennt? Offene Diskriminierung durch irgendwelche Gruppen oder Schichten empfindet ein Japaner als unerträglich. Ich will dieses Gefühl am Beispiel eines *sarariman* erläutern, an den eine der westlichen Firmen herangetreten war, die nach qualifizierten japanischen Mitarbeitern suchen. Er war auch an dem Angebot interessiert, das weit besser war als seine Stelle in seiner japanischen Firma, doch lehnte er es ab, weil ihm ein Freund, der in einer westlichen Firma beschäftigt war, erzählte, daß dort nur die leitenden Angestellten (alles Europäer bzw. Amerikaner) Kaffeepausen machten, während die untergeordnete japanische Belegschaft weiterarbeiten mußte. Dies weckte in ihm ein Gefühl der Diskriminierung und Erniedrigung, obwohl in japanischen Firmen leitende Angestellte auch oft nicht an ihrem Schreibtisch sind, um an Hochzeiten oder Bestattungen teilzunehmen oder Golf zu spielen. Das aber wird von den Untergebenen bereitwillig als gesellschaftliche Pflicht eines Spitzenmanagers akzeptiert, der ansonsten ja auch manchmal mit ihnen beim Kaffee sitzt oder trinken geht. Ein Japaner aber nimmt es nur schwer hin, daß die oben Kaffeepausen machen, während die Untergebenen weiterarbeiten.

Die Privilegien der Leute an der Spitze japanischer Gruppen zeigen sich auf unterschiedliche Weise, am deutlichsten aber vielleicht an ihrem Verhalten ihren Untergebenen gegenüber. Japaner können eine vertikale Eins-zu-eins-Machtbeziehung zwischen zwei unmittelbar miteinander verbundenen Menschen ertragen, im Falle einer Klasse oder Gruppe aber wird das nicht akzeptiert. Hier finden wir eine direkte Verbindung zum Leben der Bauern in früheren Zeiten. Damals gab es keine deutlich abgegrenzte Statusgruppe von Herren oder Grundbesitzern unter Ausschluß der Bauern: Ganz im Gegenteil, Grundherr und Pächter, Herr und Knecht bildeten immer zusammen eine funktionale Gruppe, und der Herr oder Ranghöhere war für die anderen Gruppenmitglieder stets einer der ihren. Bei formellen Anlässen kann es den Anschein erwecken, daß zwischen Vorgesetzten und Untergebenen eine tiefe Kluft besteht, wobei der Untergebene als Jasager erscheint, der sich unentwegt vor seinem Vorgesetzten verbeugt. Das wird jedoch ausgeglichen durch zwanglose Kontakte, die dem Untergebenen das Gefühl vermitteln, zum selben Haushalt zu gehören. Ein japanischer »Boß« verhält sich bewußt oder unbewußt seinen Untergebenen gegenüber gelegentlich auf eine Art und Weise, die das Machtverhältnis der formellen Organisation umkehrt, wobei der Gedanke im

Hintergrund steht, daß, wenn alle im selben Boot sitzen, auch alle gemeinsame Rechte genießen sollten, ungeachtet ihrer unterschiedlichen Stellung und Leistung. Gegen die Bildung von Statusgruppen innerhalb einer einzigen Gemeinschaft gibt es heftigen Widerstand, obwohl die Rangordnung in höher und niedriger in den Beziehungen zwischen den einzelnen bereitwillig hingenommen wird.

Aus diesen und ähnlichen Überlegungen wird deutlich, daß japanische »Demokratie« eine Art Gemeinschaftsgefühl ist mit einem hohen Maß an Zusammenhalt und Konsens innerhalb der Gruppe als wichtigster Voraussetzung. Liberalismus in bezug auf Meinungsfreiheit ist nicht Teil dieses Begriffs, denn »Demokratie« kann zwar als Redefreiheit gedeutet werden, womit die Freiheit des Rangniederen oder des Unterprivilegierten gemeint ist, offen seine Meinung zu sagen, doch gibt es weder ein Verlangen nach Opposition noch eine Einsicht in die Funktion der Opposition. In Japan ist es äußerst schwierig, einen wahrhaft demokratischen Meinungsaustausch zu führen (so wie er meiner eigenen Erfahrung nach in Indien oder etwa in Italien, England oder Amerika üblich ist), in dessen Verlauf die Gegenargumente von der anderen Seite aufgegriffen werden und dann ein wichtiges Element bei der Fortentwicklung der Diskussion bilden.

Das japanische Verständnis von »Demokratie« trägt zusammen mit den bereits erläuterten Eigentümlichkeiten und der Wertorientierung der Japaner zur Stärkung des Zusammengehörigkeitsgefühls einer aus Leuten verschiedener Qualifikation und unterschiedlichem Status zusammengesetzten Gruppe bei. Egalitarismus in bezug auf die Arbeiten einer Gruppe behindern, wie schon erwähnt (s. S. 56), die Formulierung und die Entwicklung des Gedankens der Spezialisierung sowie eine enge Verbindung mit ähnlichen Gruppen. Wir haben, um hier noch einmal daran zu erinnern, die Theorie aufgestellt, daß das Fehlen der Arbeitsteilung die Entwicklung des vertikalen Systems gefördert hat. Wichtig ist dabei auch, daß es weder ein auf verwandtschaftlichen Beziehungsgeflechten beruhendes Organisationsprinzip gibt noch irgendeine scharfe Trennung in Verwandte und Nicht-Verwandte. Da verwandtschaftliche Faktoren sich nicht als wirksame und wichtigste Basis für den Aufbau einer Gruppe eignen, bilden die örtliche Gebundenheit sowie beständige und emotional-wirkliche persönliche Beziehungen die Grundlage. Ich habe bereits eine Untersuchung über die traditionelle ländliche Gemeinschaft vorgelegt[17]; genau das gleiche Prinzip sehen wir nun in modernen Gemeinschaften am Werk.

Die Veränderungen in der japanischen Gesellschaft im Laufe der Modernisierung haben schon für zahlreiche Forschungsarbeiten und Diskussionen Stoff geboten. Oft wurde behauptet, daß der Krieg bei den Japanern einen grundlegenden Wandel zur Folge gehabt habe. Richtiger wäre es vielleicht zu sagen, daß sich, da sich die gesamten Lebensverhältnisse in Japan radikal verändert haben, in der Folge davon auch die Einstellungen dem Leben gegenüber gewandelt haben, so wie man die Kleider wechselt, wenn nach dem kalten Winter der Frühling kommt. Es entspricht dem japanischen Wesen, sich kaum gegen Veränderungen zu wehren und den Wandel sogar zu begrüßen und willkommen zu heißen. Eine oberflächliche Änderung in den Auffassungen jedoch – so leicht wie ein Wechsel der Mode – hat nicht den geringsten Einfluß auf das unveränderliche Fortwirken des Grundcharakters und Kerns der zwischenmenschlichen Beziehungen und der Gruppendynamik.

Historiker, Soziologen, Wirtschaftswissenschaftler und Gesellschaftskritiker beschäftigen sich mit den Änderungsprozessen in der Gesellschaft. Sie mögen an der vorliegenden Untersuchung manches auszusetzen haben, ebenso jene Kulturanthropologen, die mit Strukturanalysen nicht vertraut sind. Sie mögen mir vorwerfen, daß ich die Aspekte des Wandels in der japanischen Gesellschaft außer acht lasse. Als Antwort sollte ich noch einmal auf die Absicht dieser Untersuchung hinweisen: Ziel war nicht, die japanische Gesellschaft zu beschreiben, sondern die japanische Sozialstruktur durch einen interkulturellen Vergleich von Sozialstrukturen zu beleuchten. Dies ist das Anliegen der Sozialanthropologie, das sie von den anderen Sozialwissenschaften unterscheidet. Keinen Moment leugne ich die sich wandelnden Aspekte der japanischen Gesellschaft, aber ich glaube, daß es auch sehr wichtig ist, die bleibenden Faktoren zu suchen, die den vielfältigen Wandlungen zugrunde liegen. Bei einem wissenschaftlichen Vergleich verschiedener Kulturen werden die Konstanten stärker berücksichtigt, für eine Beschreibung allein Japans dagegen sind die Aspekte des Wandels von größerem Interesse.

Bleibende Momente finden sich eher in informellen Systemen als in offen zutageliegenden kulturellen Faktoren. Das informelle System, die treibende Kraft japanischen Tuns, ist ein urjapanisches Gebräu, durchdrungen von einem einmaligen Charakteristikum japanischer Kultur. Im Zuge der Modernisierung hat Japan viele Elemente westlicher Kultur importiert, aber diese waren und sind stets partiell und segmentär und bilden nie ein funktionierendes System. Es ist wie bei einer Sprache mit ihrer ureigenen Struktur oder Grammatik, über die sich eine breite Schicht von Fremdwörtern gelegt hat; während die japanische Gesellschaft äußerlich im Laufe der letzten hundert Jahre drastische Veränderungen erfahren hat, wurde die grundlegende soziale Grammatik kaum berührt. Dies ist ein Beispiel für Industrialisierung und den Import westlicher Kultur ohne Änderungen in der kulturellen Grundstruktur.

In dieser strukturellen Persistenz manifestiert sich eines der spezifischen Merkmale einer homogenen, nach einem vertikalen Organisationsprinzip gebildeten Gesellschaft. Eine solche Gesellschaft ist sehr stabil; es ist schwer, landesweit Revolution oder Aufruhr zu erzeugen, da die unteren Bereiche in eine Vielfalt von voneinander abgeschirmten Gruppierungen von Gruppen zersplittert sind. Strukturelle Schwierigkeiten stehen gemeinsamen Aktivitäten größeren Umfangs im Wege – Mitglieder einer Gewerkschaft beispielsweise sind ihrem eigenen Betrieb gegenüber viel zu loyal, um sich mit ihren Kollegen von anderen Betriebsgewerkschaften zu verbünden; Studentenverbände sind unfähig, die große Mehrheit der Studenten hinter sich zu bringen, statt dessen entwickeln sie Gruppierungen, in denen das Zusammengehörigkeitsgefühl der einen Gruppe diese von der anderen trennt. Die Aktion eines Verbandes oder einer Gewerkschaft, eine Konfrontation – sei es zwischen Unternehmensleitung und Arbeiterschaft oder zwischen der Fakultät und Studenten – erfolgt immer intern, auch wenn sie ein öffentliches und politisches Echo findet. Sie gleicht einem Ausbruch häuslichen Zwists und neigt dazu, sehr emotional und radikal zu sein. Im Extremfall können sie Direktoren und Abteilungsleiter zum Selbstmord treiben. Auf der Höhe der Studentenrevolte begingen drei Institutsdirektoren Selbstmord, und ähnliche Fälle gab es unmittelbar nach Kriegsende bei gewerkschaftlichen Aktionen in der Industrie. Diese Aktionen rufen bei allen Beteiligten heftige Zustimmung oder Ablehnung hervor, doch steht dies in krassem Gegensatz zu der friedlichen Ordnung des sozialen Lebens der Allgemeinheit um sie herum. Gewerkschaften, Studentenverbände und andere populäre Bewegungen haben daher trotz der starken Anziehungskraft von Radikalismus und Gewalt geringe gesellschaftliche Bedeutung, da sie unfähig sind, die Mehrheit aufzurühren, und sei es auch nur die derselben Klasse.

Die Machtlosen und die Angehörigen der unteren sozialen Schichten sind damit außerordentlich benachteiligt. In der Tat ist es praktisch unmöglich, irgendwie Revolution zu machen. Ein Aufstand gegen Führer und Vorgesetzte und Appelle an die Öffentlichkeit mögen vielleicht gewisse Veränderungen in der öffentlichen Meinung bewirken, nie werden sie aber eine Wandlung der Sozialstruktur herbeiführen. Wenngleich jene, die an der Spitze sitzen, als Gruppe Macht und Einfluß geltend machen können, um diese Bewegungen unter Kontrolle zu halten, muß sich der einzelne jedoch, egal wie fähig oder welch starke Persönlichkeit er ist und welch hohen Status er hat, mit der Entscheidung seiner Gruppe abfinden, die dann ein Eigenleben entwickelt. Ist einmal eine derartige Kollektiventscheidung gefallen, kann sie kein einzelner aufhalten oder ändern, und er muß eben warten, bis sich das Blatt von alleine wendet; er ist wie ein Reisbauer, der warten muß, bis nach einem Taifun wieder die Sonne scheint.

Was solche sich über die Meinung des einzelnen hinwegsetzende Gruppenentscheidungen überhaupt erst möglich macht, ist inhärenter Bestandteil der japanischen Mentalität. Einer der Faktoren, der das Denken und Trachten der Japaner beherrscht, ist eine Art »Relativismus«, der stete Wunsch also, ein wenig höher zu steigen als der Durchschnitt, oder, wie die Japaner sagen, »ein Verlangen, auf einer ähnlichen Stufe zu stehen wie der, der für über einem selbst stehend gehalten wird«. Die Japaner besitzen keine religiösen Bräuche oder Überzeugungen, die kraft eines übernatürlichen Wesens das Denken und Handeln des einzelnen beherrschen; die entscheidende Rolle spielen nicht Religion oder Philosophie, sondern eine sehr menschliche Moral. Maßstab dieser Moral ist immer der augenblickliche Trend. Das Gefühl, daß »ich das tun muß, weil A und B es auch tun« oder daß »sie mich auslachen, wenn ich mich nicht soundso verhalte«, beherrscht das Leben des einzelnen stärker als irgend etwas anderes und hat daher einen wesentlichen Einfluß auf die Entscheidungen. Es gibt zwar zugegebenermaßen Leute, die ihren eigenen Weg gehen, in der japanischen Gesellschaft aber sind sie außergewöhnlich selten. Man hat bemerkt, daß die jüngere Generation dieser generellen Einstellung gegenüber kritischer wird, und diese Tendenz mag sie im Laufe der Zeit schwächer werden lassen. Im Augenblick jedoch spielt dieses tiefverwurzelte Sozialverhalten nach wie vor eine beherrschende Rolle. Zum Teil gerade weil sie auf solchen Einstellungen beruhen, sind die Ideale der Japaner mehr dem Wechsel der Zeiten unterworfen als die anderer Gesellschaften. Und diese Quelle ist es, aus der der »Mangel an Beständigkeit« oder das

»hohe Maß an Anpassungsvermögen« stammt, die so oft Teil der Beschreibung des japanischen Charakters sind.

Mehrheitsentscheidungen sind ein machtvolles Instrument in den Händen einer dominierenden Gruppe oder eines Sektors einer Gruppe; den Kräften an der Spitze – und das ist immer eine dominierende Gruppe, nie ein einzelner – gelingt es stets, ihre Ziele durchzusetzen, und selbst das Gesetz ist zu machtlos, um als Kontrollinstanz zu wirken. Es liegt auf der Hand, daß in einer solchen Gesellschaft eher die politischen als die sozialen Züge entscheidend sind, und im Laufe der ganzen japanischen Geschichte waren immer die politischen Aktivitäten wichtiger als alle anderen. Dies ist der Schlüssel für Japans Leistungsfähigkeit – aber es ist auch ein Gefahrenquell, und zwar für die japanische Gesellschaft in ihrer Gesamtheit ebenso wie für die Gruppen, aus denen sie sich zusammensetzt.

1 Es ist nicht einfach, im Deutschen einen äquivalenten Begriff für *kaisha* zu finden. »Betrieb« oder »Unternehmen« sind zwar noch die genauesten Entsprechungen, doch fehlen ihnen die sozialen Implikationen, die das Wort *kaisha* für Japaner hat.

2 Es scheint mir sinnvoll und angemessen, in der vorliegenden Untersuchung die unterschiedlichen Begriffe »Sozialstruktur« *(social structure)* und »soziale Organisation« *(social organization)* in dem Sinne zu verwenden, wie es von Raymond Firth vorgeschlagen worden ist (»Social Organization and Social Change«, *Journal of the Royal Anthropological Institute,* Bd. 84, S. 1-20, 1954; derselbe Aufsatz erschien auch als Kapitel III von *Essays on Social Organization and Values,* 1964).

3 Gewiß gibt es so etwas wie eine Standardnorm, etwas, das allen japanischen Haushalten gemeinsam ist (bzw., genauer gesagt, einer lokalen Gemeinschaft oder verschiedenen Schichten); innerhalb dieses Zusammenhangs jedoch hat jeder einzelne Haushalt normalerweise seine eigenen Mittel und Wege, Rede- und Verhaltensweisen seiner einzelnen Mitglieder zu regulieren.

4 J.C. Abegglen, *The Japanese Factory,* 1958, Kap. 2

5 Vgl. Abegglen, a. a. O., Kap. 1, wo diese Verhältnisse ausgezeichnet dargestellt sind.

6 *San* ist die allgemeinste Form der Anrede und entspricht dem deutschen »Herr«, »Frau« oder »Fräulein«. Die hier erwähnten Unterscheidungen gelten aber nur für Männer. Unter Frauen ist im täglichen Leben nur *san* üblich, obwohl sich innerhalb besonderer Gruppen (etwa unter *geishas*) begriffliche Differenzierungen nach ähnlichem Muster finden.

7 Diese Anredeform entspricht am ehesten dem deutschen Du, obwohl sie wesentlich restriktiver gehandhabt wird. Übrigens beschränkt sich die Anrede mit dem Vornamen in Japan im wesentlichen auf Kinder. Erwachsene gebrauchen sie nur bei Freunden aus der Kindheit. Mit dem Vornamen wird man nur von Eltern, Geschwistern, engen Verwandten und Freunden aus der Kindheit angeredet.

8 Vgl. Kapitel 3, besonders S. 126-131, wo dies im einzelnen erklärt wird.

9 Der Status ist wichtiger als Alter oder Geschlechtszugehörigkeit. Beispielsweise besetzt der Haushaltsvorstand unabhängig von seinem Alter den ranghöchsten Platz; sein im Ruhestand lebender Vater zieht sich auf einen rangniedrigeren Sitz zurück. Das Alter wird nur bei Menschen mit ähnlichem Status ein ausschlaggebender Faktor. Der Status ist auch wichtiger als die Geschlechtszugehörigkeit. Es ist bekannt, daß Frauen in Japan fast immer als rangniedriger eingestuft werden; das liegt aber nicht daran, daß ihr Geschlecht etwa niedriger geachtet würde, sondern daran, daß Frauen selten einen höheren sozialen Status einnehmen. Der Geschlechtsunterschied spielt im japanischen Denken keine so große Rolle wie etwa in Amerika, wo Klassifizierung (wenn auch nicht zum Zwecke der Rangeinstufung) zuallererst aufgrund der Geschlechtszugehörigkeit erfolgt. Ich bin überzeugt, daß in der amerikanischen Gesellschaft das Geschlechtsbewußtsein über das Statusbewußtsein dominiert – genau umgekehrt wie in Japan.

10 Ob man *sempai* oder *kōhai* ist, entscheidet sich nach dem Jahr des Universitätsabschlusses, wobei aber nur die kleine Gruppe der führenden Universitäten überhaupt eine Rolle spielt.

11 Da Oishi ein extrem paternalistischer Führer war, erfreute er sich einer derart vollkommenen Treue seitens seiner 46 Gefolgsleute, daß sie, um ihrem Führer zu helfen, dessen eigenen Herrn zu rächen, ihre Familien verließen und einen Weg einschlugen, der im Selbstmord *(harakiri)* enden sollte. Bis heute ist dies die populärste japanische Geschichte. Wie es heißt, konnte ein Theater, wenn es dieses Stück aufführte, selbst in den schlimmsten Zeiten wirtschaftlicher Depression mit einem vollen Haus rechnen. Die »Siebenundvierzig Rōnin« zeigen in den Augen der Japaner die höchste Form der persönlichen Beziehung (stets im Sinne von »Ranghöherer – Rangniedrigerer«). Die Geschichte hat eine gewisse Ähnlichkeit mit einer Liebesgeschichte. Keine japanische Liebesgeschichte ist auch nur annähernd so populär wie die »Siebenundvierzig Rōnin«. Männer, die in einer solchen Beziehung derart aufgehen, haben wohl kaum mehr etwas für eine Frau oder eine Geliebte übrig. Nach traditionellen Moralvorstellungen sollte der ideale Mann ohnehin kein Liebesverhältnis mit einer Frau haben. Mir scheint, daß bei einer so tiefen Beziehung von Mann zu Mann auch kaum das Bedürfnis nach einem Liebesverhältnis mit einer Frau besteht. In der Treue zu seinem Herrn würde er seine Gefühle völlig verzehren. Ich vermute, daß dies das wahre We-

sen der *samurai*-Gesinnung war, und bis zu einem gewissen Grad mag dies auch noch für den modernen japanischen Mann gelten.

12 Diese *kotōhyō* war nicht zur Bekanntgabe an Außenstehende bestimmt. Soweit mir bekannt ist, gibt es darüber trotz ihrer weiten Verbreitung und einer Tradition, die bis in die Tokugawa-Zeit (1603-1867) zurückreicht, bisher noch keine speziellen Untersuchungen.

13 Wie es heißt, beschäftigt ein jeder Konzern eine Anzahl von »Industriespionen«, um geheime Informationen über andere erfolgreiche Unternehmen zu erhalten.

14 Zu diesen als *dōzoku* oder *oyako-kankei* bekannten Beziehungen vgl. Nakane, *Kinship and Economic Organization in Rural Japan*, London, 1967, S. 82-132

15 Diese umfaßte Bergbau, Metallverarbeitung, Maschinenbau, Elektrogeräte und Werkzeuge, Textilien, Papier, Zement, Glas, Chemikalien, Schiffbau, Frachtverkehr, Außen- und Binnenhandel, Banken und Versicherungen. (Vgl. G.C. Allen: *A Short Economic History of Modern Japan*, New York, 1963, S. 134)

16 Japanische Gasthöfe beherbergen nur sehr ungern Einzelreisende. Der Grund dafür ist zum Teil das Geschäft: In Japan gelten die Übernachtungspreise pro Person, nicht pro Zimmer. Einer meiner Bekannten, der gerne allein reist, hat sich oft darüber beklagt, daß er keine Unterkunft bekam, wenn er ohne vorherige Reservierung eintraf, weil er ohne Begleitung reiste. Schlimmer noch ist es, wenn eine Frau allein reist. Man würde glauben, sie habe Liebeskummer, sei vielleicht gerade geschieden oder zumindest nicht besonders gesellig oder glücklich. Ich selbst habe nicht den Mut, in einem japanischen Gasthof abzusteigen, ohne vorher durch einen Einheimischen eine Reservierung vornehmen zu lassen, der dem Wirt meinen Status und meinen Beruf erklären kann; das bewirkt dann einen ganz anderen Service und Komfort. Im Ausland hingegen reise ich sehr gerne allein.

17 Vgl. Nakane, a. a. O.

Japanische Literatur

Die Japanische Bibliothek im Insel Verlag
Herausgegeben von Irmela Hijiya-Kirschnereit

In der ›Japanischen Bibliothek im Insel Verlag‹, 1992 ins Leben gerufen und im Jahr 2000 abgeschlossen, sind 32 Meisterwerke der japanischen Literatur vom Mittelalter bis zur Moderne versammelt. In besonderer, in verschiedenen Rottönen gehaltener Umschlaggestaltung und in Leinen gebunden, verschafft die Bibliothek »zweifellos überraschende Einblicke in das Innere einer Kultur, die sich den überlieferten Japan-Klischees entzieht«. *Die Welt*
Die Nennung der Autorennamen folgt der japanischen Sitte: der Nachname wird dem Vornamen vorangestellt.

Japan – Der andere Kulturführer. Herausgegeben von Irmela Hijiya-Kirschnereit. Mit zahlreichen farbigen Abbildungen. 336 Seiten. Kartoniert

Dazai Osamu. Gezeichnet. Roman. Übersetzt von Jürgen Stalph. Mit einem Nachwort von Irmela Hijiya-Kirschnereit. 151 Seiten. Leinen

Enchi Fumiko. Frauen, Masken. Roman. Im Anhang: Gespräch mit der Autorin. Übersetzt von Irmela Hijiya-Kirschnereit. 176 Seiten. Leinen

Furui Yoshikichi. Der Heilige. Roman. Mit einem Nachwort und übersetzt von Ekkehard May. 190 Seiten. Leinen

Geisha. Vom Leben jenseits der Weidenbrücke. Herausgegeben und übersetzt von Michael Stein. 308 Seiten. Leinen

Ibuse Masuji. Pflaumenblüten in der Nacht. Erzählungen. Mit einem Nachwort und übersetzt von Jürgen Berndt. 241 Seiten. Leinen

Ishikawa Takuboku. Gedichte und Prosa. Mit einem Nachwort und übersetzt von Wolfgang Schamoni. 180 Seiten. Leinen

Inoue Yasushi. Der Fälscher. Erzählungen. Übersetzt von Irmela Hijiya-Kirschnereit. Mit einem Nachwort von Adolf Muschg. 161 Seiten. Leinen

Ishimure Michiko. Paradies im Meer der Qualen. Unsere Minamata-Krankheit. Mit einem Nachwort der Autorin und einer Einleitung von Irmela Hijiya-Kirschnereit. Übersetzt von Ursula Gräfe. 372 Seiten. Leinen

Kamo no Chômei. Aufzeichnungen aus meiner Hütte. Mit einem Nachwort und übersetzt von Nicola Liscutin. Mit Abbildungen. 100 Seiten. Leinen

Katô Shûichi. Schafgesänge. Begegnungen mit Europa. Übersetzt von Steffi Richter, Saito Eiko. Mit einem Nachwort von Irmela Hijiya-Kirschnereit. 237 Seiten. Leinen

Kawabata Yasunari. Die Rote Bande von Asakusa. Roman. Mit einem Nachwort und übersetzt von Richmod Bollinger. 180 Seiten. Leinen

Kônô Taeko. Riskante Begierden. Roman. Übersetzt von Sabine Mangold, Hayasaki Yukari. Mit einem Nachwort von Irmela Hijiya-Kirschnereit. 332 Seiten. Leinen

Maruya Saiichi. Die Journalistin. Roman. Übersetzt von Sabine Mangold, Hayasaki Yukari. Mit einem Nachwort von Irmela Hijiya-Kirschnereit. 342 Seiten. Gebunden

Mensch auf der Brücke. Zeitgenössische Lyrik aus Japan. Herausgegeben von Eduard Klopfenstein und Cornelius Ouwehand. 218 Seiten. Leinen

Mishima Yukio. Liebesdurst. Übersetzt von Josef Bohaczek. Mit einem Nachwort von Irmela Hijiya-Kirschnereit. 250 Seiten. Leinen

Mori Ôgai. Im Umbau. Gesammelte Erzählungen. Ausgewählt, übersetzt und erläutert von Wolfgang Schamoni. 228 Seiten. Leinen

Murakami Haruki. Hard-boiled Wonderland und das Ende der Welt. Roman. Übersetzt von Annelie Ortmanns, Jürgen Stalph. Mit einem Nachwort von Jürgen Stalph. 542 Seiten *(suhrkamp taschenbuch st 3197)*

Nagai Kafû. Romanze östlich des Sumidagawa. Mit einem Nachwort und übersetzt von Barbara Yoshida-Krafft. 170 Seiten. Leinen

Natsume Sôseki. Ich der Kater. Roman. Mit einem Nachwort und übersetzt von Otto Putz. 657 Seiten. Gebunden

Nishida Kitarô. Über das Gute. Eine Philosophie der reinen Erfahrung. Mit einer Einleitung und übersetzt von Peter Pörtner. Leinen und it 2758. 220 Seiten

Ôba Minako. Tanze, Schneck, tanz. Erinnerungen. Mit einem Nachwort und übersetzt von Irmela Hijiya-Kirschnereit. 150 Seiten. Leinen

Ôe Kenzaburô. Stille Tage. Roman. Übersetzt von Wolfgang E. Schlecht und Ursula Gräfe. Mit einem Nachwort von Irmela Hijiya-Kirschnereit. 236 Seiten. Leinen

Ôoka Shôhei. Feuer im Grasland. Roman. Übersetzt von G. S. Dombrady und Oscar Benl. Mit einem Nachwort von Irmela Hijiya-Kirschnereit. 188 Seiten. Leinen

Santô Kyôden. Die Geschichte der schönen Sakurahime. Mit einem Nachwort und übersetzt von Bruno Lewin. 188 Seiten. Leinen

Shimao Toshio. Der Stachel des Todes. Roman. Übersetzt von Sabine Mangold und Wolfgang E. Schlecht. Mit einem Nachwort von Wolfgang E. Schlecht. 280 Seiten. Leinen

Shimazaki Tôson. Ausgestoßen. Roman. Mit einem Nachwort und übersetzt von Jürgen Berndt. 307 Seiten. Leinen

Tanikawa Shuntarô. Picknick auf der Erdkugel. Gedichte. Mit einem Nachwort und übersetzt von Eduard Klopfenstein. 196 Seiten. Leinen

Tanizaki Junichirô. Die geheime Geschichte des Fürsten von Musashi. Roman. Übersetzt von Josef Bohaczek. Mit einem Nachwort von Irmela Hijiya-Kirschnereit. 212 Seiten. Leinen

Ueda Akinari. Erzählungen beim Frühlingsregen. Mit einem Nachwort und übersetzt von Wolfgang E. Schlecht. 218 Seiten. Leinen

Uno Chiyo. Die Geschichte einer gewissen Frau. Erzählung. Mit einem Nachwort und übersetzt von Barbara Yoshida-Krafft. 164 Seiten. Leinen

NF 66/4/6.01

Die vertauschten Geschwister. Ein höfischer Roman aus dem Japan des 12. Jahrhunderts. Mit einer Einleitung und übersetzt von Michael Stein. 270 Seiten. Leinen

Die vier Jahreszeiten. Gedichte aus dem Kokin wakashû. Herausgegeben und übersetzt von Peter Ackermann und Angelika Kretschmer. 265 Seiten. Leinen

Literatur aus Japan
im Suhrkamp und im Insel Verlag

Abe Kôbô
- Die Erfindung des R 62. Erzählungen. Übersetzt von Michael Noetzel. st 2559. 231 Seiten
- Die vierte Zwischeneiszeit. Roman. Übersetzt von Siegfried Schaarschmidt. st 2530. 222 Seiten

Akutagawa Ryûnosuke. Das Leben eines Narren. Übersetzt von Otto Putz. BS 1254. 70 Seiten

Bambusregen. Haiku und Holzschnitte aus dem Kagebô-shishû. Herausgegeben und übersetzt von Ekkehard May und Claudia Waltermann. IB 1124. 70 Seiten

Inoue Yasushi
- Die Berg-Azaleen auf dem Hira-Gipfel. Erzählungen. Übersetzt von Oscar Benl. BS 666. 206 Seiten. IB 1098. 58 Seiten
- Die Eiswand. Roman. Übersetzt von Oscar Benl. st 551. 418 Seiten
- Der Fälscher. Erzählungen. Übersetzt von Irmela Hijiya-Kirschnereit. Mit einem Nachwort von Adolf Muschg. 161 Seiten. Leinen

NF 66/5/6.01

- Die Höhlen von Dun-Huang. Roman. Mit einem
  Nachwort und übersetzt von Siegfried Schaarschmidt.
  248 Seiten. Leinen
- Das Jagdgewehr. Übersetzt von Oscar Benl.
  BS 137 und st 2909. 98 Seiten
- Meine Mutter. Erzählungen. Übersetzt von Oscar Benl.
  Leinen und st 1775. 187 Seiten
- Reise nach Samarkand. Übersetzt von Andreas Mrugalla.
  174 Seiten. Gebunden
- Shirobamba. Roman. Übersetzt von Richmod Bollinger.
  234 Seiten. Leinen. BS 1279. 236 Seiten
- Der Stierkampf. Übersetzt von Oscar Benl.
  st 2247. 126 Seiten
- Der Sturm. Roman. Übersetzt von Andreas Mrugalla.
  374 Seiten. Gebunden. st 2660. 375 Seiten
- Das Tempeldach. Ein historischer Roman. Mit einem
  Nachwort und übersetzt von Oscar Benl. BS 709. 215 Seiten

Kawabata Yasunari
- Die Rote Bande von Asakusa. Roman. Mit einem Nach-
  wort und übersetzt von Richmod Bollinger.
  180 Seiten. Leinen
- Die schlafenden Schönen. Roman. Übersetzt von Siegfried
  Schaarschmidt. st 3185. 130 Seiten
- Träume in Kristall. Erzählungen. Mit einem Nachwort und
  übersetzt von Siegfried Schaarschmidt. st 3185. 130 Seiten

Kônô Taeko
- Knabenjagd. Mit einem Nachwort und übersetzt von
  Irmela Hijiya-Kirschnereit. st 2549. 148 Seiten
- Riskante Begierden. Roman. Übersetzt von Sabine
  Mangold, Hayasaki Yukari. Mit einem Nachwort von
  Irmela Hijiya-Kirschnereit. 332 Seiten. Leinen

Mori Ôgai
- Die Tänzerin. Zwei Erzählungen. Übersetzt von Wolfgang Schamoni. BS 1159. 60 Seiten
- Im Umbau. Gesammelte Erzählungen. Ausgewählt, übersetzt und erläutert von Wolfgang Schamoni.
  228 Seiten. Leinen
- Die Wildgans. Roman. Mit einem Nachwort und übersetzt von Fritz Vogelsang. BS 862. 155 Seiten

Murakami Haruki
- Hard-boiled Wonderland und das Ende der Welt. Roman. Übersetzt von Annelie Ortmanns, Jürgen Stalph. Mit einem Nachwort von Jürgen Stalph. st 3197. 542 Seiten
- Wilde Schafsjagd. Roman. Übersetzt von Annelie Ortmanns-Suzuki und Jürgen Stalph. st 2738. 306 Seiten

Murasaki Shikibu. Die Geschichte vom Prinzen Genji. Nach der englischen Übersetzung von Arthur Waley. Übersetzt von Herberth E. Herlitschka. Zwei Bände. it 1659. 1190 Seiten

Ôba Minako
- Tanze, Schneck, tanz. Erinnerungen. Mit einem Nachwort und übersetzt von Irmela Hijiya-Kirschnereit.
  150 Seiten. Leinen
- Träume fischen. Roman. Übersetzt von Bruno Rhyner.
  147 Seiten. Leinen

Ôe Kenzaburô
- Der Fang. Übersetzt von Iwabuchi Tatsuji.
  BS 1178. 82 Seiten
- Eine persönliche Erfahrung. Roman. Übersetzt von Siegfried Schaarschmidt. Leinen und st 1842. 240 Seiten
- Stille Tage. Roman. Übersetzt von Wolfgang E. Schlecht und Ursula Gräfe. Mit einem Nachwort von Irmela Hijiya-Kirschnereit. 236 Seiten. Leinen

- Der Tag, an dem Er selbst mir die Tränen abgewischt.
  Roman. Mit einem Nachwort und übersetzt von Siegfried
  Schaarschmidt. BS 396. 162 Seiten

Saegusa Kazuko. Der Sommer an jenem Tag. Roman. Mit einer Einleitung und übersetzt von Irmela Hijiya-Kirschnereit.
166 Seiten. Gebunden

»Japan«
im Suhrkamp und im Insel Verlag

Die Namen der japanischen Autoren sind in der folgenden
Rubrik nach europäischer Sitte geschrieben – Vorname, Nachname.

Anleitung zur Neugier. Grundlagen japanischer Erziehung.
Herausgegeben von Donata Elschenbroich. Mit zahlreichen
Abbildungen. es 1934. 356 Seiten

Roland Barthes. Das Reich der Zeichen. Übersetzt von
Michael Bischoff. Mit zahlreichen Abbildungen.
es 1077. 154 Seiten

Buddha für Gestreßte. Herausgegeben von Ursula Gräfe.
it 2594. 136 Seiten

Takeo Doi. Amae. Freiheit in Geborgenheit. Zur Struktur
japanischer Psyche. Mit einem Vorwort von Elmar Holen-
stein. Übersetzt von Helga Herborth. es 1128. 198 Seiten

Irmela Hijiya-Kirschnereit
- Das Ende der Exotik. Zur japanischen Kultur und Gesellschaft der Gegenwart. es 1466. 221 Seiten

- Was heißt: Japanische Literatur verstehen? Zur modernen japanischen Literatur und Literaturkritik.
  es 1608. 210 Seiten
- Japan – Der andere Kulturführer. Herausgegeben von Irmela Hijiya-Kirschnereit. Mit zahlreichen farbigen Abbildungen. 336 Seiten. Kartoniert
- Überwindung der Moderne? Japan am Ende des 20. Jahrhunderts. Herausgegeben von Irmela Hijiya-Kirschnereit und Ines Günther. es 1999. 247 Seiten

Takeshi Ishida. Die Entdeckung der Gesellschaft. Der Weg der Sozialwissenschaften in Japan. Übersetzt von Wolfgang Seifert. es 2191. 330 Seiten

Ingeborg Lüscher. Japanische Glückszettel. 32 Fotografien von Ingeborg Lüscher. Mit Beiträgen von Adolf Muschg und Ôba Minako. 96 Seiten. Gebunden

Masao Maruyama. Denken in Japan. Herausgegeben und übersetzt von Wolfgang Schamoni und Wolfgang Seifert. es 1398. 160 Seiten

Ivan Morris
- Der leuchtende Prinz. Höfisches Leben im alten Japan. Übersetzt von Ursula Gräfe. 420 Seiten. Leinen
- Samurai oder von der Würde des Scheiterns. Tragische Helden der Geschichte Japans. Übersetzt von Ursula Gräfe und Gunther Ludwig. 590 Seiten. Leinen. it 2515. 591 Seiten

Adolf Muschg
- Die Insel, die Kolumbus nicht gefunden hat. Sieben Gesichter Japans. 124 Seiten. Englische Broschur
- Im Sommer des Hasen. Roman. st 263. 316 Seiten

NF 66/9/6.01

Chie Nakane. Die Struktur der japanischen Gesellschaft. Übersetzt von Jobst-Mathias Spannagel und Heide Günther-Spannagel. es 1204. 206 Seiten

Keiji Nishitani. Was ist Religion? Übersetzt von Dora Fischer-Barnicol. 437 Seiten. Leinen. it 2729. 500 Seiten

Cees Nooteboom
- Im Frühling der Tau. Östliche Reisen. Übersetzt von Helga van Beuningen. 343 Seiten. Leinen. st 2773. 344 Seiten
- Mokusei! Eine Liebesgeschichte. Übersetzt von Helga van Beuningen. st 2009. 74 Seiten

Kakuzo Okakura. Das Buch vom Tee. Mit einem Nachwort und übersetzt von Horst Hammitzsch. Mit Fotos und einem Essay von I. Schaarschmidt-Richter. it 412. 133 Seiten

Manfred Osten. Die Erotik des Pfirsichs. 12 Poträts japanischer Schriftsteller. Mit Fotografien von Mario Ambrosius. st 2515. 162 Seiten

Im Schatten des Siegers: Japan. Herausgegeben von Ulrich Menzel. Vier Bände. 1208 Seiten. Auch einzeln erhältlich
- Band 1: Kultur und Gesellschaft. es 1495. 285 Seiten
- Band 2: Staat und Gesellschaft. es 1496. 300 Seiten
- Band 3: Ökonomie und Politik. es 1497. 300 Seiten
- Band 4: Weltwirtschaft und Weltpolitik. es 1498. 312 Seiten

Kurt Singer. Spiegel, Schwert und Edelstein. Strukturen des japanischen Lebens. Mit einer Einführung herausgegeben und übersetzt von Wolfgang Wilhelm. es 1445. 335 Seiten

Alan Watts. Vom Geist des Zen. Übersetzt von Julius Schwabe. st 1288. 117 Seiten

NF 66/10/6.01

Zen-Buddhismus und Psychoanalyse. Von Erich Fromm, Daisetz Teitaro Suzuki und Richard de Martino. Übersetzt von Marion Steipe. st 37. 226 Seiten

Zenkei Shibayama. ZEN – Eine Blume spricht ohne Worte. Eine Einführung durch Gleichnis und Bild. Vorwort von Daisetz T. Suzuki. Übersetzt von Ursula v. Mangoldt. st 2471. 188 Seiten

NF 66/11/6.01

Philosophie in der edition suhrkamp
Eine Auswahl

Theodor W. Adorno
- Gesellschaftstheorie und Kulturkritik. es 772. 179 Seiten
- Jargon der Eigentlichkeit. Zur deutschen Ideologie.
  es 91. 139 Seiten
- Ob nach Auschwitz noch sich leben lasse. Ein philosophi-
  sches Lesebuch. Herausgegeben von Rolf Tiedemann.
  es 1844. 569 Seiten
- Stichworte. Kritische Modelle 2. es 347. 193 Seiten

Geist an den Zeitgeist. Erinnern an Adorno. Herausgegeben
von Josef Früchtl und Marina Calloni. es 1630. 224 Seiten

**Hannah Arendt revisited: ›Eichmann und Jerusalem‹ und die
Folgen.** Herausgegeben von Gary Smith. es 2135. 312 Seiten

Ästhetik der Inszenierung. Dimensionen eines künstleri-
schen, kulturellen und gesellschaftlichen Phänomens. Aesthetica. Herausgegeben von Josef Früchtl und Jörg Zimmer-
mann. es 2196. 310 Seiten

Giorgio Agamben. Homo sacer. Die souveräne Macht und
das nackte Leben. Übersetzt von Hubert Thüring. Erbschaft
unserer Zeit. Band 16. es 2068. 220 Seiten

Etienne Barilier. Gegen den neuen Obskurantismus. Lob des
Fortschritts. Übersetzt von Ulrich Kunzmann.
es 2099. 180 Seiten

Roland Barthes
- Der entgegenkommende und der stumpfe Sinn. Kritische
  Essays III. Übersetzt von Dieter Hornig. es 1367. 319 Seiten

- Die Körnung der Stimme. Übersetzt von A. Bucaille-Euler,
  B. Spielmann und G. Mahlberg. es 2278. 400 Seiten
- Kritik und Wahrheit. Übersetzt von Helmut Scheffel.
  es 218. 91 Seiten
- Mythen des Alltags. Übersetzt von Helmut Scheffel.
  es 92. 152 Seiten
- Das Reich der Zeichen. Übersetzt von Michael Bischoff.
  Mit zahlreichen Abbildungen. es 1077. 154 Seiten
- Das semiologische Abenteuer. Übersetzt von Dieter
  Hornig. es 1441. 298 Seiten
- Die Sprache der Mode. Übersetzt von Horst Brühmann.
  es 1318. 380 Seiten

Roland Barthes. Eine intellektuelle Biographie. Von Ottmar
Ette. es 2077. 520 Seiten

Benjamins Begriffe. Herausgegeben von Michael Opitz und
Erdmut Wizisla. Zwei Bände. es 2048. 880 Seiten

Karl Heinz Bohrer
- Die Kritik der Romantik. Der Verdacht der Philosophie
  gegen die literarische Moderne. es 1551. 311 Seiten
- Plötzlichkeit. Zum Augenblick des ästhetischen Scheins.
  es 1058. 262 Seiten
- Der romantische Brief. Die Entstehung ästhetischer Sub-
  jektivität. es 1582. 268 Seiten

Jacques Derrida
- Das andere Kap. Die vertagte Demokratie. Zwei Essays zu
  Europa. Übersetzt von Alexander García Düttmann.
  es 1769. 97 Seiten
- Vergessen wir nicht – die Psychoanalyse! Herausgegeben
  und übersetzt von Hans-Dieter Gondek. es 1980. 234 Seiten
- Die unbedingte Universität. Übersetzt von Stefan Lorenzer.
  es 2238. 77 Seiten

Gilles Deleuze
- Die Logik des Sinns. Aesthetica. Herausgegeben von Karl Heinz Bohrer. Übersetzt von Bernhard Dieckmann. es 1707. 397 Seiten
- Unterhandlungen 1972-1990. Übersetzt von Gustav Roßler. es 1778. 262 Seiten

Manfred Frank
- Einführung in die frühromantische Ästhetik. Vorlesungen. es 1563. 466 Seiten.
- Die Grenzen der Verständigung. Ein Geistergespräch zwischen Lyotard und Habermas. es 1481. 103 Seiten
- Kaltes Herz. Unendliche Fahrt. Neue Mythologie. Motiv-Untersuchungen zur Pathogenese der Moderne. es 1456. 118 Seiten
- Der kommende Gott. Vorlesungen über die Neue Mythologie I. Teil. es 1142. 360 Seiten
- Gott im Exil. Vorlesungen über die Neue Mythologie. II. Teil. es 1506. 350 Seiten
- Die Unhintergehbarkeit von Individualität. Reflexionen über Subjekt, Person und Individuum aus Anlaß ihrer postmodernen Toterklärung. es 1377. 131 Seiten
- Was ist Neostrukturalismus? es 1203. 615 Seiten

Werner Hamacher. Entferntes Verstehen. Studien zur Philosophie und Literatur von Kant bis Celan. Aesthetica. es 2026. 320 Seiten

Dieter Henrich
- Eine Republik Deutschland. Reflexionen auf dem Weg aus der deutschen Teilung. es 1658. 102 Seiten
- Nach dem Ende der Teilung. Über Identitäten und Intellektualität in Deutschland. es 1813. 233 Seiten

NF 314/3/3.02

Otfried Höffe. Medizin ohne Ethik? Standpunkte.
es 2245. 240 Seiten

Jochen Hörisch
- Brot und Wein. es 1692. 295 Seiten
- Ende der Vorstellung. Die Poesie der Medien.
  es 2115. 292 Seiten
- Kopf oder Zahl. Die Poesie des Geldes. es 1998. 370 Seiten

Konstruktionen praktischer Vernunft. Philosophie im Gespräch. Herausgegeben von Herlinde Pauer-Studer.
es 2181. 304 Seiten

Die List. Herausgegeben von Harro von Senger.
es 2039. 500 Seiten

Paul de Man
- Allegorien des Lesens. Übersetzt von Werner Hamacher
  und Peter Krumme. Mit einer Einleitung von Werner Hamacher. es 1357. 233 Seiten
- Die Ideologie des Ästhetischen. Herausgegeben von
  Christoph Menke. Übersetzt von Jürgen Blasius. Aesthetica.
  es 1682. 300 Seiten

Dieter Mersch. Ereignis und Aura. Untersuchungen zu einer
»performativen Ästhetik«. Aesthetica. es 2219. 250 Seiten

Martha C. Nussbaum. Gerechtigkeit oder Das gute Leben.
es 1739. 316 Seiten

Die Organisation der Philosophen. Herausgegeben von Wilhelm Berger und Peter Heintl. es 2069. 324 Seiten

Richard Rorty. Die Schönheit, die Erhabenheit und die Gemeinschaft der Philosophen. es 2149. 87 Seiten

Peter Sloterdijk

- Der Denker auf der Bühne. Nietzsches Materialismus.
  es 1353. 190 Seiten
- Eurotaoismus. Zur Kritik der politischen Kinetik.
  es 1450. 346 Seiten
- Kopernikanische Mobilmachung und ptolemäische Abrü-
  stung. Ästhetischer Versuch. es 1375. 126 Seiten
- Kritik der zynischen Vernunft. 2 Bände. es 1099. 954 Seiten
- Luftbeben. An den Quellen des Terrors. es 2286. 112 Seiten
- Regeln für den Menschenpark. Ein Antwortschreiben zu
  Heideggers Brief über den Humanismus. Sonderdruck
  edition suhrkamp. 60 Seiten
- Der starke Grund, zusammen zu sein. Erinnerungen an die
  Erfindung des Volkes. Sonderdruck edition suhrkamp.
  56 Seiten
- Tau von den Bermudas. Versuch über das Verlangen nach
  Neuzeit. Rede zur Eröffnung der Salzburger Festspiele
  2001. Sonderdruck edition suhrkamp. 60 Seiten
- Versprechen auf Deutsch. Rede über das eigene Land.
  es 1631. 82 Seiten
- Weltfremdheit. es 1781. 381 Seiten
- Zur Welt kommen – Zur Sprache kommen. Frankfurter
  Vorlesungen. es 1505. 175 Seiten

Peter Sloterdijks »Kritik der zynischen Vernunft«.
es 1297. 388 Seiten

Peter Strasser
- Journal der letzten Dinge. es 2051. 301 Seiten
- Philosophie der Wirklichkeitssuche. es 1518. 235 Seiten
- Die verspielte Aufklärung. es 1342. 164 Seiten
- Der Weg nach draußen. Skeptisches, metaphysisches und
  religiöses Denken. es 2177. 270 Seiten

NF 314/5/3.02